Allitera Verlag

I0651525

edition monacensia
Herausgeber: Monacensia
Literaturarchiv und Bibliothek
Dr. Elisabeth Tworek

Exil am Mittelmeer

Deutsche Schriftsteller in Südfrankreich 1933–1941

Herausgegeben von Ulrike Voswinckel und Frank Berninger

Münchner Stadtbibliothek
*M*onacensia
Literaturarchiv und Bibliothek

Allitera Verlag

Weitere Informationen über den Verlag und sein Programm unter:
www.allitera.de

Bibliographische Information der Deutschen Bibliothek

Die Deutsche Bibliothek verzeichnet diese Publikation
in der Deutschen Nationalbibliographie;
detaillierte bibliographische Daten sind im Internet
über <http://dnb.ddb.de> abrufbar.

2. Auflage
November 2014
Allitera Verlag
Ein Verlag der Buch&media GmbH, München
© 2005 für diese Ausgabe: Landeshauptstadt München/Kulturreferat
Münchner Stadtbibliothek
Monacensia Literaturarchiv und Bibliothek
Leitung: Dr. Elisabeth Tworek
und Buch&media GmbH, München
Umschlaggestaltung: Kay Fretwurst, Freienbrink
Herstellung: Books on Demand GmbH, Norderstedt
Printed in Germany · ISBN 978-3-86520-113-3

Inhalt

Vorwort

Wo hat man derlei seit Menschengedenken gesehen? Die gesamte
moralische Elite eines Volkes, seine echten Meister und Künstler
aus dem Land vertrieben, verjagt, im Exil oder auf der Flucht:
die Ehre der deutschen Literatur, ein Thomas und ein Heinrich
Mann, ein Stefan Zweig, ein Franz Werfel, ein Döblin, hier und
dort zerstreut, in Zufallsunterkünften hausend, in der Schweiz, in
England, in Frankreich, in den Vereinigten Staaten, in den letzten
gastfreundlichen und liberalen Ländern ...

Louis Gillet, *Le Point*, Colmar, September 1938[1]

Südfrankreich war nicht der schlechteste Platz zum Überwintern – viele Emigranten konnten sich zu Anfang kaum vorstellen, daß das Hitlerregime sich längere Zeit halten würde. Die meisten Literaten und Intellektuellen waren 1933 nach Frankreich geflüchtet, weil es nah war und weil Frankreich den Ruf genoß, ein den Menschenrechten verpflichtetes Land zu sein. Die Côte d'Azur war schon früher für eine ganze Generation von französischen und deutschen Künstlern auf der Suche nach dem mediterranen Licht zur Landschaft der Inspiration und des einfacheren Lebens geworden, und als die deutschen Emigranten nach Süden zogen, folgten sie deren Vorbild und ihren Freunden, die sich schon vor der Hitlerbedrohung hier angesiedelt hatten. Sanary-sur-mer war weit davon entfernt, ein mondäner Ort zu sein. Es war ein Fischerdorf, in dem Sommergäste gern gesehen waren; wie sich die Situation im Laufe der politischen Entwicklungen bis zum Fremdenhaß veränderte, wird in den hier abgedruckten Dokumenten zu lesen sein.

Daß ein kleiner Ort wie Sanary-sur-mer für einige Jahre zur »Hauptstadt der deutschen Literatur« werden konnte, wie Ludwig Marcuse schrieb, hat in den letzten zwei Jahrzehnten die Neugier verschiedener Literaturforscher hervorgerufen; in Frankreich selbst hat es übrigens lange gedauert, bis man sich der Bedeutung dieses Phänomens bewußt geworden ist, es hätte auch andere Erkenntnisse mit sich gebracht.

---

[1] Louis Gillet, *Le Point*, Colmar September 1938. Zitiert nach Grandjonc/Grundtner (Hrsg.), Zone der Ungewißheit, S. 188.

Der Ansatz unserer Arbeit ging von dem Wunsch aus, für die Ausstellung »Exil am Mittelmeer« vor allem die von der Monacensia gesammelten Briefe, Dokumente und Texte zu zeigen und sie in dieser Publikation auch zugänglich zu machen.

Es wird ein Bogen gespannt von der Zeit vor 1933 bis 1941, als Marseille zu einem höllischen Treffpunkt für alle wurde, die vor den Nazitruppen flüchteten; Lissabon wurde dann der letzte Hoffnungshafen, von dem noch Schiffe abfuhren.

Wir haben uns auf die Nachlässe von Klaus Mann, Erika Mann, Hermann Kesten, Alfred Neumann und Annette Kolb konzentriert, die in der Monacensia archiviert sind. Diese allesamt wichtigen Exilnachlässe eröffnen einen eigenen Blick auf das Mittelmeer und Südfrankreich.

Es kommt einem fast unheimlich vor, daß Klaus und Erika Mann zwei Jahre vor dem großen Exodus aus Deutschland einen Reiseführer über die französische Riviera schreiben, wo Klaus Mann zu Beginn des Exils die ersten Autoren für seine Zeitschrift »Die Sammlung« zu gewinnen sucht. Die hier aufgenommenen Briefe zur »Sammlung« von Autoren der südfranzösischen Emigration bilden nicht nur ein kleines Kapitel Literaturgeschichte, sie geben auch Auskunft über die Befindlichkeiten der Autoren in den ersten Monaten des Exils und über das, woran sie trotz allem und vielleicht sogar vermehrt arbeiten.

Auch Klaus Manns Auseinandersetzung mit Gottfried Benn findet zunächst von Sanary aus statt, und sie ist über alle Polemik hinaus eine Standortbestimmung und ein eindeutiges politisches Bekenntnis Klaus Manns, der klarsichtiger war als sein Vater in dieser Zeit.

Wie Klaus Mann ist auch Hermann Kesten einer der großen Mittler zwischen den verschiedenen Strömungen der Emigration. In seiner Funktion als literarischer Leiter des Exilverlages Allert de Lange war er mit einem Großteil der emigrierten Schriftsteller in Kontakt. Nach seiner Ankunft in Amerika wurde er zum Empfänger vielfältiger Hilferufe aus dem nazibedrohten Süden Frankreichs und beteiligte sich neben Thomas Mann ganz wesentlich an der Rettung zahlreicher Schriftsteller aus Europa.

Alfred Neumanns Tagebücher sind die Tagebücher einer Flucht. Die täglichen Eintragungen spiegeln den Irrsinn der Ausreiseschikanen von Frankreich im Winter 1940/41 wider und eröffnen ganz nebenbei einen interessanten Blick auf Lebensumstände der Emigranten in Nizza. Die Tagebücher werden hier von Frank Berninger zum ersten Mal veröffentlicht und im letzten Teil des Buches vollständig abgedruckt.

Annette Kolb, mehr als eine Generation älter als Klaus und Erika Mann, erlebte schon das zweite Exil, ebenso wie ihr Freund René Schickele, der ihr (und uns) die Emigrantenszene in allen Schattierungen schilderte.

Ein großes Kapitel mit dem Titel »Schutzengel« ist dem Amerikaner Varian Fry gewidmet, dessen ganz persönlichem Engagement und dessen Mut zu konspirativen Aktionen die Rettung nicht nur der prominenten Schriftsteller wie Heinrich Mann, Lion Feuchtwanger und Franz Werfel zu verdanken ist, sondern auch die von mindestens zweitausend anderen Flüchtlingen, die sich in Lebensgefahr befanden. Anhand von zahllosen Briefen, die er und das Emergency Rescue Committee, das ihn mit dieser Mission beauftragt hatte, miteinander und mit den bedrängten Schriftstellern wechselten, kann man aus nächster Nähe verfolgen, welch ein ungeheurer Aufwand notwendig war, um diese Hilfe zu bewerkstelligen. Das gilt auch für die von Prinz Loewenstein gegründete American Guild for German Cultural Freedom, die vielen Autoren durch kleinere Dollarbeträge über Jahre das Überleben im Exil erleichterte.

Hunderte von Schicksalen, die sich an den erstaunlichsten Orten bündeln – wie in Lourdes oder in einem schäbigen Café in Lissabon. Schicksale, die sich gleichen in ihren abenteuerlichen Grenzerlebnissen, deren Gelingen oder Scheitern von kleinsten Zufällen abhängt, die über Leben oder Tod entscheiden, wie im Falle von Walter Benjamin. Ungeahnte Konstellationen auf seelenverkäuferischen Schiffen, in deren Laderäumen sich zum Beispiel eine Gesellschaft von Anna Seghers, Alfred Kantorowicz, André Breton, Claude Lévi-Strauss, Tristan Tzara zusammenfindet – das sind Hunderte von Geschichten, die man in den Briefen und Tagebüchern aus nächster Nähe miterlebt und die später in verschiedenster Form in Bücher eingegangen sind; diese Schritte mitverfolgen zu können, ist ein Glücksfall für alle, die sich für die Entstehungsbedingungen von Literatur interessieren.

U. V.

1. Das mediterrane Licht

Die französische Riviera vor 1933

Woher hat diese blaue Küste ihren großen Ruhm? Warum bleibt diese Côte d'Azur durch verschiedene Jahrzehnte *der* Vergnügungs- und Erholungsstrand des Kontinents, der Welt?

The Coast of Pleasure – Die Riviera: Legende von Luxus, Glanz, rollender Kugel, Hermelinpelz und Champagnerseligkeit. [...] Der französische Künstler, der aus dem perlgrauen Licht von Paris sich keine neuen Inspirationen mehr holen zu können glaubt, besteigt den D-Zug und ist nach einer Nachtfahrt dort unten, wo das Licht härter und heißer, zugleich satter, blühender und trockener ist. [...] Natürlich haben Luft und Stimmung dieser Riviera zwischen Marseille und Mentone die französische Malerei sehr beeinflußt, und der Impressionismus wäre kaum ohne sie denkbar. Von *Renoir*, der in *Cagnes* arbeitete, über *Van Gogh* bis zu *Matisse* und *Derain* hat die lichtgesättigte Atmosphäre der Côte d'Azur am Ende des 19. und Anfang des 20. Jahrhunderts eingewirkt. [...]

Sanary scheint zunächst durchaus das freundliche und intime Hafenstädtchen, wie es deren an der Riviera viele gibt: mit einer Straße am Meer, die *Quai Victor Hugo* heißt und an der das *Café de la Marine* liegt. [...] In Wahrheit aber hat es seine eigene Bewandtnis mit Sanary, denn seit einigen Jahren ist es die erklärte große Sommerfrische des Café du Dôme, der sommerliche Treffpunkt der pariserisch-berlinisch-schwabingerischen Malerwelt, der angelsächsischen Bohème. Für die Deutschen hat es Meister Rudolf Levy in Mode gebracht, der mit der vielbesungenen Marietta und einigen jungen Leuten im Café de la Marine Hofstaat hielt. [...]

Alles spricht dafür, daß es hoch herging, vor allem, wenn über den Quai Victor Hugo sich noch Pascin näherte, leicht schwankend, die Zigarette zwischen den genußsüchtigen Lippen, den Hut schief über den melancholisch-lasziven Augen, umgeben von ein paar Damen, die auch nicht mehr nüchtern schienen. – Pascin, der Abgott von Montparnasse [...].«[2]

Klaus und Erika Mann

---

[2]   Erika und Klaus Mann, Das Buch von der Riviera, S. 7ff. & 39f.

Wilhelm Uhde, Walter Bondy, Rudolf Levy und Jules Pascin im Café du Dôme am Montparnasse.

Sanary (Var) April 1926

An Jules Pascin

[…]
Hier tobte der Mistral um die Wände der Häuser, peitschte
mit den Ästen der Bäume Blüten vom Zweig – und
spielte mit den elektrischen Drähten der Gegend.
Wir warteten lichtlos wie ängstliche Narren auf die
Wunder des Frühlings.
[…]
Morgen beginnt der Mai.
Mein Herz ist heute reich an liebenden Wünschen für Dich.
Sie töten den lähmenden Schmerz Deiner Lenden.
Singe wieder das Lied der blonden Paquitta, welches beginnt:
»Lügnerin!« –
Und grüße Lucy im roten Samtmantel des vergangenen Winters.
Ich möchte Euch wieder sehen.[3]

Marietta di Monaco

[3]   Monacensia, Stadtbibliothek München. Archiv Marietta di Monaco.

Klaus und Erika Mann

»Diese Sanary-Sommer werden in die Kunstgeschichte eingehen (und vielleicht auch in die Cronique scandaleuse der großen europäischen Bohème)«.[4]

Das war eine Prophezeiung, zu deren Verwirklichung Klaus und Erika Mann mit ihrem kleinen *Buch von der Riviera* sicher nicht unwesentlich beigetragen haben, allerdings auf etwas andere Weise, als sie es sich vorgestellt hatten.

Während der Recherche für das Buch stieg Klaus in den beschriebenen Hotels ab, wie man an einem Brief aus Villefranche mit der Adresse des *Welcome Hotel* sehen kann, von dem er erwähnt, daß der französische Freund Jean Cocteau das Hotel »entdeckt« habe. »Man trifft dort junge amerikanische Dichter und erholungsbedürftige alte französische Bourgeois.«

---

[4]   Erika und Klaus Mann, Riviera, S. 40.

Aus Juan-les-Pins, wo Klaus Mann im April 1931 im *Hôtel du Pin Doré* war, schreibt er an Erika:

»Nun ist Spanien also auch Republik. Eva (Herrmann) sehe ich heute abend oder morgen früh das erste Mal. Sie kommt von Sanary, wo Speyers sich einge- mietet haben, und bleibt vielleicht gleich hier [...]

Neulich, im Casino, war es plötzlich einfach Charlie Chaplin, der hinter mir stand.«[5]

Und aus Toulon schickt er Erika am 6.V.31 eine Postkarte vom Hafen mit einem speziellen Nachtrag für das Buch:

»Doch sehr wichtig: Puffviertel Toulon, vom Ende des Bld.Strasbourg (wo Garage war) links hinunter (wo Markt war) Sehr intim – obszönes Gässchen – gewiss. Gerade bei Huxleys gewesen.«[6]

Aldous Huxley und seine Frau Maria waren ihrem todkranken Freund D.H. Lawrence nach Südfrankreich gefolgt, der seinerseits auf einen viel früheren Rat von Katherine Mansfield nach Bandol gekommen war. Es gibt ein Gedicht von ihr über Sanary, dessen letzte Strophe heißt:

»Down below at this idle hour
Nobody walked in the dusty street,
Ascent of dying mimosa flower
Lay on the air but sweet – too sweet.«[7]

Katherine Mansfield, *Notebooks*

Aldous Huxley und D.H. Lawrence

D. H. Lawrence starb 1930 in Vence, und seine Witwe Frieda von Richthofen be- deckte sein Grab mit Kaskaden von Mi- mosen. Aldous Huxley kaufte ein Haus in Sanary, die Villa Huley – die so hieß, weil der Maler das x vergessen hatte und Huxley ihn nicht kränken wollte –; seine Anwesenheit in Sanary hatte große An-

5 Monacensia, Stadtbibliothek München. Erika Mann Archiv.
6 Monacensia, Stadtbibliothek München. Erika Mann Archiv.
7 Katherine Mansfield, Notebooks. Zitiert nach Ribot, Henri (Hrsg.), Sanary-sur-mer, S. 335.

ziehungskraft für die angelsächsischen Reisenden. Klaus Mann wird später über freundschaftliche Besuche hinaus auch mit ihm zusammenarbeiten.

Die suggestive Persönlichkeit von D.H. Lawrence war auch für einen anderen frühen Emigranten wichtig: René Schickele hatte sich schon 1932 dazu entschlossen, Deutschland den Rücken zu kehren, wohl wissend, daß Pazifisten die ersten erklärten Feinde der Nationalsozialisten waren. Er zog zuerst zu seinem Freund Julius Meier-Graefe, dem Kunsthistoriker und Schriftsteller, der sich seit 1930 in St.Cyr angesiedelt hatte – auch dem mediterranen Licht folgend, wie die, über die er Bücher geschrieben hatte: Van Gogh und Cézanne.

René Schickele, als gebürtiger Elsässer in zwei Vaterländern zuhause, hatte sein letztes Haus in Badenweiler verlassen, in dem er in nächster Nähe und Freundschaft zu Annette Kolb gewohnt hatte. Die Briefe, die er in den nächsten Jahren mit Annette Kolb wechselt, geben ein anschauliches Bild vom Leben in Sanary, später aus Nizza und noch später aus Vence, und dieser sehr private Austausch, nicht für eine literarische Öffentlichkeit bestimmt, wurde nur unterbrochen, wenn Annette Kolb zu Besuch kam und ihre vielen Bekannten im Exil an der Côte d'Azur aufsuchte, wozu z. B. auch Mechtilde Lichnowsky in Cap d'Ail gehörte.

*Walther Becker,
Julius Meier-Graefe
und Erich Klossowski*

René Schickele an Annette Kolb[8]

St.Cyr s/Mer
»La Bannette«

17.X.32

Liebe Annette,
[...]
Ich möchte, ich könnte ewig hinter dem Vorhang bleiben, der in der Linie von Valence dieses elementare Sonnenland vom Reich der Nibelungen abschließt. Sag mir nicht, es sei unsere Pflicht zu »helfen«. So lange lebe ich nicht mehr, als dass ich es für meine Mission halten könnte, meine tiefsten Instinkte, meinen wirklichen Glauben (an Licht und Wärme und einfache Menschlichkeit) und meine höchste

8 Annette Kolb/René Schickele, Briefe im Exil, S. 23f.

Lust (Natur und Menschen zu gestalten) zu verleugnen und mich mit
der Dressur toller Hunde abzugeben – wofür ich ausserdem nur wenig Talent habe. Dieses Tollhaus geht mich nichts mehr an. [...]
Wenn es hier windet, dann ist es Sturm. Ist es still und scheint die
Sonne, dann glüht die Erde. Die Sprache der Menschen, ihr Wesen ist
gewachsen wie der Olivenbaum und die Rebe, von einer grossartigen
Demut, die aber gar nichts von sich weiss, als dass sie nichts andres ist
als alles Leben unter der Sonne. [...]
Du siehst, ich bin mit mir eins. Wenn ich an Badenweiler denke, so
verspüre ich zwar gelegentlich etwas wie Heimweh, aber der Gedanke
an Telefon, Radio und zeitgemässe Gespräche verfinstert den herrlichen Waldrand bis zur Unkenntlichkeit. [...]

Annette Kolb an René Schickele[9]   (Badenweiler) 10.11. (1933)

Lieber René!
Deinen lieben Brief fand ich bei meiner Rückkehr von Köln vor. [...]
Es sieht alles derart trostlos aus, dass es unsagbar ist. Ich sehe nir-
gends eine Hoffnung. Es geht alles mit einer fürchterlichen Rapidität.
Die Stäbe der Falle werden zementiert, keine Masche in dem Netz
unverstärkt gelassen. Was Verzweiflung ist, weiss man erst jetzt: die
Wahlen, selbst wenn sie nicht allzu schlecht ausfallen, werden ja kei-
nen Unterschied machen. [...]

Das schrieb Annette Kolb an René Schickele in Sanary und kündigte ihren Besuch nach den Wahlen an (»Wählen muss man«, meinte sie), aber dann bekam
sie einen Brief von Manfred Hausmann, der sie zum sofortigen Aufbruch veranlaßte:

Manfred Hausmann an Annette Kolb[10]   18.2.1933

Sehr verehrtes, liebes Fräulein Kolb,
als ich neulich beim Westdeutschen Rundfunk las, hörte ich zufällig,
dass auch Sie vor kurzem dort ein Gastspiel gegeben hätten. Es stellte
sich heraus, dass wir alle miteinander Sie schrecklich gern leiden mögen und dass wir alle dieselbe Sorge hatten.
Sie haben sich dort sehr freimütig, wie es so Ihre Art ist, über den

[9]   Annette Kolb/René Schickele, Briefe im Exil, S. 40.
[10]   Monacensia, Stadtbibliothek München. Archiv Annette Kolb.

Zerfall Deutschlands geäussert, der durch die Harlekinaden des slowakischen Parteibuchdeutschen – gegenwärtig Reichskanzler – ja tatsächlich in ziemliche Nähe gerückt ist. Sie haben diesen Zerfall sogar als wünschenswert hingestellt. Unter leidlich normalen Menschen lässt sich darüber gewiss reden. Wer in Deutschland ist aber noch leidlich normal? Ausserdem wird ja ein ziemlich exakt arbeitendes Spitzelsystem von staatswegen herangezüchtet. Mit anderen Worten: Überall haben Wände Ohren. Und das, was Sie geäussert haben, kann ihnen von einem wohlwollenden Staatsanwalt glattweg als Hochverrat oder Landesverrat (ich kenne mich da mit den Unterschieden nicht aus) angerechnet werden. Die Folgen kennen Sie.

Meine inständige Bitte geht nun dahin, dass Sie doch um Gotteswillen mit solchen Aeusserungen ganz, ganz vorsichtig sein sollen. Sie können die entsetzlichsten Ungelegenheiten bekommen. Ich brauche Ihnen doch wahrhaftig nicht mehr auseinanderzusetzen, wessen man heute alles fähig ist. Damit möcht ich Ihnen durchaus nicht zur Feigheit raten, aber was Sie da so leichten Herzens tun, ist ja schliesslich auch nicht irgendwie tapfer gemeint. Es ist eben Ihre Ansicht. Bloss man darf heute eben Ansichten allenfalls haben, aber sie nicht äussern. Das mindeste, was Ihnen droht, wenn jemand Sie denunziert, ist die Entziehung Ihres Passes. Und dann: Ade, Südtirol und so weiter!

Sie würden uns allen, liebes Fräulein Kolb, die wir mit Entzücken und Verehrung an Ihnen und Ihrem Werk hängen, eine grosse Sorge vom Herzen nehmen, wenn Sie in Zukunft ein bisschen vorsichtiger sein wollten. Ich habe immer so das Gefühl, als wanderten Sie zwar sehr beschwingt aber doch ein wenig ahnungslos durch diese Zeit politischen Irrsinns.

Ich bin gewiss, dass Sie diesen Brief genau so aufnehmen, wie er gemeint ist, als Zeichen der Anhänglichkeit

Ihres Ihnen sehr ergebenen

Manfred Hausmann

Aus den Tagebüchern von René Schickele:

Sanary-sur-mer (Var) 28. Februar 1933
Annette Kolb reist in voller Panik durch Deutschland, wie ein Brief von Manfred Hausmann zeigt, den sie mir zur Einsicht schickt. Ich möchte, sie wäre schon über die Grenze!

Die Nazis unterscheiden nicht zwischen dem Flattern eines verängstigten Huhns und dem Gebaren eines Landesverräters.

11. März (33)
Annette in Toulon abgeholt [...]
Ich bin froh, daß sie draußen ist. Heute wie nie gilt das Wort: »Geben Sie mir eine Zeile Schriftliches von ihm, und ich lasse ihn henken.«[11]

Annette Kolb

Ein anderer Ort, der schon vor 1933 für verschiedene deutsche und später vor allem für österreichische Schriftsteller zum Sommer- und Arbeitsquartier wurde, war Le Lavandou, etwas östlich von Sanary in Richtung Nizza gelegen. Bert Brecht und Kurt Weill kamen 1928, um an der *Dreigroschenoper* zu arbeiten; der Premierentermin war vorverlegt worden, und beide verschwanden aus Berlin, um an der noch stillen Küste ungestört schreiben zu können. Brecht wiederholte diese Reise 1930 mit Elisabeth Hauptmann und Emil Burri, um an den Stücken *Die Heilige Johanna der Schlachthöfe* und *Die Ausnahme und die Regel* zu arbeiten. Im Sommer 1931 traf er sich in Le Lavandou auch mit Walter Benjamin.

Im Jahr darauf siedelte sich Walter Hasenclever vorübergehend in Le Lavandou an und zog seine Freunde aus Deutschland nach sich: auf einem Foto von 1932 sieht man im Garten von Walter Hasenclever Kurt und Helen Wolff, Kurt Tucholsky, Rudolf Leonhard und andere. Walter Hasenclever gehörte zu den bekanntesten expressionistischen Dichtern, er hatte 1917 den Kleistpreis erhalten; sein Schauspiel *Der Sohn* zählte zu den »Klassikern« des Expressionismus, dessen Zeit 1933 endgültig vorbei war, wie schon die Auflösung des Kurt Wolff Verlags 1930 sichtbar gemacht hatte. Hasenclever und Wolff werden auch die nächsten Jahre der Emigration in großer Nähe zueinander verbringen.

U. V.

[11] René Schickele, Werke, Bd. 3, S. 1043f.

2. Das Romanische Café

Fluchtpunkt des deutschen Geistes

N amensliste von den Autoren, die im Exil an der Côte d'Azur gelebt haben oder zeitweilig zu Besuch kamen, mit den Daten ihrer Flucht aus Deutschland:[12]

WALTER BENJAMIN floh nach dem 18.3.33 nach Frankreich
ERNST BLOCH floh Mitte März in die Schweiz, dann Österreich
    und Frankreich
BERTOLT BRECHT floh am 28.2.33 über die Tschechoslowakei
    nach Österreich
FERDINAND BRUCKNER floh im März 33 in die Schweiz
ALFRED DÖBLIN floh am 28.2.33 nach Frankreich
BRUNO FRANK floh am 28.2. 33 in die Schweiz
LION FEUCHTWANGER war seit Herbst 1932 auf Lesereise in Amerika,
    dann in Frankreich
LEONHARD FRANK floh am 10.3.33 nach Zürich
KONRAD HEIDEN floh 1. Hälfte 33 nach Frankreich
WILHELM HERZOG floh am 14.2.33 nach Frankreich
BERTHOLD JACOB floh 1932 nach Frankreich
ALFRED KANTOROWICZ floh am 12.3.33 nach Frankreich
ANNETTE KOLB floh Ende Februar 33 über Luxemburg
    nach Frankreich
HERMANN KESTEN floh am 15.3.33 nach Frankreich
ERIKA MANN floh am 13.3.33 in die Schweiz
HEINRICH MANN floh am 22.2.33 nach Frankreich
KLAUS MANN floh am 13.3.33 nach Frankreich
THOMAS MANN seit 11.2.33 auf Reisen, dann in der Schweiz
VALERIU MARCU floh 1933 nach Frankreich
LUDWIG MARCUSE floh am 28.2.33 über Saarbrücken
    nach Frankreich
WILLI MÜNZENBERG floh am 28.2.33 über Saarbrücken nach Frankreich
WALTER MEHRING floh am 27.2.33 nach Frankreich
ALFRED NEUMANN floh im Dezember 33 nach Italien
ROBERT NEUMANN floh im Februar 33
ERNST ERICH NOTH floh am 5.3.33 nach Frankreich
FRANZ PFEMFERT floh am 1.3.33 in die Tschechoslowakei
ALFRED POLGAR floh am 1.3.33 über Prag nach Wien

---

[12] Nach Hans-Albert Walter, Deutsche Exilliteratur, Bd. 1.

Hans Sahl floh im März 33 in die Tschechoslowakei
Franz Schoenberner floh am 20.3.33 nach Frankreich
Leopold Schwarzschild floh am 10.3.33 nach Frankreich
Anna Seghers floh im Frühjahr 33 nach Frankreich
Wilhelm Speyer floh im März 33 nach Frankreich
Friedrich Wolf floh am 3.3.33 über Österreich und die Schweiz
nach Frankreich
Kurt Wolff floh in der Nacht vom 1./2. März über die Schweiz
nach Paris
Theodor Wolff floh im März 33 nach Frankreich
Karl Wolfskehl floh am 28.2.33 in die Schweiz
Arnold Zweig floh am 14.3.33 in die Tschechoslowakei

Zwischen April 1933 und November 1933 registriert man in Paris 7195 deutsche Flüchtlinge, in ganz Frankreich befinden sich etwa 40 000 Flüchtlinge.

»Die weitaus meisten Autoren von literarischem Rang stellten sich aufs entschiedenste gegen die Diktatur, an deren zutiefst *geistfeindlichem* Charakter für keinen Klarsichtigen der geringste Zweifel bestehen konnte. Ein Massen-Exodus der Dichter setzte ein; noch nie zuvor in der Geschichte hat eine Nation innerhalb weniger Monate so viele ihrer literarischen Repräsentanten eingebüßt.«[13]

Die andere Seite: Gottfried Benn

Gottfried Benn, Antwort an die literarischen Emigranten

Sie schreiben mir einen Brief aus der Nähe von Marseille. In den kleinen Badeorten am Golf de Lyon, in den Hotels von Zürich, Prag und Paris, schreiben Sie, säßen jetzt als Flüchtlinge die jungen Deutschen, die mich und meine Bücher einst so sehr verehrten. Durch Zeitungsnotizen müßten Sie erfahren, daß ich mich dem neuen Staat zur Verfügung hielte, öffentlich für ihn eintrete, mich als Akademiemitglied seinen kulturellen Plänen nicht entzöge. Sie stellen mich zur Rede, freundschaftlich, aber doch sehr scharf. Sie schreiben: was konnte Sie dahin bringen, Ihren Namen, der uns der Inbegriff des höchsten Niveaus und einer geradezu fanatischen Reinheit gewesen ist, denen zur Verfügung zu stellen, denen das ganze übrige Europa gerade diesen Rang bestreitet? Was für Freunde tauschen Sie gegen die alten, die Sie verlieren

---

[13] Klaus Mann, Der Wendepunkt, S. 291.

werden, ein? Wer wird Sie dort verstehen? Sie werden doch immer der Intellektuelle, das heißt der Verdächtige, bleiben, und niemand nimmt Sie dort auf. Sie stellen mich zur Rede, Sie warnen mich, Sie fordern von mir eine unzweideutige Antwort – »Wer sich in dieser Stunde nicht zu uns bekennt, wird von heute an und für immer nicht mehr zu uns gehören –«. Also hören Sie bitte meine Antwort, und die muß natürlich unzweideutig sein.

Ich muß Ihnen zunächst sagen, daß ich auf Grund vieler Erfahrungen in den letzten Wochen die Überzeugung gewonnen habe, daß man über die deutschen Vorgänge nur mit denen sprechen kann, die sie auch innerhalb Deutschlands selbst erlebten. Nur die, die durch die Spannungen der letzten Monate hindurchgegangen sind, die von Stunde zu Stunde, von Zeitung zu Zeitung, von Umzug zu Umzug, von Rundfunkübertragung zu Rundfunkübertragung alles dies fortlaufend aus unmittelbarer Nähe miterlebten, Tag und Nacht mit ihm rangen, selbst die, die das alles nicht jubelnd begrüßten, sondern es mehr erlitten, mit diesen allen kann man reden, aber mit den Flüchtlingen, die ins Ausland reisten, kann man es nicht. Diese haben nämlich die Gelegenheit versäumt, den ihnen so fremden Begriff des Volkes nicht gedanklich, sondern erlebnismäßig, nicht abstrakt, sondern in gedrungener Natur in sich wachsen zu fühlen, haben es versäumt, den auch in Ihrem Brief wieder so herabsetzend und hochmütig gebrauchten Begriff »das Nationale« in seiner realen Bewegung, in seinen echten überzeugenden Ausdrücken als Erscheinung wahrzunehmen, haben es versäumt, die Geschichte form- und bilderbeladen bei ihrer vielleicht tragischen, aber jedenfalls schicksalbestimmten Arbeit zu sehen. Und mit diesem Allen meine ich nicht das Schauspielhafte des Vorgangs, das impressionistisch Fesselnde von Fackeln und Musik, sondern den inneren Prozeß, die schöpferische Wucht, die in der Richtung wirkte, daß sie auch einen anfangs widerstrebenden Betrachter zu einer weitertreibenden menschlichen Umgestaltung führte.

Schon aus diesem Grunde werden wir uns kaum verstehen. Aber die Verständigung scheitert auch noch an einem anderen Problem, das seit Jahren als theoretischer Streit zwischen Ihrer Gruppe und mir stand, das sich nun aber plötzlich von so schroffer Aktualität erweist, daß es jeden vor eine direkte ausgesprochene Lebensentscheidung führt. Wir nähern uns diesem Problem am besten, wenn wir das Wort Barbarei betrachten, das in Ihrem Brief wiederholt auftaucht und auch in anderen Äußerungen, die an mich gelangten. Sie stellen es so dar, als ob das, was sich heute in Deutschland abspielt, die Kultur bedrohe, die Zivilisation bedrohe, als ob eine Horde Wilder die Ideale schlechthin der Menschheit bedrohe, aber, und so lautet meine Gegenfrage, wie stellen Sie sich denn nun eigentlich vor, daß die Geschichte sich bewegt? Meinen Sie, sie sei in französischen Badeorten besonders tätig? Wie stellen

Sie sich zum Beispiel das 12. Jahrhundert vor, den Übergang vom romanischen zum gotischen Gefühl, meinen Sie, man hätte sich das *besprochen*? Meinen Sie, im Norden des Landes, aus dessen Süden Sie mir jetzt schreiben, hätte sich jemand einen neuen Baustil *erdacht*? Man hätte *abgestimmt*: Rundbogen oder Spitzbogen; man hätte *debattiert* über die Apsiden: rund oder polygon? Ich glaube, Sie kämen weiter, wenn Sie endlich diese novellistische Auffassung der Geschichte hinter sich ließen, um sie mehr als das elementare, das stoßartige, das unausweichliche Phänomen zu sehen; ich glaube, Sie kämen den Ereignissen in Deutschland näher, wenn Sie die Geschichte nicht weiter als den Kontoauszug betrachteten, den Ihr bürgerliches Neunzehntes-Jahrhundert-Gehirn der Schöpfung präsentierte, – ach, sie schuldet Ihnen ja nichts, aber Sie ihr alles, sie kennt ja Ihre Demokratie nicht, auch nicht Ihren vielleicht mühsam hochgehaltenen Rationalismus, sie hat keine andere Methode, sie hat ja keinen anderen Stil, als an ihren Wendepunkten einen neuen menschlichen Typ aus dem unerschöpflichen Schoß der Rasse zu schicken, der sich durchkämpfen muß, der die Idee seiner Generation und seiner Art in den Stoff der Zeit bauen muß, nicht weichend, handelnd und leidend, wie das Gesetz des Lebens es befiehlt. Natürlich ist diese Auffassung der Geschichte nicht aufklärerisch und nicht humanistisch, sondern metaphysisch, und meine Auffassung vom Menschen ist es noch mehr. Und damit stehen wir vor dem Kern unseres alten Streites: Ihr Vorwurf, ich kämpfte für das Irrationale.

In Ihrem Brief lautet die Stelle so: »Erst kommt das Bekenntnis zum Irrationalen, dann zur Barbarei, und schon ist man bei Adolf Hitler.« Das schreiben Sie in dem Augenblick, wo doch vor aller Augen Ihre opportunistische Fortschrittsauffassung vom Menschen für weiteste Strecken der Erde Bankerott gemacht hat, wo es sich herausstellt, daß es eine flache, leichtsinnige, genußsüchtige Auffassung war, daß nie je in einer der wahrhaft großen Epochen der menschlichen Geschichte das Wesen des Menschen anders gedeutet wurde als irrational, irrational heißt schöpfungsnah und schöpfungsfähig. Verstehen Sie doch endlich dort an Ihrem lateinischen Meer, daß es sich bei den Vorgängen in Deutschland gar nicht um politische Kniffe handelt, die man in der bekannten dialektischen Manier verdrehen und zerreden könnte, sondern es handelt sich um das Hervortreten eines neuen biologischen Typs, die Geschichte mutiert und ein Volk will sich züchten. Allerdings ist die Auffassung vom Wesen des Menschen, die dieser Züchtungsidee zugrunde liegt, dahingehend, daß er zwar vernünftig sei, aber vor allem ist er mythisch und tief. Allerdings denkt man hinsichtlich seiner Zukunft so, daß man ihn unten am Stamm okulieren muß, denn er ist älter als die Französische Revolution, schichtenreicher als die Aufklärung dachte. Allerdings empfindet man sehr weitgehend ihn als Natur, ihn als Schöpfungsnähe, man erlebt ja, er ist weit weniger gelöst, viel wundenvoller an das Sein gebunden, als es aus der höchstens zweitausendjährigen Antithese zwischen Idee und Realität erklingt. Eigentlich ist er ewiges Quartär, schon die letzten Eiszeiten feuilletonistisch überladener Hordenzauber, diluviales Stimmungsweben, tertiäres Bric à Brac; eigentlich ist er ewiges Urgesicht: Wachheit, Tagleben, Wirklichkeit: locker konsolidierte Rhythmen verdeckter Schöpfungsräusche. Wollen Sie, Amateure der Zivilisation und Troubadoure des westlichen Fortschritts, endlich doch verstehen, es handelt sich hier gar nicht um Regierungsformen, sondern um eine neue Vision von der Geburt des Menschen, vielleicht um eine alte, vielleicht um die letzte großartige Konzeption der weißen Rasse, wahrscheinlich um eine der großartigsten Realisationen des Weltgeistes überhaupt, präludiert in jenem Hymnus Goethes »An die Natur« –, und wollen Sie auch das noch in sich aufnehmen: über diese Vision entscheidet kein Erfolg, kein militärisches oder industrielles Resultat, wenn zehn Kriege aus dem Osten und aus dem Westen hereinbrächen, um diesen deutschen Menschen zu vernichten, und wenn zu Wasser und zu Lande die Apokalypse nahte, um seine Siegel zu zerbrechen, der Besitz dieser Menschheitsvision bliebe vorhanden, und wer sie verwirklichen will, der muß sie züchten, und ihre philologische Frage nach Zivilisation und Barbarei wird absurd vor so viel Legitimation als geschichtlichem Sein.

Aber verlassen wir die Philosophie und gehen wir zur Politik über, wenden wir uns von der Vision ab und stellen uns vor die Tatsachen der Erfahrung. Da sitzen Sie also in Ihren Badeorten und stellen uns zur Rede, weil wir mitarbeiten am Neubau eines Staates, dessen Glaube einzig, dessen Ernst erschütternd, dessen innere und äußere Lage so schwer ist, daß es Iliaden und Äneiden bedürfte, um sein Schicksal zu erzählen. Diesem Staat und seinem Volk wünschen Sie vor dem ganzen Ausland Krieg, um ihn zu vernichten, Zusammenbruch, Untergang. Es ist die Nation, deren Staatsangehörigkeit Sie besitzen, deren Sprache Sie sprechen, deren Schulen Sie besuchten, deren Wissenschafts- und Kunstpflege Sie Ihren ganzen geistigen Besitz verdanken, deren Industrie Ihre Bücher druckte, deren Theater Ihre Stücke spielte, der Sie Namen und Ruhm verdanken, von der Sie möglichst viel Angehörige zu Ihren Lesern wünschten und die Ihnen auch jetzt nicht viel getan hätte, wenn Sie hier geblieben wären. Da werfen Sie nun also einen Blick auf das nach Afrika sich hinziehende Meer, vielleicht tummelt sich gerade ein Schlachtschiff darauf mit Negertruppen aus jenen 600 000 Kolonialsoldaten der gegen Deutschland einzusetzenden berüchtigten französischen Forces d'outremer, vielleicht auch auf den Arc de Triomphe oder den Hradschin, und schwören diesem Land, das politisch nichts will als seine Zukunft sichern, und von dem die meisten unter ihnen geistig nur genommen haben, Rache.

Sie schreiben in Ihrem Brief, jetzt erst, nun aber vollends seien Sie zum »wahren Marxisten« geworden, kein Vorwurf von »Vulgärmarxismus« oder »Materialismus« könne Sie abhalten, unsere »hysterische Brutalität« zu bekämpfen, Sie ständen auf seiten »des Geistes« und zögen mit in den Krieg gegen »die politische Reaktion«. Ich weiß zwar gar nicht, was Sie mit diesen Ausdrücken eigentlich sagen wollen, es klingt mir alles wie aus einem anderen Erdzeitalter, ich könnte Sie auch fragen, ob Sie auch von hysterischer Brutalität gesprochen haben, als der Staat, in dem Ihr Marxismus siegte, die zwei Millionen bürgerlicher Intelligenz erschlug. Aber ich will annehmen, Sie meinen Sozialismus, und die bedeutendsten der jetzt im Ausland lebenden deutschen Intellektuellen sind ja in den letzten Jahren oft für die Rechte des deutschen Arbeiters eingetreten, am aufrichtigsten und in der sichtbarsten Form und zu wiederholten Malen jedenfalls Thomas *Mann*. Denen also würde ich mitteilen, daß es dem deutschen Arbeiter heute besser geht als zuvor. Sie wissen, daß ich als Arzt mit vielen Kreisen, als Kassenarzt mit vielen Arbeitern in Berührung komme, auch mit früheren Kommunisten und Angehörigen der SPD, es kann gar nicht zweifelhaft sein, ich höre es von allen, daß es ihnen besser geht als zuvor. Sie werden in ihren Betrieben besser behandelt, die Aufsichtsbeamten sind vorsichtiger, die Personalchefs höflicher, die Arbeiter haben mehr Macht, sie sind besser geachtet, sie arbeiten in besserer Stimmung, in Staatsbürgerstimmung, und was die sozialistische Partei ihnen nicht erkämpfen konnte, gab ihnen diese neue nationale Form des Sozialismus: ein sie bewegendes Lebensgefühl. Seien Sie auch fest überzeugt, daß die Eroberung der Arbeiterschaft durch die neue Macht weiterschreiten wird, denn die Volksgemeinschaft in Deutschland ist kein leerer Wahn, und der erste Mai war kein getarnter kapitalistischer Trick, er war höchst eindrucksvoll, er war echt: die Arbeit trug plötzlich nicht mehr ihren Makel als Joch, ihren Strafcharakter als proletarisches Leid, den sie die letzten Jahrzehnte trug, sondern sie stand da als Grundlage einer neu sich bildenden, die Stände auflösenden Gemeinschaft, es ist kein Zweifel, für keinen, der es sah, dies Jahr 1933 hat vielem, das seit Jahrzehnten an Sozialismen in der europäische Luft lag, ein neues festes Gesicht gegeben und einen Teil der Menschenrechte neu proklamiert. Falls Sie also mit Ihrem Ausdruck politische Reaktion um Arbeiterrechte kämpfen wollten, müßten Sie dem neuen Staat beitreten, nicht ihn diffamieren.

Schließlich richtet sich aber Ihr Brief auch unmittelbar an meine Person. An diese richten Sie Fragen, Warnungs- und Prüfungsfragen hinsichtlich der Besonderheit ihres radikalen Sprachgefühls, das mir auf der anderen Seite nur Hohn und Spott eintragen würde, schließlich nach Ihrer Verehrung bestimmter literarische Köpfe, die jetzt auf *Ihrer* Seite sich befinden. Ich antworte Ihnen: ich werde weiter verehren, was ich für die deutsche Literatur vorbildlich und erzieherisch fand, ich werde es verehren bis nach Lugano und an das Ligurische Meer, aber ich erkläre mich ganz persönlich für den neuen Staat, weil es mein Volk ist, das sich hier seinen Weg bahnt. Wer wäre ich, mich auszuschließen, weiß ich denn etwas Besseres – nein! Ich kann versuchen, es nach Maßgabe meiner Kräfte dahin zu leiten, wo ich es sehen möchte, aber wenn es mir nicht gelänge, es bliebe mein Volk. Volk ist viel! Meine geistige und wirtschaftliche Existenz, meine Sprache, mein Leben, meine menschlichen Beziehungen, die ganze Summe meines Gehirns danke ich doch in erster Linie diesem Volke. Aus ihm stammen Ahnen, zu ihm kehren die Kinder zurück. Und da ich auf dem Land und bei den Herden groß wurde, weiß ich auch noch, was Heimat ist. Großstadt, Industrialismus, Intellektualismus, alle Schatten, die das Zeitalter über meine Gedanken warf, alle Mächte des Jahrhunderts, denen ich mich in meiner Produktion stellte, es gibt Augenblicke, wo dies ganze gequälte Leben versinkt, und nichts ist da als die Ebene, die Weite, Jahreszeiten, Erde, einfache Worte -: Volk. So kommt es, daß ich mich denen zur Verfügung stelle, denen Europa, wie Sie schreiben, jeden Rang abspricht. Dies Europa! Das hat wohl Werte – wo es nicht bestechen und schießen kann, da steht es wohl recht kläglich da! Jetzt flüstert es Ihnen ins Ohr, es sei nicht das Volk, das sich hinter Hitler stellte, nur seine »Schafe«, wie es Lady Oxford in »News Chronicle« eben schrieb. Eine große Täuschung! Es ist das Volk! Vergleichen Sie einmal die beiden Geister Hitler und Napoleon. Napoleon war wohl sicher das große individuelle Genie. Nichts trieb Frankreich als Volk, die Pyramiden zu erobern und Europa mit seinen Heeren zu überziehen, dahin trieb es allein dies riesige militärische Genie. Heute und hier aber können Sie immer wieder die Frage hören: schuf Hitler die Bewegung oder die Bewegung ihn? Diese Frage ist bezeichnend, man kann sie beide nämlich nicht unterscheiden, da sie beide identisch sind. Es liegt hier wirklich jene magische Koinzidenz des Individuellen und des Allgemeinen vor, von der *Burckhardt* in seinen weltgeschichtlichen Betrachtungen spricht, wenn er die großen Männer der historischen Weltbewegung schildert. Die großen Männer – alles ist da: die Gefahren des Anfangs, ihr Auftreten fast immer nur in schrecklichen Zeiten, die ungeheure Ausdauer, die abnorme Leichtigkeit in allem, namentlich auch den organischen Funktionen, dann aber auch die Ahnung aller Denkenden, daß er es sei, um Dinge zu vollbringen, die nur ihm möglich und dabei notwendig sind. Beachten Sie wohl, ich sagte: aller Denkenden, und Sie wissen, wie über alles ich den Gedanken stelle. Es ist ein großer Eigensinn, der Eigensinn, der den Menschen Ehre macht, nichts in der Gesinnung anerkennen zu wollen, was nicht durch den Gedanken gerechtfertigt ist, mit diesem Hegelwort überprüfte ich von je mein politisches Gefühl. Wollen Sie mir also glauben, wollen Sie sich also nicht täuschen, was auch immer Europa Ihnen zuflüstert, hinter dieser Bewegung steht friedliebend und arbeitswillig, aber, wenn es sein muß, auch untergangsbereit, das ganze Volk.

Schließlich noch etwas, über das Sie im Ausland, wenn Sie das Vorstehende lesen, sicher Bescheid wissen wollen: *ich gehöre nicht zu der Partei, habe auch keine Beziehung zu ihren Führern, ich rechne nicht mit neuen Freunden.* Es ist meine fanatische Reinheit, von der Sie in Ihrem Brief so ehrenvoll für mich schreiben, meine Reinheit des Gedankens und des Gefühls, das mich zu dieser Darstellung treibt. Ihre Grundlagen sind dieselben, die Sie bei allen Denkern der Geschichte finden. Der eine sagte: die Weltgeschichte ist nicht der Boden des Glücks (*Fichte*); der andere: Völker haben bestimmte große Lebenszüge an den Tag zu bringen, und zwar völlig ohne Rücksicht auf die Beglückung des einzelnen, auf eine möglichst große Summe von Lebensglück (*Burckhardt*); der dritte: die zunehmende Verkleinerung des Menschen ist gerade die treibende Kraft, an die Züchtung einer stärkeren Rasse zu denken. Dazu: eine herrschaftliche Rasse kann nur aus fruchtbaren und gewaltsamen Anfängen emporwachsen. Problem: wo sind die Barbaren des 20. Jahrhunderts (*Nietzsche*). Das alles hatte die liberale und individualistische Ära ganz vergessen, sie war auch geistig gar nicht in der Lage, es als Forderung in sich aufzunehmen und es in seinen politischen Folgen zu übersehen. Plötzlich aber öffnen sich Gefahren, plötzlich verdichtet sich die Gemeinschaft, und jeder muß einzeln hervortreten, auch der Literat, und sich entscheiden: Privatliebhaberei oder Richtung auf den Staat. Ich entscheide mich für das letztere und muß es für diesen Staat hinnehmen, wenn Sie mir von Ihrer Küste aus zurufen: Leben Sie wohl.[14]

Gottfried Benn hielt diese Rundfunkrede in der Berliner Funk-Stunde am 24. Mai 1933. Am darauffolgenden Tag wurde sie auf der Titelseite der *Deutschen Allgemeinen Zeitung* veröffentlicht. Das hier formulierte Bekenntnis markiert die erste große Auseinandersetzung zwischen den fortan zwei deutschen Literaturen, der im Deutschen Reich verbliebenen sowie der im Ausland entstehenden,

---

[14] Gottfried Benn, Sämtliche Werke, Bd. IV, Prosa 2, S. 24ff.

emigrierten Literatur. Und die Argumentationsmuster dieses Konfliktes wirkten – wenn auch unter anderen Voraussetzungen – bis hinein in die literarischen Kontroversen der Nachkriegszeit.

Benns ohne Notwendigkeit öffentlich vollzogene Stellungnahme war unmißverständlich. Sie war nicht nur ein Bekenntnis zum Dritten Reich und ein Angriff auf die deutsche Emigration, sie war auch eine unmittelbare Reaktion auf einen Brief, den Klaus Mann am 9. Mai 1933, einen Tag vor der Bücherverbrennung, aus dem südfranzösischen Küstenort Le Lavandou an den von ihm hoch verehrten Dichter geschrieben hatte.

Jahre später faßte Klaus Mann seine Bewunderung für Gottfried Benn zusammen:

»Benn ist ein großer Poet: Einige seiner dunkel suggestiven, tragisch kühnen Verse haben sich mir für immer eingeprägt, ihr Rhythmus bleibt mir im Blut wie das Echo früh-gehörter, früh-geliebter Zaubersprüche. Auch persönlich stand ich damals auf herzlichem Fuße mit dem äußerlich so korrekten und konventionellen Visionär, der es nicht unter seiner Dichterwürde fand, neben- und hauptberuflich als Spezialist für Haut- und Geschlechtskrankheiten in einem Berliner Arbeiterviertel tätig zu sein. Dort besuchte ich ihn zuweilen. Der inspirierte Doktor [...] bewirtete mich, nach gutbürgerlichem Brauch mit Kaffee und Streuselkuchen. Wir plauderten über Dichter. [...] Wir verstanden uns, in literarischen Fragen. Er liebte Nietzsche (den er verhängnisvollerweise wörtlich nahm), Hölderlin, Rimbaud. Er liebte Heinrich Mann, dessen sechzigsten Geburtstag er mit einer schönen Festrede beging. Aber die Übereinstimmung oder Gleichgestimmtheit hörte auf, sowie es um politische Probleme ging, die wir allerdings nur selten in unserer Unterhaltung berührten.«[15]

Bereits 1930 hatte Klaus Mann im Zuge der unter dem Eindruck der ersten großen Erfolge der NSDAP sich immer stärker vollziehenden Polarisierung der deutschen Intelligenz in ein rechtes und in ein linkes Lager die in ihrem Mystizismus verhaftete, nihilistische Zivilisationsverachtung Benns kritisiert und ein klares politisches Bekenntnis nach links angemahnt.[16] Das Verhältnis war dennoch freundschaftlich geblieben.

Durch Gottfried Benns unrühmliche Rolle beim Ausschluß Heinrich Manns aus der »Sektion für Dichtung« in der Preußischen Akademie der Künste und der damit sich vollziehenden Gleichschaltung im Februar 1933 sowie durch kursierende Gerüchte und Zeitungsnotizen zu Benns Haltung den neuen Machthabern gegenüber, sah sich Klaus Mann zu seinem persönlichen Brief genötigt.

---

[15] Klaus Mann, Der Wendepunkt, S. 247f.
[16] Der Vortrag »Zweifel an Gottfried Benn« erschien in: Klaus Mann *Auf der Suche nach einem Weg. Berlin 1931.*

Klaus Mann an Gottfried Benn[17]

Klaus Mann   Le Lavandou, den 9.5.33

Lieber und verehrter Herr Doktor BENN
erlauben Sie einem leidenschaftlichen und treuen Bewunderer Ihrer Schriften mit einer Frage zu ihnen zu kommen, zu der ihn an sich nichts berechtigt, als eben seine starke Anteilnahme an ihrer geistigen Existenz? Ich
schreibe diese Zeilen nur in der Hoffnung, dass Sie mich als verständnisvollen Leser Ihrer Arbeiten etwas legitimiert finden eine offene Frage an
Sie zu richten. – In den letzten Wochen sind mir verschiedentlich Gerüchte
über Ihre Stellungnahme gegenüber den »deutschen Ereignissen« zu Ohren
gekommen, die mich bestürzt hätten, wenn ich mich hätte entschliessen
können ihnen Glauben zu schenken. Das wollte ich keinesfalls tun. Eine
gewisse Bestätigung erfahren diese Gerüchte durch die Tatsache, die mir
bekannt wird, dass Sie – eigentlich als EINZIGER deutscher Autor, mit dem
unsereins gerechnet hatte, Ihren Austritt aus der Akademie NICHT erklärt
haben. Was mich bei der protestantischen Frau Ricarda Huch nicht verwundert und was ich von Gerhart Hauptmann, der seine Rolle als der Hindenburg der deutschen Literatur mit einer bemerkenswerten Konsequenz zu
Ende spielt, nicht anders erwartet hatte, entsetzt mich in ihrem Falle. In
welcher Gesellschaft befinden Sie sich dort? Was konnte Sie dahin bringen,
Ihren Namen, der uns der Inbegriff des höchsten Niveaus und einer geradezu fanatischen Reinheit gewesen ist, denen zur Verfügung zu stellen,
deren Niveaulosigkeit absolut beispiellos in der europäischen Geschichte ist
und vor deren moralischer Unreinheit sich die Welt mit Abscheu wendet?
Wie viel Freunde müssen Sie verlieren, indem Sie solcherart gemeinsame
Sache mit den geistig Hassenswürdigen machen – und was für Freunde haben Sie am Ende auf dieser falschen Seite zu gewinnen? Wer versteht Sie
denn dort? Wer hat denn dort nur Ohren für Ihre Sprache, deren radikales
Pathos den Herren Johst und Vesper höchst befremdlich, wenn nicht als der

---

[17] Der Brief ist zitiert nach: Gottfried Benn, Sämtliche Werke, Bd. IV, Prosa 2, S. 510ff. Das
Originaltyposkript hat sich in Gottfried Benns Nachlaß erhalten. Die in Klaus Manns Nachlaß
befindliche Abschrift (Sign. KM B 314) enthält handschriftliche Änderungen, die Klaus Mann
vermutlich für eine Publikation des Briefes in der *Neuen Weltbühne* vorgenommen hatte (Vgl.
Klaus-Mann-Schriftenreihe, Bd. 4/I, S. 344 und Klaus Mann, Tagebücher 1931 – 1933, S. 143).
Neben einigen Formulierungen wurde unter anderem der Name von Ricarda Huch durch »dem
Herrenreiter Rudolf G. Binding« ersetzt. Daß Huch bereits am 9. April aus der Akademie ausgetreten war, war Klaus Mann zu diesem Zeitpunkt nicht bekannt. Gestrichen wurde ebenfalls
der Absatz »Wie gut habe ich Ihre Erbitterung […]« bis »mehr unter denen zu leiden als ich«.
Auch der Name Siegfried Kracauers wurde aus dem ursprünglichen Manuskript entfernt.

purste Kulturbolschewismus in den Ohren klingen dürfte? Wo waren denn die, die Ihre Bewunderer sind? Doch nicht etwa im Lager dieses erwachenden Deutschlands? Heute sitzen Ihre jungen Bewunderer, die ich kenne, in den kleinen Hotels von Paris, Zürich und Prag – und Sie, der ihr Abgott gewesen ist, spielen weiter den Akademiker DIESES Staates. Wenn Ihnen aber an Ihren Verehrern nichts liegt – sehen Sie doch hin, wo die sich aufhalten, die Sie Ihrerseits auf so hinreissende Art bewundert haben. Heinrich Mann, dem Sie wie kein anderer gehuldigt haben, ist doch mit Schanden aus eben derselben Organisation geflogen, in der Sie nun bleiben; mein Vater, den Sie zu zitieren liebten, wird in dem Lande nur noch beschimpft, für dessen Ansehen in der Welt er allerlei geleistet hat – wenn auch nicht so viel, wie seine neuen Herren nun wieder zu zerstören wussten. Die Geister des Auslands, die doch auch Ihnen wichtig gewesen sind, überbieten sich in den schärfsten Protesten – denken Sie doch an André Gide, der gewiss nie zu den platten »Marxisten« gehört hat, die Sie so schrecklich abstossend fanden.

Da sind wir ja wohl beim entscheidenden Punkt. Wie gut habe ich Ihre Erbitterung gegen den Typus des »marxistischen« deutschen Literaten (fatalster Vertreter: Kracauer) immer verstanden, und wie sehr habe ich sie oft geteilt. Wie blöde und schlimm war es, wenn diese Herren in der Frankfurter Zeitung, im Börsencurier oder in ihren verschiedenen Linkskurven Dichtungen auf ihren soziologischen Gehalt hin prüften. Das war ja wirklich zum Kotzen, und niemand hatte mehr unter denen zu leiden als ich. Mit Beunruhigung aber verfolgte ich schon seit Jahren, wie Sie, Gottfried Benn, sich aus Antipathie gegen diese aufgeblasenen Flachköpfe in einen immer grimmigeren IRRATIONALISMUS retteten. Diese Haltung blieb rein geistig und hatte für mich eine große Verführungskraft, wie ich gestehe – aber das hinderte nicht, dass ich ihre Gefahren spürte. Als ich unlängst in der »Weltbühne« den Aufsatz über Sie und Ihre »Flucht zu den Schachtelhalmen« las, konnte ich dem, der da gegen Sie polemisierte, beim besten Willen so ganz Unrecht nicht geben – ja: wenn ich genau nachdachte, fiel mir ein, dass ich eigentlich recht ähnliche Dinge ziemlich viel früher über sie geschrieben hatte. Es scheint ja heute ein beinahe zwangsläufiges Gesetz, dass eine zu starke Sympathie mit dem Irrationalen zur politischen Reaktion führt, wenn man nicht höllisch genau Acht gibt. Erst die grosse Gebärde gegen die »Zivilisation« – eine Gebärde, die, wie ich weiss, den geistigen Menschen nur zu stark anzieht –; plötzlich ist man beim Kultus der Gewalt, und dann schon beim Adolf Hitler. – Ist es nicht doch ein bisschen so, wie ein geistreicher Autor (KEIN »Marxist«) an dieser Küste neulich zu mir sagte: »Der Benn hat sich einfach so viel über den Döblin geärgert, dass er schliesslich Nazi darüber wurde«. Ich verstehe ja sehr gut, dass man sich ausgiebig über den Döblin ärgern kann, aber doch nicht gleich bis zu dem Grade, dass man den Geist überhaupt darüber verrät. Mich könnte kein Kracauer, kein Ihering je so weit bringen. Im Gegenteil: während der Ihering heute Mittel und Wege findet sich so ein bisschen fascistisch umzufrisieren – und vielleicht wird morgen schon bei ihm die »Nation« stehen, wo gestern das »Klassenbewusstsein« stand – weiss ich nun so klar und so genau wie nie, wo mein Platz ist. Kein Vulgärmarxismus kann mich mehr irritieren. Ich weiss doch, dass man kein stumpfsinniger »Materialist« sein muss, um das Vernünftige zu wollen und die hysterische Brutalität aus tiefstem Herzen zu hassen.

Ich habe zu Ihnen geredet, ohne dass Sie mich gefragt hatten; das ist ungehörig, ich muss noch einmal um Entschuldigung bitten. Aber Sie sollen wissen, dass Sie für mich – und einige andre – zu den sehr wenigen gehören, die wir keinesfalls an die »andre Seite« verlieren möchten. Wer sich aber in dieser Stunde zweideutig verhält, wird für heute und immer nicht mehr zu uns gehören. Aber freilich müssen Sie ja wissen, was Sie für unsere Liebe eintauschen und welchen grossen Ersatz man Ihnen drüben dafür bietet; wenn ich kein schlechter Prophet bin, wird es zuletzt Undank und Hohn sein. Denn, wenn einige Geister von Rang [immer noch] nicht wissen, wohin sie gehören –: die dort drüben wissen ja ganz genau, wer nicht zu Ihnen gehört: nämlich der GEIST.

Ich wäre Ihnen dankbar für jede Antwort.

Meine Adresse:

Hôtel de la Tour, SANARY s.m. (VAR)

Ihr
Klaus Mann

Benns Antwort sorgt innerhalb der Emigration für Aufsehen, Unverständnis und Entsetzen. Ende Mai schrieb Thomas Mann an seinen Sohn Klaus:

Thomas Mann an Klaus Mann[18]

Bandol, den 31.5.33

Lieber guter Aissi,

den Brief von Benn schicke ich Dir umgehend zurück, da wir das in jedem Sinn verlogene Produkt schon in zwei Exemplaren (von Schickele und ich weiß nicht woher) besitzen. Es ist ja angenehm für ihn, daß er sich so in Harmonie mit den Ereignissen befindet, aber muß er uns in seiner Sattheit auch noch verhöhnen und so tun, als säßen wir zum Vergnügen in französischen Badeorten? Auch möchte ich wohl wissen, ob er wirklich glaubt,

---

[18] Klaus Mann, Briefe und Antworten, S. 99.

daß uns »nicht viel geschehen wäre«, wenn wir im Lande geblieben oder gerade dort gewesen wären. Eben kommt durch die zu uns geeilte Moni die Nachricht, daß man in München unser Bargeld auf den Banken, das sowieso schon gesperrt war, *konfisziert* hat – ein einfacher Raub. Es sind immerhin 40000 Mark, und wahrscheinlich will man die S.A. damit bezahlen. Sprich aber nicht darüber. Heins wird wohl Anstrengungen machen, und aus Berlin versichert man auch jetzt, es handle sich um lokale Aktionen, die nicht der Stimmung »oben« entsprächen. Dennoch wird man aus dem offenen Rechtsbruch nun also wohl die Konsequenzen ziehen müssen. Wir erwarten Golo. Euch die herzlichsten Wünsche für das Gelingen eurer Unternehmungen! Wir haben ein hübsches Haus gemietet: »La Tranquille« bei Sanary.

Z.

Benns öffentliches Bekenntnis zur Nationalsozialistischen Bewegung hatte bereits Ende April 1933 in seiner Rundfunkrede *Der neue Staat und die Intellektuellen* eine neue Qualität erreicht, die in ihrem Wortlaut zu diesem Zeitpunkt noch nicht bis in die Emigration durchgedrungen war. Um so schockierender mußte seine *Antwort an die literarischen Emigranten* wirken und um so angewiderter reagierte Klaus Mann noch einmal, als er einige Zeit später mit ersten Auszügen aus Gottfried Benns inzwischen als Buch erschienenen, gesammelten Stellungnahmen konfrontiert wurde.

Am 29. Juni notiert er in sein Tagebuch: »Gottfried Benn; Schlusskapitel seines neuen Buches. UNGEHEUERLICH. Die typisch neudeutsche Mischung aus Geisteskrankheit und niedrigster Korruption. Irrationalismus = Sadismus. Leugnen jeder Entwicklung. Zurück zu den Menschenopfern. Der tiefe Mensch muss barbarisch sein? Kriegshetze. Schreiende Unlogik. Auch stilistisch konfus. Benn – oder die Entwürdigung des Geistes.«[19] Und am 19. Juli 1933 schrieb er an seine Mutter Katia: »Wenn Ihr das neue Buch meines Gottfried Benn, ›Der neue Staat und die Intellektuellen‹, noch *nicht* gesehen habt, müßt Ihr es Euch beschaffen: es ist eine gräßliche Belustigung, vor allem der unwahrscheinliche Aufsatz über die ›Züchtung‹.«[20]

Die hier erreichte Qualität in Benns Weltbild – wenn sie denn überhaupt steigerungsfähig war – veranlaßte Klaus Mann, doch noch öffentlich Stellung zu beziehen. Nachdem er seine unmittelbare Erwiderung auf Benn, den bereits Ende Mai verfaßten Text *Antwort auf die Antwort*, letztlich nicht veröffentlicht hatte[21],

---

[19] Klaus Mann, Tagebücher 1931–1933, S. 151f. Dort abweichende Transkription von »Schlusskapitel«; vgl. Abdruck des Originals in: Uwe Neumann (Hrsg.), Ruhe gibt es nicht bis zum Schluss, S. 144.

[20] Klaus Mann, Briefe und Antworten, S. 114.

[21] Der Text erschien erstmals 1993 in dem Band »Klaus Mann, Zahnärzte und Künstler«.

Klaus Mann: Gottfried Benn oder Die Entwürdigung des Geistes

erschien im September 1933 im ersten Heft seiner Zeitschrift *Die Sammlung* der Aufsatz *Gottfried Benn oder Die Entwürdigung des Geistes*.

Klaus Mann, Gottfried Benn oder Die Entwürdigung des Geistes

Im Mai dieses Jahres schrieb ich an den Dichter Gottfried Benn einen Brief. Die Verehrung, die ich für ihn gehabt hatte, machte es mir zum Bedürfnis und gab mir Recht, ihn um Aufklärung zu bitten, ob Gerüchte, die mir über seine geistig-politische Stellungnahme zu Ohren gekommen waren, den Tatsachen entsprächen. Die Aufklärung, um die ich ihn als Leser, als Bewunderer, fast als Freund privat ersucht hatte, gab er mir in Form eines offenen Briefes, »An die Emigranten«, den er im Rundfunk verlas und der in der »Deutschen Allgemeinen Zeitung« publiziert wurde. Der peinlichen Aufgabe, auf diesen Brief Gottfried Benns, der mich durch die Tiefe seines sprachlichen und moralischen Niveaus, durch die Unhaltbarkeit und Verwirrtheit seiner Argumente und durch die Infamie seiner lügenhaften Angriffe gegen im eignen Land Wehrlose entsetzt hatte, meinerseits zu erwidern, war ich enthoben: andere sagten, was zu sagen war, Benn wurde mit Erwiderungen überschüttet. Ich konnte schweigen, und mit meiner Enttäuschung über den einst Hochgeschätzten allein fertig werden.

Dieser Brief, diese Ansprache an uns »Emigranten« bildet das zweite Stück in dem Buch »*Der neue Staat und die Intellektuellen*«. Ihm vorangestellt ist eine andre Rundfunkrede, die den Titel des Buches trägt und womöglich noch platter, geistig noch magerer, auch noch bösartiger ist. Beide Arbeiten zusammen nennt der Autor »das Resultat« seiner »fünfzehnjährigen gedanklichen Entwicklung«. Ein bescheidnes Resultat, muß man sagen. Es wird nicht üppiger, wenn man den letzten Aufsatz des Buches, den schlimmsten und schlechtesten, »Züchtung«, dazuhält. Im übrigen besteht das neue Werk Gottfried Benns, das die Deutsche Verlagsanstalt seinem neuen Publikum vorlegt, aus dem Abdruck älterer, auch in Buchform erst sehr kürzlich erschienener Arbeiten. – Wie fassen wir es zusammen, dieses Resultat einer fünfzehnjährigen Gedankenentwicklung? Es ist gewiß nicht das Bekenntnis zum »Irrationalen«, das Verfluchen des »Intellektualismus« – diese Gebärden sind nicht neu, man kann sie kein Resultat nennen, andre haben solche Gedanken vor ihm und mit ihm gehabt, sie sind überhaupt nicht das Privileg derer, die heute durch »Irrationalismus« Bestialitäten entschuldigen wollen –; nein, als Resultat der Gedankenarbeit kann man wohl nur bezeichnen: das hingerissene Bekenntnis zum »totalen Staat«, das er mit allen Leitartikeln des vergewaltigten Deutschlands gemeinsam ausstößt; die Erkenntnis, daß das Volk nicht Glück will, auch nicht Arbeit, sondern »Züchtung«; die unsinnige, hohle und demagogische Formel von der »militanten Transzendenz« – nicht »militaristisch«, wohlverstanden, sondern »militant«, es ist ein so zarter Unterschied, wie Herr von Papen ihn machte, als er sich für die Friedensliebe erklärte, nachdem er den Pazifismus verdammte hatte –; den Hohn auf die Geistesfreiheit, die keinen Platz mehr hat im autoritären Staat, im »Sklavenstaat, um es einmal ganz klar auszudrücken« (ich zitiere); schließlich noch das Kapitulieren vorm Kitsch, Marke Braunes Haus, »nordisch, darüber Schwerter«. Was er gelernt hat, seit er der Prophet des Dritten Reiches wurde, ist *nicht* das Wissen darum, daß wir keine reinen Gehirnwesen sind, das wußte er doch wohl schon, als er sich noch von denen in die Akademie protegieren ließ, die er heute mit plumpen Anspielungen beleidigt, und als er noch Heinrich Mann bewunderte statt Hitler, er wußte es damals schon, und wir wußten es mit ihm; was er aber inzwischen gelernt hat von seinem Halbgott, seinem Führer, der den Terror nicht will, sondern der Geist und Macht in der SA miteinander identisch werden läßt, das sind jene Tricks, die darin bestehen, mit dem Gesicht nach Europa gewendet heuchlerisch vom »neuen deutschen Menschen« zu behaupten: »Er wird sich gegen niemanden erheben« – im selben Aufsatz aber drohend zu konstatieren: »Frieden in Europa wird es nicht mehr geben« –, und ihm, dem neuen Deutschen, scheußlicherweise Gehirne mit Eckzähnen, dann geradezu Gehirne mit Hörnern zu wünschen – Monstrositäten, an denen freilich dem Neudeutschen, der doch keinesfalls als Träumer vorzustellen ist, weniger liegen dürfte als einer tadellosen Luftflotte, wofür Göring zuständig bleibt. Was er gelernt hat – es ist nicht viel anderes als die Tücke, die Unredlichkeit, mit welcher er auf die Frage, ob er »links« oder »rechts« sei, ausweicht mit der Erklärung, er sei keines von beidem, sondern »zentral« – was in diesem Zusammenhang keine Antwort, sondern eine Redensart ist.

Was nutzt es zu polemisieren? Halb pathologisch, halb nur gemein entwürdigt sich ein großes Talent vor unseren Augen. Es ruiniert sich auch, während es sich prostituiert. Benn schreibt plötzlich schlecht. Sein Stil wechselt zwischen einem routinierten Pathos, das Wiederholung, pures Selbstzitat ist, und einem hohlen rasselnden, sogar unbeholfenen Zeitungsklischee. Es gehört Mut, es gehört wohl auch einfach Mangel an Scham dazu, ältere, schöne Arbeiten neben diese neuesten zu stellen, in denen er aus einer Philosophie, die immer gefährlich, aber oft verführerisch war, so nichtswürdige Konsequenzen zieht. Wie peinlich, wie deplaciert nimmt sich der große Aufsatz über »Goethe und die Naturwissenschaften« hier aus, der in einem anderen, so anderen Rahmen bedeutend wirkte. Goethe – und im selben Buch das frevlerische Gefasel von Gehirnen mit Eckzähnen: eine Niedertracht ist es, eine Niedertracht.

Was nutzt diskutieren? Es fehlen die Voraussetzungen dafür. Es fehlt die Würde des Geistes, sein Ernst, sein Verantwortungsgefühl. Wo hier die eigene Hysterie, die eigene Überspannung Raserei und Verblendung noch nicht komplett machten, da halfen verlockende Chancen für neuen Ruhm, für unerwartet repräsentative Stellung nach – und das Resultat einer fünfzehnjährigen gedanklichen Entwicklung ist ein Verrat am Geist, wie er sogar in *diesem* Deutschland ohne Beispiel ist bei einem Schriftsteller solchen Ranges. Außer Kummer und bittrer Enttäuschung nehmen wir nichts mit aus diesem Buch, nicht einmal einen Stachel, nicht einmal eine Beruhigung. Nur das eine wollen wir uns gesagt sein lassen, was er den jungen Leuten raten zu müssen glaubt: »Halte dich nicht auf mit Wiederholungen und Worten! *Habe Mangel an Versöhnung!*« Mangel an Versöhnung – nun lernen wir ihn. Das Schauspiel dieses Verrates am Geist, das uns sonst nur Ekel einflößen könnte, lehrt uns doch eines: Unversöhnbarkeit gegen die Verräter.[22]

1936 geriet Benn aufgrund einer Auswahl seiner Gedichte aus den Jahren 1911 bis 1936 selbst ins Fadenkreuz der NS-Kulturpolitik. Beanstandungen der Parteiamtlichen Prüfungskommission und Hetzartikel im *Schwarzen Korps* führten am 18. März 1938 zum Ausschluß Gottfried Benns aus der Reichsschrifttumskammer, den selbst die schützende Hand seines Freundes Hanns Johst und dessen enge Verbindung zu Heinrich Himmler nicht verhindern konnte.[23]

Anders als so mancher nahm Gottfried Benn 1950 in dem autobiographischen Aufsatz *Doppelleben* ausführlich Stellung zu seinem Verhalten während der nationalsozialistischen Diktatur.

Dort veröffentlichte er auch erstmals Klaus Manns Brief »als Ehrung für den Verstorbenen, für den ich trotz aller schweren Angriffe, die von ihm und seinem Kreise dann gegen mich vorgetragen wurden, immer ein freundliches Erinnern bewahrte.«[24] Und auch wenn seine Rechtfertigungen nicht ganz frei waren von Reminiszenzen an ein überholtes und äußerst problematisches Geschichtsverständnis, so fand er doch zu den aufrichtigen Worten: »Dieser 27-jährige hatte die Situation richtiger beurteilt, die Entwicklung der Dinge genau vorausgesehen, er war klarerdenkend als ich […].«[25]

Klaus Mann hatte sich am 21. Mai 1949 in Cannes das Leben genommen. Erika Mann schrieb am 28. Juni 1950

Klaus Mann

[22] Ebd., 40ff.
[23] Vgl. Jan-Pieter Barbian, Literaturpolitik im Dritten Reich, S. 537ff.
[24] Gottfried Benn, Doppelleben, S. 83.
[25] Ebd.

aus Zürich an Benn: »Wie selten geschieht es doch, dass jemand sich – quasi aus heiterem Himmel – dessen besinnt, was ich ›eines besseren‹ nennen möchte. Und dass Sie, lang ehe irgendeine Aufforderung Sie erreichte, diese Zeilen Klaus zu Ehren schrieben, scheint mir eine so rare, wie dankenswerte Begebenheit.«[26]

Die Sammlung

Nach seiner Flucht aus Deutschland am 13. März 1933 und einem ersten Aufenthalt in Paris kehrte Klaus Mann Ende April 1933 an die französische Riviera zurück, wo er sich in den Jahren zuvor wiederholt aufgehalten hatte. Die südfranzösische Küste, vor allem der Ort Sanary-sur-mer, bildete für den unermüdlich Reisenden neben Amsterdam, Paris und Küsnacht bei Zürich fortan eine Konstante seiner frühen Exilzeit.

Bis einschließlich 1936 begab sich Klaus Mann jährlich für mehrere Wochen an die Côte d'Azur, und noch 1937, als er sich bereits in Richtung Amerika orientierte, zog es ihn noch einmal für kurze Zeit dorthin zurück.

Hier arbeitete er an seinen Romanen *Mephisto* und *Symphonie Pathétique* sowie unter anderem an Aufsätzen über Stefan George und Thomas de Quincey, die später in seiner Zeitschrift *Die Sammlung* erschienen.

Der Plan zur *Sammlung* entstand ebenfalls in Sanary. Am 3. Mai 1933 berichtet er in seinem Tagebuch erstmals von der Idee, gemeinsam mit Annemarie Schwarzenbach eine Zeitschrift gründen zu wollen. Erste Adressaten, an die er sich von hier aus wendete, waren Stefan Zweig, Hermann Hesse[27] und Hermann Kesten.

Klaus Mann an Hermann Kesten[28]

Hotel de la Tour
Sanary s.m. (Var)   den 15.5.33

Lieber Hermann Kesten –
wie geht es Ihnen, was machen die Deux Magots, ist es in Paris auch so lächerlich windig wie hier? – Ich schreibe Ihnen aber gar nicht, um das zu erfahren; vielmehr:
Es hat sich mir eine Möglichkeit geboten, in Zürich eine Zeitschrift mit herauszugeben, und zwar zusammen mit der Annemarie Schwarzenbach,

---

[26] Zitiert nach Greve, Ludwig (Hrsg.), Gottfried Benn 1886–1956, S. 204.
[27] Zu einer Zusammenarbeit mit Hesse kam es nicht. Vgl. Briefwechsel in: Klaus Mann, Briefe und Antworten.
[28] Ebd., S. 94f.

die Sie vielleicht kennen. Wir wollen sie recht schön und fein machen, ganz literarisch, und oppositionell nur auf eine würdige Weise. Sie soll auch »Die Sammlung« heissen und mit französischen Beiträgen erscheinen.

Joseph Roth hat uns auch schon was versprochen. Es ist ja ganz selbstverständlich, dass wir von Ihnen unbedingt gleich was haben wollen – zuerst am liebsten eine kleine Erzählung, es dürfte aber auch ein Aufsatz sein. Wir können nicht fürstlich zahlen, aber doch ein wenig. Der Beitrag müsste in der zweiten Junihälfte allmählich in unsere Hände kommen. Aber vorher schreiben Sie mir doch bitte gleich, ob Sie uns etwas machen mögen – es läge uns viel daran! –, und schützen Sie nicht Nervosität und Arbeitsunlust vor! Es gibt so schrecklich wenig junge Autoren, die für uns in Frage kommen – und die, so es gibt, dürfen uns nicht sitzen lassen. Schreiben Sie mir also bitte gleich, dass Sie mitmachen und sich sogar freuen. Uebrigens komme ich in zwei bis drei Wochen noch einmal durch Paris.

Sonst – alles Herzliche
Ihres Klaus Mann

Nach seiner Abreise aus Sanary führte Klaus Mann am 4. Juni 1933 mit Fritz H. Landshoff in Paris ein erstes ausführliches Gespräch über die *Sammlung*. Landshoff, ehemals geschäftsführender Direktor des Berliner Gustav Kiepenheuer Verlages, der in den letzten Jahren der Weimarer Republik einige der fortschrittlichsten Autoren unter einem Dach vereinigte, hatte sich im April 1933 mit dem renommierten holländischen Verleger Emanuel Querido auf die Gründung einer deutschsprachigen Abteilung in dessen alteingesessenem Verlagshaus geeinigt.

Zwischen 1933 und 1940 erschienen im Querido Verlag u.a. Werke von Vicky Baum, Alfred Döblin, Albert Einstein, Lion Feuchtwanger, Leonhard Frank, Oskar Maria Graf, Hermann Kesten, Annette Kolb, Heinrich Mann, Klaus Mann, Thomas Mann, Valeriu Marcu, Ludwig Marcuse, Alfred Polgar, Joseph Roth, Anna Seghers, Ernst Toller, Jakob Wassermann, Ernst Weiß und Arnold Zweig.

Für die Autoren ging die überstürzte Flucht vor Verfolgung, Folter und KZ-Haft einher mit dem Verlust der materiellen Grundlage, der Arbeitsmittel, des kulturellen Umfelds und der Sprache. Für die Mehrzahl der Schriftsteller blieben jegliche Publikationsmöglichkeiten innerhalb Deutschlands fortan verwehrt. Der Wegfall des Publikums, der reichsdeutschen Leserschaft, beraubte die Autoren ihrer schriftstellerischen Existenz.

Die Exilverlage gewährleisteten – wenn auch mit geringen Auflagen, unter erschwerten Absatzbedingungen und ohne materielle Absicherung – den Grundbestand der geistigen Autonomie und sicherten den Fortbestand des Werkes vieler Autoren. Zu den bedeutenderen gehörten neben Querido die Verlage des Schweizers Emil Oprecht (Oprecht Verlag und Europa Verlag) und der von

Landshoffs ehemaligen Kiepenheuer-Kollegen Hermann Kesten und Walter Landauer geleitete deutschsprachige Teil des ebenfalls in Amsterdam sitzenden Allert de Lange Verlags sowie der sich nur zögerlich von S. Fischer lösende Exilverlag Bermann-Fischer.

Fritz H. Landshoff und Klaus Mann fanden bezüglich der *Sammlung* schnell zu einer Einigung. Schon unter normalen Bedingungen wäre die Unternehmung einer solchen Zeitschrift ein Wagnis gewesen, wie Landshoff in seinen Erinnerungen schreibt.

»Es war nicht leicht gewesen, Emanuel Querido von der Notwendigkeit zu überzeugen, eine literarisch-kulturpolitische Zeitschrift in anormalen Zeiten – mit dem Fehlen des gesamten deutschen Reichs als potentiellem Absatzgebiet – zu gründen. Mich reizte die Kombination von Verlag und Zeitschrift, mir schien sie damals von besonderer Bedeutung.«[29]

So dürfte die im Nachlaß von Klaus Mann erhaltene, am Vortag der Vertragsverhandlungen aufgesetzte Garantieerklärung von Annemarie Schwarzenbach zum Abschluß der als »zäh, aber angenehm sachlich«[30] empfundenen Gespräche nicht unerheblich beigetragen haben. Nachdem sich der Zeitschriftenplan für die Schweiz zerschlagen hatte, trat Schwarzenbach nun allein als Mäzenatin auf und garantierte eine volle Übernahme jeglicher Autorenhonorare für die ersten drei Monate des Erscheinens der Zeitschrift. Vereinbart wurde eine Auflage von 3 000 Exemplaren.

Landshoff versprach sich von der *Sammlung* nicht nur ein zusätzliches Forum für seine Verlagsautoren; er stimmte mit Klaus Mann auch darin überein, daß die Emigration, die weit davon entfernt war, eine politische Einheit darzustellen, ein Publikationsorgan brauchte, das die verschiedenen Strömungen bündeln könnte.

Am 16. Juni notiert Klaus Mann in sein Tagebuch: »Whisky. Vertragsunterschrift.«[31]

Während er selbst als Redakteur fungieren sollte, verpflichtete er sich bereits im Vertrag, je einen englischen, französischen und einen deutschen Herausgeber für die Zeitschrift zu gewinnen. Vorgesehen waren: »Fuer Deutschland Heinrich Mann oder Schickele; fuer Frankreich Gide, Girodeaux (!) oder Romain; fuer England Huxley oder Wells.«[32] Mit dem Protektorat aus André Gide, Aldous Huxley und Heinrich Mann hatte Klaus Mann schließlich drei Namen gefunden, »die weit über die Grenzen der Parteien hinaus eine Gesinnung verbürgten, die es sehr verschiedenartigen Kreisen ermöglichte, sich in diesem Exilorgan zu

[29] Fritz H. Landshoff, Erinnerungen eines Verlegers, S. 45, 60.
[30] Klaus Mann, Tagebücher 1931–1933, S. 147.
[31] Ebd.
[32] Monacensia, Stadtbibliothek München. Klaus Mann Archiv. KM M 639.

äußern«, so Landshoff.[33] Vor allem Gide galt damals in einem heute kaum mehr vorstellbaren Maße als literarische Instanz.

André Gide an Klaus Mann[34]

Vittel Palace
Vittel

24 juin 33

Mon cher Klaus
Oui certes j'accepte bien volontiers de voir mon nom protéger l'essor de votre revue; surtout s'il doit se trouver à côté de celui de votre oncle (ou pourquoi pas de votre père? qui jouit en France d'un tel prestige …)

Mais combien je m'attriste de ne pouvoir vous envoyer rien d'autre que mes vœux et ma sympathie! – Fort éprouvé par la cure que je fais ici (et dont j'avais grand besoin) je me sens parfaitement incapable d'écrire *quoi que ce soit*. Et j'ai dû de même refuser hier ma collaboration à Aragon qui me priait instamment d'ouvrir la revue qu'il s'apprete à diriger. Refus, du reste, momentané je l'espère – pour vous comme pour lui. Mais, pour le moment, j'ai perdu le pouvoir, et même le désir – d'écrire. Comprenez du moins qu'il vaut encore mieux se taire que de donner des pages indignes de vous et de moi. C'est ce que je me répète pour me consoler – car vous ne pourrez vous attristez de mon abstention plus que je ne fais moi-même.

Bien affectueusement votre

André Gide

Heinrich Mann an Klaus Mann[35]

3. Juli 1933

Castel Ansaldy
Bandol sur mer (Var)

Lieber Klaus,
die Verwirklichung der Zeitschrift ist sehr erfreulich, ich beglückwünsche Dich. Sie wird natürlich vor allem zeigen, dass Deutsche geistig noch immer auf der gleichen Fläche mit Franzosen und Engländern leben können und mitwirken an der Weltliteratur, anstatt an der provinzialen, die drinnen im Land erscheint.

---

[33] Fritz H. Landshoff, Erinnerungen eines Verlegers. S. 60.
[34] Monacensia, Stadtbibliothek München. Klaus Mann Archiv.
[35] Monacensia, Stadtbibliothek München. Klaus Mann Archiv. KM B 181.

Das erste Heft wird wohl schon hergestellt? Wenn noch Zeit wäre, würde ich versuchen, Dir einen Beitrag zu schicken. Du brauchst mich nur zu benachrichtigen.

Über die Sache mit dem »Patronat« habe ich zuerst mit Deinem Vater gesprochen. Er meint, Du hättest als sein Sohn nicht grade ihn auf die Liste setzen wollen, mit Deinem Onkel ginge es schon eher. Wenn das richtig ist, sage ich gern zu.

Grüsse Dr. Landshoff von mir. Ich erwarte noch die Rückgabe des von mir durchgearbeiteten Vertrages, worin er auch die Anregungen Feuchtwangers freundlichst aufnehmen möge.

Dein Onkel
H.

Aldous Huxley an Klaus Mann[36]

La Gorguette
Sanary (VAR)

10. vii.33

Monsieur et cher ami.

Je suis honteux de vous avoir tant fait attendre cette réponse à votre lettre du 27 juin. Les journées passent avec une rapidité si vertigineuse et je suis à ce moment si absorbé par un travail difficile et intéressant que je ne me rendis pas compte de la façon impardonnable dont je vous traitais.

Je vous souhaite tout le succès possible pour votre revue. Quant à une contribution de ma part – je vous dirai les possibilités actuelles. Je suis en train d'écrire des reflections sur un voyage que je viens de faire en Amérique Centrale. Si cela vous intéresse, je pourrais vous envoyer deux ou trois de ces petits essais concentrés d'une longeur totale suffisante pour remplir quelques pages. Ou – je crois mieux – je vous enverrai dans une dizaine de jours une copie de tout ce que j'aurai écrit jusqu'à cette date, en laissant à vous le choix des morceaux que vous préférez, avec peut-être une indication des morceaux qui me semblent les plus significatifs. Ecrivez moi si cela vous va. En attendant je reste – en vous demandant encore une fois pardon – très sincèrement

votre
Aldous Huxley

»Obgleich die Entscheidung über das Erscheinen der Zeitschrift *Die Sammlung* im Querido Verlag erst im Juni 1933 erfolgt war, gelang es Klaus Mann, mit

---

[36] Monacensia, Stadtbibliothek München. Klaus Mann Archiv.

ungeheurem Fleiß und in unermüdlicher Arbeit, innerhalb von zwei Monaten Hunderte von Briefen zu schreiben und genug Material von den über zahlreiche Länder verstreuten deutschen Autoren und ihren ausländischen Gesinnungsgenossen zusammenzubringen.«[37]

Im Folgenden stehen Antworten von Autoren, die sich bereits zu diesem Zeitpunkt an der südfranzösischen Küste befanden oder die aufgrund der politischen Entwicklungen späterer Jahre die Côte d'Azur als Station ihres Exils wählen sollten.

Die Stimmen sind erwartungsgemäß unterschiedlich. Während die *Sammlung* ausnahmslos positiv aufgenommen wird, berichten diese Briefe auch von den konkreten Umständen des Lebens und Schreibens im Exil.

Lion Feuchtwanger an Klaus Mann[38]

Dr. Lion Feuchtwanger   Sanary (Var), 7. Juli 1933
Villa Lazare, La Plage, La Gorguette

Herrn Klaus Mann
Grand Hotel
Zandvoort

Lieber Herr Klaus Mann,
ich freue mich und gratuliere Ihnen und Querido, dass die Zeitschrift, von der Sie sprachen, nun zustande gekommen ist. Ich habe mit Querido über eine Gesamtausgabe meiner Bücher abgeschlossen, und es ist mir also auch aus äusseren Gründen sehr willkommen, dass Ihre Zeitschrift dort erscheint.

Selbstverständlich will ich gern mittun, und ich hoffe sehr, dass ich Ihnen in absehbarer Zeit etwas geben kann. Ich schreibe an einem kleinen Roman »Die Geschwister Oppermann«, der versucht, das Schicksal einer Berliner Judenfamilie auf dem Hintergrund der letzten Ereignisse in Deutschland zu geben. Wenn es sehr gut geht, kann das Buch noch vor Weihnachten erscheinen. Auch über die deutsche Ausgabe dieses Werkes habe ich mit Querido abgeschlossen. Vielleicht, wenn Querido damit einverstanden ist, kann ein geschlossener Teil daraus in Ihrer Zeitschrift abgedruckt werden.

---

[37] Fritz H. Landshoff, Erinnerungen eines Verlegers, S. 60.
[38] Monacensia, Stadtbibliothek München. Klaus Mann Archiv. KM B 67. Als erster Beitrag Feuchtwangers erschien im November 1933 ein Auszug aus dessen Roman *Die Geschwister Oppenheim* unter dem Titel »Hermann, der Cherusker«.

Herzlichst alles Gute. Und grüssen Sie Ihre Schwester Erika, wenn Sie in der Nähe ist

Ihr
Lion Feuchtwanger

Wilhelm Herzog an Klaus Mann[39]

Wilhelm Herzog   Six Fours (Var)
Villa Ste. Marie

10. Juli 1933

Lieber Klaus Mann,
ich beglückwünsche Sie von ganzem Herzen zu der großen Aufgabe, die Sie sich gestellt haben. Das könnte etwas sehr Schönes und gerade in diesen Zeiten höchst Bedeutungsvolles werden.
Sie empfangen inliegend einen Essay, den ich gerade vollendet habe und der Ihnen vielleicht besonders willkommen sein mag: »Friedrich Nietzsche – und die Deutschen«.
Ihrem weiteren Wunsch, Ihnen einen Abschnitt aus meinem Buch zum Vorabdruck zur Verfügung zu stellen, würde ich gerne entsprechen, wenn ich besser über die Raumverhältnisse Ihrer Zeitschrift orientiert wäre.
Sie müßten mir schreiben, ob Ihnen ein auf historische Dokumente aufgebauter, ganz objektiver und dennoch der Aktualität nicht entbehrender Essay aus dem Werk, wie der über »Jaurès«, »Clemenceau«, »Zola«, oder »Wilhelm II., Bülow und der deutsche Generalstab« (mit zum Teil unveröffentlichtem Material) geeignet erschiene.
Ich schicke Ihnen gesondert als Drucksache die ganz kurze »Einleitung« und den »Jaurès«. Das Werk heißt: »Der Kampf einer Republik. Die Affaire Dreyfus. Chronik der Tatsachen«. Die französische Ausgabe wird den Titel führen: »Pages héroiques de la troisième République Française«.
Zsolnay will für die Herausgabe des Werkes noch immer »bessere Zeiten« abwarten. Herr Dr. Feuchtwanger hatte die Freundlichkeit, Querido vor 14 Tagen zu empfehlen, das Buch baldmöglichst herauszubringen. Es ist möglich, daß er damit geschäftlich einen ganz ungewöhnlichen Erfolg erzielen könnte. Herr Landshoff schrieb Herrn Feuchtwanger, er möchte

---

[39] Monacensia, Stadtbibliothek München. Klaus Mann Archiv. KM B 117. Der Essay über Nietzsche und die Deutschen wurde nicht in die *Sammlung* aufgenommen. In Heft 4 erschien von Herzog unter dem Pseudonym Julian Sorel der Aufsatz »Friedrich Hölderlin und diese Deutschen«.

sich die Frage noch einige Tage überlegen. Wenn Sie es für opportun halten, wollen Sie versuchen, die Angelegenheit zu fördern?

Ich habe mich über Ihren Brief sehr gefreut. Ist Erika und Frau Giese bei Ihnen? Dann bitte ich sie herzlich von mir zu grüßen. Ihnen wünsche ich einen guten Start und einen Erfolg, der Sie selbst befriedigt.

Ihr
Wilhelm Herzog

Kleine Paralipomena:

1. Dank für Ihr reizendes Memoiren-Werk: »Je suis de mon temps«. Ich habe es am Tage, da es kam, mit immer wachsenderer Spannung bis zu Ende gelesen. Das ist ein Unikum. Solche jugendfrischen Memoiren gab es noch nicht. Soweit ich sehe: in keiner Litteratur.

2. Ihr Vater hat ein das Grundwesen meines Buches so treffendes Urteil in einem Brief an Zsolnay formuliert, daß ich Ihnen die Zeilen abschreiben lasse, um sie Herrn Querido mitzuteilen, damit er von dem Werk einen Begriff bekommt. Ich bitte Sie aber, das Urteil Ihres Vaters ganz vertraulich zu behandeln. Nur zur Orientierung für Herrn Querido.

3. Sie fragen mich in Ihrem Brief, wie es mir geht. Da ich nicht die übliche konventionelle Antwort auf die gewiß nicht konventionelle Frage geben kann: miserabel. Sorgen zerquetschen mich. Die Relativität der Tröstung, daß man nicht im Konzentrationslager sitzt, büßt langsam ihre Wirkung ein. Denn von dieser zum Optimismus verleitenden Negation kann man noch nicht leben. Ich habe, bevor Sie mir schrieben, an Querido gedacht, ob er nicht einen Moritz Heimann brauchte. Was denken Sie? Sie wissen (oder wissen's vielleicht auch nicht) ich war jahrelang Lektor bei Paul Cassirer. Für den ich den Verlag mit Heinrich Mann und Frank Wedekind als Grundsäulen aufzubauen versuchte. Jetzt müßte man ein internationales Forum aus dem Verlag machen: mit den besten Engländern, Franzosen, Deutschen, Amerikanern, Russen. Landshoff ist ein sympathischer und gescheiter Mensch. Könnte man ihn nicht dafür gewinnen?

4. Giebt es in Amsterdam oder in Holland eine Zeitung, die Artikel über das 3. Reich (mit Dokumenten) veröffentlichen und anständig honorieren würde? »Le Petit Marseillais« brachte einige Aufsätze von mir: »De Potsdam à Potsdam« und »La lutte d'Hitler contre l'Esprit«. Zahlt aber so miserabel, daß ich sie mehr auszubeuten suchen muß. Verzeihen Sie diese vielen Fragen. Aber Sie sind so vertraut mit diesen Dingen, daß Sie mich durch eine baldige Antwort zu großem Dank verpflichten würden.

Arnold Zweig an Klaus Mann[40]

Sanary/Var, »La Ménandière«, 11. Juli, 1933.

Lieber Herr Klaus Mann,
Ich beglückwünsche Sie zu dem ehrenvollen Auftrag, den Sie übernommen haben und freue mich, dass der Verlag Querido endlich den Wunsch erfüllt, den ich dem Verlag Kiepenheuer jahrelang vergeblich nahegelegt habe. Urteilen Sie also, ob ich bereit bin, an der »Sammlung« mitzuarbeiten. Ob ich freilich schon für das erste Heft und nochdazu etwas kulturpolitisches werde beitragen können, sehe ich noch nicht klar. Ich habe leider Rücksicht darauf zu nehmen, dass meine Kinder und einige Angehörige noch in Deutschland sind, und dass es für mich ein Gebot der Selbsterhaltung ist, vorläufig unbemerkt zu bleiben. Trotzdem können Sie auf mich rechnen, nötigenfalls wähle ich ein Pseudonym. Oder wollen Sie eine Novelle für eines der nächsten Hefte? Ab Anfang Oktober hoffe ich, aller Rücksichten entbunden zu sein. Eine Frage habe ich schon lange an Sie zu richten vor: wo ist die reizende kleine Selbstbiographie erschienen, aus der ich ein Stück »Laienbund deutscher Mimiker« im Berliner Tageblatt gesehen habe? Ich möchte das Buch gern besitzen; schon damals erschien es mir für eine abgeschlossene Kulturepoche bedeutsam; ich wusste, so etwas kommt in Deutschland nicht wieder. Jetzt, nachdem man allgemein zu der gleichen Erkenntnis kommen dürfte, sollte Ihr Bericht neue aufmerksame Leser finden.
Mit besten Grüssen

Arnold Zweig

Wilhelm Speyer an Klaus Mann[41]

Wilhelm Speyer
Hotel Tamaro
Ascona   7. August 1933
Tessin/Schweiz

Mein lieber Klaus,
ich beglückwünsche Sie herzlich zu Ihrem neuen Unternehmen. Ich war

---

[40] Monacensia, Stadtbibliothek München. Klaus Mann Archiv. KM B 305. Arnold Zweigs erster Beitrag für die *Sammlung* mit dem Titel »Halbjuden« folgte in Heft 6 im Februar 1934.
[41] Monacensia, Stadtbibliothek München. Klaus Mann Archiv. KM B 268. Zu einer Veröffentlichung Wilhelm Speyers in der *Sammlung* kam es nicht. Für Speyer, der sich später im Exil in Nizza niederlassen sollte, hegte Klaus Mann große Sympathie (vgl. Klaus Mann, Der Wendepunkt, S. 317).

froh zu hören, daß Sie das Kommando eines solchen Blattes übernommen haben. Es wird mir ein Vergnügen und eine Ehre sein, mein lieber Klaus, unter Ihnen zu fechten und dafür natürlich später auch aufgehängt zu werden.

Ich habe auch eine sehr gute Idee zu einer etwas grösseren Novelle: ich möchte die Schuljugend eines Goebbels-artigen Individuums in Rheidt darstellen, aber so schnell geht das nicht. Ich habe Orell Füssli gegenüber die Verpflichtung übernommen, ihm bis zum Januar einen (politisch indifferenten) Roman zu schreiben und ich muss diese Verpflichtung streng einhalten, da es doch ein grosses Glück ist, eine ansehnliche Schweizer-Franken-Rente zu bekommen. Dies vertraulich.

Im übrigen gebe ich Ihnen vollkommen Recht: die letzten Positionen in Deutschland werden von uns doch geräumt werden müssen. Die eine früher, die andere später. Bei mir etwas später als bei Ihnen.

Nehmen Sie alle guten Wünsche und seien Sie herzlich bedankt für alles Gute, das Sie mir zugedacht haben. Ich bin höchst begierig, bald die erste Nummer Ihrer Zeitschrift in der Hand zu haben.

Ihr Speyer

Alma Mahler-Werfel an Klaus Mann[42]

Wien, XIX. Steinfeldgasse 2

11. Sept. 33

Sehr geehrter Herr Klaus Mann

Franz Werfel dankt Ihnen innigst für Ihren freundlichen Brief. Er hat die erste Nummer der »Sammlung« mit großer innerer Zustimmung gelesen. Wenn er Ihnen nicht selbst schreibt – so kommt das daher, weil er gerade ein neues zweibändiges Werk vollendet, das in den nächsten Wochen erscheinen soll und ihm nicht eine Minute freie Zeit lässt! Er wird deshalb auch erst später (nach Erscheinen des Buches) Ihnen einen Beitrag für Ihr ausgezeichnetes Unternehmen senden können.

Für heute wünscht er Ihnen alles Gute und sendet Ihnen zugleich mit mir herzlichste Grüße

Alma Mahler-Werfel

---

[42] Monacensia, Stadtbibliothek München. Klaus Mann Archiv. KM B 176. Zu einer Zusammenarbeit mit Franz Werfel kam es nicht. Werfel und seine Frau Alma Mahler Werfel gingen im März 1938 nach dem Anschluß Österreichs ins Exil. Im Juni 1938 siedelten sie sich in Sanary-sur-mer an, wo sie bis zu ihrer weiteren Flucht nach den USA bis Mai 1940 blieben.

Ludwig Marcuse an Klaus Mann[43]

Dr. Ludwig Marcuse
4, Square Gabriel Fauré   16.X.33
Paris XVII.

Sehr geehrter Herr Klaus Mann,
Herr Landshoff schrieb mir vor mehreren Wochen, dass Sie gern einen
Artikel von mir hätten. Da ich ein halbes Jahr unten an der Küste war und
erst seit 14 Tagen in Paris bin, hatte ich soviel zu tun, dass ich nicht dazu
kam. Aber ich hatte immer die Absicht, Ihnen einen Stefan George-Arti-
kel vorzuschlagen. Jetzt lese ich im neusten Heft Ihren Aufsatz, mit dem
ich recht einverstanden bin. George ist tatsächlich die wundervoll ehrliche
Bekräftigung eines grossen Irrtums. Ich hätte ihn in Gegensatz gesetzt
zu dem »Unpolitischen Dichter« Gerhart Hauptmann. Es wäre überhaupt
sehr gut, wenn Sie einen sehr grossen Schriftsteller (ich will seinen Namen
nicht nennen) dazu bringen könnten, öffentlich Gerhart Hauptmann sein
unwürdiges Verhalten vorzuwerfen.
     Diesem Brief liegt ein Beitrag für Ihr Blatt bei. Ich erwarte eine Zeile
von Ihnen. Wie geht es Ihrer Schwester Erika? Falls Sie in Paris ist, geben
Sie Ihr doch bitte meine Adresse.
     Grüssen Sie Herrn Landshoff schön von mir.

Ihr Marcuse

Mit dem Erscheinen des ersten Heftes der *Sammlung* im September 1933 kam es zu
einem Eklat. Hintergrund war, wie schon im Falle Gottfried Benn, ein schon länger
schwelender Konflikt zwischen »drinnen« und »draußen« – diesmal übertrug er
sich allerdings auf einzelne Protagonisten innerhalb der Emigration.
Gottfried Bermann-Fischer, de facto Leiter des renommierten jüdischen S. Fischer Verlages, war seit längerem bemüht, seinen berühmtesten und auflagen-
stärksten Autor Thomas Mann zu einer Rückkehr nach Deutschland zu bewegen[44] – ein Schritt, den Thomas Mann zu keiner Zeit für sich in Erwägung
gezogen hat. Dennoch fühlte sich Mann gegenüber seinem alten Verlag, zu
dem er nun schon seit 35 Jahren in Beziehung stand, in der Pflicht. Von seinen
Kindern Klaus und Erika fortwährend bedrängt, sich endlich öffentlich zum

---

[43] Monacensia, Stadtbibliothek München. Klaus Mann Archiv. KM B 185. Marcuses erster,
      umfangreicher Beitrag für die Zeitschrift *Die Erhebung der Christen* erschien in Heft 7 im
      März 1934.
[44] Vgl. Hans-Albert Walter, Querido, S. 34ff.

Exil zu bekennen und mit seinen Büchern in den Querido Verlag überzuwechseln, bangte Thomas Mann um seine Leserschaft in Deutschland. Und obwohl er in privaten Kreisen seine Abscheu gegenüber dem Dritten Reich immer wieder unmißverständlich zum Ausdruck brachte, hatte er ein offenes Ohr für Bermanns Beschwichtigungen. Thomas Mann schwankte und rückte – wie im Falle des »Protests der Richard-Wagner-Stadt München«, in dem sich zahlreiche namhafte Künstler, Schriftsteller und Musiker demagogisch gegen seine Richard-Wagner-Rede gewandt hatten – von einer bereits verfaßten Stellungnahme ab, deren Veröffentlichung die *Neue Rundschau* verweigert hatte.[45]

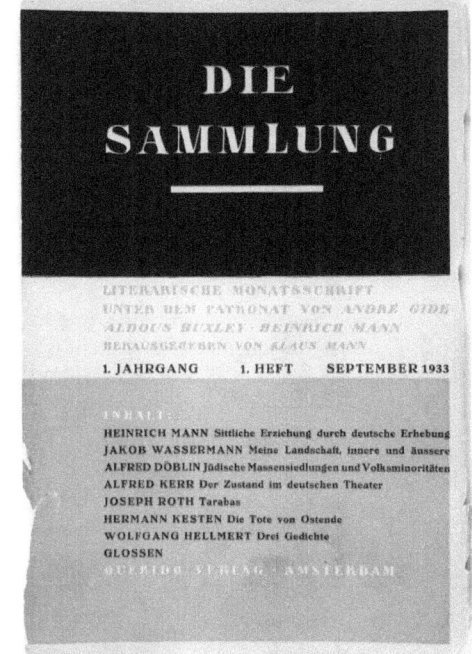

Ein Werbeprospekt der *Sammlung* listete Ende August die Namen ihrer zukünftigen Mitarbeiter auf.

Dieser Prospekt führte neben den erst kürzlich ausgebürgerten Lion Feuchtwanger, Alfred Kerr, Heinrich Mann und Ernst Toller auch die Namen der S. Fischer Autoren Alfred Döblin, Thomas Mann und René Schickele.[46] Als im ersten Heft der *Sammlung* neben einem Aufsatz Döblins außerdem Heinrich Manns kämpferischer Artikel *Sittliche Erziehung durch deutsche Erhebung* erschien, herrschte Aufruhr im Hause Fischer.

Der S. Fischer Verlag, der als jüdisches Unternehmen im Dritten Reich zunehmend in Bedrängnis geriet und sich nur aufgrund seines öffentlichen Renommees (anfänglich) halten konnte, hoffte, durch Zugeständnisse und eine völlige Enthaltung von »anstößigem« Gedankengut seinen Fortbestand zu sichern. Schickele, Döblin und Mann wurden aufgefordert, sich in einem Telegramm von der Ausrichtung der *Sammlung* zu distanzieren, um ihre Werke und den Verlag in Deutschland nicht zu gefährden. Alle drei kamen dieser Aufforderung nach.

Thomas Mann rechtfertigt sich gegenüber seinem Sohn Klaus:

---

[45] Vgl. ebd., S. 40.
[46] Ebd., S. 42.

Thomas Mann an Klaus Mann[47]

Sanary, den 13.9.1933

Lieber Aissi,

ich habe Bermann, der offenbar in tausend Nöten schwebt, bestätigen müssen, daß »Charakter erster Nummer Sammlung ihrem ursprünglichen Programm nicht entspricht«. Das ist wahr, wie Du weißt. Die Zeitschrift sollte sich von der Emigrantenpublizistik durch Betonung des Positiv-Produktiven, ja durch die Beschränkung darauf abheben, und daß Du's Dir nicht versagen konntest, H. M.'s hochleidenschaftlichen Artikel in die erste, das Bild bestimmende Ausgabe aufzunehmen (es wäre ganz etwas anderes gewesen, wenn er in der dritten oder vierten erschienen wäre) war die Rücksichtslosigkeit Eines, der vom ersten Tage an gründlich Schluß machen durfte, eine Rücksichtslosigkeit gegen mehrere Schriftsteller, die nicht in dieser Lage sind, und die Dir ihre Namen für die Mitarbeiter-Liste zur Verfügung gestellt hatten. Schickele ist telegrafisch im Abrücken sehr weit gegangen, um sein Buch und einen möglichen Vorabdruck in der Vossischen Zeitung zu retten. Er würde mit diesem 20 000 Frs. verlieren, viertausend Mark, von denen er mit den Seinen ein Jahr lang leben kann. Auch ich kam sofort in eine böse Lage. Der Fischer-Verlag war in Verzweiflung. Er sah die Bücher seiner Hoffnung verboten und sich selber auffliegen. (Längst setzt er zu.) Der alte Saenger wurde nur wegen dieser Sache nach Sanary entsandt. Alles, was er erreichte, war ein Telegramm des Inhalts: »Muß mir das Recht vorbehalten, literarischer Zeitschrift europäischen Charakters, die erste Namen der Welt zu ihren Mitarbeitern zählt, auch meine gelegentliche Mitarbeit in Aussicht zu stellen, was selbstverständlich keine Identifizierung mit jedem einzelnen Beitrag bedeuten kann.« Das war mager, so sauer es mir geworden war. Gestern kam ein weiteres Telegramm von Saenger, dringend, das »aus guten Gründen« nach der Bestätigung verlangte, ich sei über die »Tendenzen« der Sammlung unrichtig informiert gewesen. Wir fuhren zu Schickeles, um mit ihm zu beraten, wie er es mit mir getan hatte. Es war sehr schwer. Ich hatte schon aufgesetzt: »Kann ehrenhalber über Erklärung von neulich nicht hinausgehen«, habe mich dann aber zu der Feststellung von oben verstanden, einem wahrscheinlich ungenügenden Kompromiß, was aber schon peinlich genug ist.

Man ist weit auseinander. Die drinnen haben ein völlig anderes Denken und völlig andere Maßstäbe als die draußen, und von diesem wieder leben die, die alle Brücken hinter sich abgebrochen haben, in einer anderen Welt, als die, die das nicht tun konnten. Ich habe keinen Zweifel darüber gelassen,

[47] Klaus Mann, Briefe und Antworten, S. 132f.

daß ich die Hoffnung, ein geistiger Verlag und eine dito Zeitschrift könnten sich im heutigen Deutschland halten, absurd finde. Ich bin in Bermann gedrungen, mein Buch durch Querido draußen erscheinen zu lassen. Er weigerte sich, weil er sich an die Hoffnung klammert, dass gerade dieses Buch, zusammen etwa mit denen von Schickele und Wassermann, ihn drinnen retten soll. Das mag töricht sein; vor allem mag eine Überschätzung der Kräfte meines Buches darin liegen, an das Bermann mit großer Begeisterung rührend glaubt. Aber da nun das *Experiment* gemacht werden soll, bin ich seinem Gelingen etwas schuldig. Es *ist* eines. In Deutschland gibt es viele Trotzige und Sehnsüchtige. Der Verkauf meiner Bücher war in den letzten Wochen besser als seit langem. Das Sortiment zeigt sich dem neuen Bande günstig, die Vorbestellungen gehen in die Tausende. Ich bilde mir keine Schwachheiten ein; aber die Neugier, wie der Versuch verlaufen wird, ist berechtigt und nicht jede Rücksichtnahme auf ihn sinn- und ehrlos. Wenn er gelingt, wenn das Publikum in Deutschland diesem Buch, dem Werk eines Verfemten und einem schon stofflich opponierenden Werk einen Erfolg bereitet, ohne daß die Machthaber es daran zu hindern wagen, – man muß zugeben, daß das viel richtiger und lustiger, für die Machthaber viel ärgerlicher, ein eklatanterer Sieg über sie wäre als ein ganzer Stoß Emigranten-Polemik.

Vielleicht sind diese Möglichkeiten durch mein – ganz gleichgültiges – Figurieren auf Deiner Liste und das Erscheinen von H.'s Aufsatz im ersten Heft schon beseitigt. Wenn ich ihrer Bewahrung ein kleines Opfer brachte, so hoffe ich auf Nachsicht dafür bei euch stolzen Anti-Opportunisten.

Herzlich
Z.

Am 15. September schreibt Klaus Mann in sein Tagebuch: »Post: grosser Brief vom ZAUBERER, die peinlichste Situation: sein zweites Telegramm an Fischer, sein Abrücken von der Sammlung, gleichzeitig das von Döblin – Schickele; sehr schmähliche Angelegenheit; Trauer und Verwirrung. Dazu noch Brief von Stefan Zweig – auch ganz feiger Rückzieher. Elend. Erst ziemlich scharf, an Zweig geschrieben. Dann lange Briefe an Zauberer, Heinrich und Gide.«[48]

Die Art der Distanzierung, die Kombination aus einem allmählichen Rückzug und dem öffentlichen Widerruf mußte Klaus Mann schmerzen und demütigen. Ursprünglich waren für die erste Nummer der Zeitschrift noch Aufsätze von René Schickele und Stefan Zweig vorgesehen.[49] Beide hatten Klaus Mann ihre

---

[48] Klaus Mann, Tagebücher 1931–1933, S. 168.
[49] Manuskript »Inhalt der ersten Nummer« mit handschriftlichen Korrekturen, vermutlich Juli 1933. Monacensia, Stadtbibliothek München. Klaus Mann Archiv.

Zusage gegeben, ihn aber bezüglich der Fertigstellung immer wieder vertröstet. Schließlich hatten sie unter einem Vorwand ganz abgesagt.[50]

Am 10. Oktober 1933 kam es durch die *Reichstelle zur Förderung des Deutschen Schrifttums* zu einer Veröffentlichung der Dementis im *Börsenblatt für den Deutschen Buchhandel*. Vom Verlag selbst wurden die Erklärungen außerdem in Form eines Rundbriefs in Umlauf gebracht.[51]

»Kann nur bestätigen, daß Charakter erster Nummer Sammlung ihrem ursprünglichen Programm nicht entspricht.« [Thomas] Mann
Es folgte die schriftliche Ergänzung: »Ergänzen Sie meine Erklärung logischerweise dahin, daß mein Name von der Liste getilgt wird – denn darauf läuft sie hinaus.«

»Bin von politischem Charakter ›Sammlung‹ peinlich überrascht, da gelegentliche Mitarbeit nur für rein literarische Zeitschrift in Aussicht gestellt war. Stehe mit Querido in keinerlei Verbindung, halte mich auch weiterhin von allem Derartigen ausdrücklich fern.« Schickele

»Desavouiere jede schriftstellerische und politische Gemeinschaft mit Herausgeber der Zeitschrift Sammlung. Bitte das in geeigneter Form beschleunigt bekannt zu geben. Tendenz der Zeitschrift war mir unbekannt.« Döblin

Die Exilpresse, vor allem Wieland Herzfeldes *Neue Deutsche Blätter* und die von Willi Schlamm herausgegebene *Neue Weltbühne*, reagierte heftig auf die Vorgänge und stellte sich unmißverständlich auf die Seite Klaus Manns.[52]
Intern wurde nicht ohne Wut, Haß und Leidenschaft über die Sache diskutiert. So hatte Erika Mann bereits am 28. September an ihren Bruder geschrieben: »Daß die Bersau in allem und jedem darauf hinaus will und es deutlich schreibt, – sämtliche Emigranten sollten auf Lebensdauer den Mund halten, damit er, Berdreck, in Deutschland keinen Ärger habe, – ist sonnenklar [...].«[53] Dennoch versuchte man nach außen hin die Wogen möglichst niedrig zu halten. Grund für die Zurückhaltung dürfte jedoch auch hier eine Intervention Bermanns gewesen sein, der eine Richtigstellung wie sie Klaus Mann, wenn auch ohne Spitzen, bereits verfaßt hatte, selbstverständlich fürchtete.[54] Klaus Mann scheint sich von mehreren Seiten Rat eingeholt zu haben, wollte jedoch

---

[50] Vgl. Hans-Albert Walter, Querido, S. 45.
[51] Pfäfflin/Kußmaul, S. Fischer Verlag, S. 444f.
[52] Vgl. Hans-Albert Walter, Querido, S. 6off.
[53] Zitiert nach: Hans-Albert Walter, Querido, S. 53.
[54] Ebd., S. 60.

vermutlich auch nicht gegen seinen Vater agieren. Sein Onkel Heinrich bestärkte ihn am 24. Oktober in seiner Entscheidung, die Affäre nicht weiter zu verfolgen: »Es ist gut, dass Du die Dementi-Affäre auf sich beruhen lässt. Mit der Wirkung der Zeitschrift hat sie nichts zu thun.«[55]

So kam es von Seiten der *Sammlung* lediglich zu einer kurzen Stellungnahme in der Novemberausgabe. Abgedruckt wurde ein Brief Romain Rollands, der klar aber unverfänglich zum Ausdruck brachte, daß für ihn eine Trennung von literarischen und politischen Belangen nicht vorstellbar sei – versehen mit dem redaktionellen Zusatz:

»Diese spontane Äußerung des grossen französischen Schriftstellers geben wir an unser Publikum weiter. Man weiss, worum es sich handelt: Um die Erklärungen einiger deutscher Autoren, betreffend ihre Mitarbeiterschaft an der ›Sammlung‹, die in die deutsche Presse lanciert wurden. Wir selber wollen uns aus Rücksicht auf eben diese Autoren jeder Äusserung in der Angelegenheit enthalten.«

Im Deutschen Reich fielen schon bald einige Organe blindwütig über die *Sammlung* her. So war bereits Ende September in der gleichgeschalteten *Literarischen Welt* ein Hetzartikel unter dem Titel *Die »Sammlung« Judas* erschienen.[56] Und Will Vesper polemisierte im November in der *Neuen Literatur*: »Die aus Deutschland entflohenen kommunistischen und jüdischen Literaten versuchen von ihren Schlupfwinkeln aus, das neue Deutschland mit einem Wall von literarischem Stinkgas zu umgeben.«[57]

Und auch innerhalb der Emigration lieferte die Affäre weiterhin Stoff für Auseinandersetzungen. Joseph Roth, der bereits den früheren Kooperationsideen Bermanns in unzweideutiger Weise entgegengetreten war – »Dr. Bermann war hier. Will Landshoffs Autoren im Verlag Fischer gleichzeitig im Dritten Reich bringen. Habe als stolzer Österreicher abgelehnt, ein Saujud zu sein« –, ging mit den Beteiligten Stefan Zweig, Alfred Döblin und René Schickele besonders hart ins Gericht. Noch im Januar 1934 versuchte René Schickele, sich in einem siebenseitigen Brief gegenüber Roth für sein Verhalten zu rechtfertigen.[58]

Aus heutiger Sicht erscheint es vor allem schwer nachvollziehbar, welcher Druck und welche Drohkulisse im Falle von Alfred Döblin aufgebaut worden war. Der damals weit verbreitete Glauben, das Dritte Reich werde nur von kurzer Dauer sein, kann hier kein ausreichendes Erklärungsmuster abgeben. Zwar zeichnete sich die NS-Literaturpolitik anfänglich tatsächlich durch willkürliche Aktionen

[55] Heinrich Mann an Klaus Mann, Nice 24. Okt. 1933, Monacensia, Stadtbibliothek München. Klaus Mann Archiv KM B 181.

[56] Ebd., S. 51.

[57] Zitiert nach: Fritz H. Landshoff, Erinnerungen, S. 61.

[58] René Schickele an Joseph Roth, Sanary-sur-mer, 28.1.1934. Monacensia, Stadtbibliothek München. Archiv Hermann Kesten.

und interne Kompetenzstreitereien aus, spätestens nach der Bücherverbrennung und mit dem Einschwenken der großen Organe und Berufsverbände wie dem *Börsenverein für den deutschen Buchhandel*, der schon im Mai erste Listen unerwünschter Literatur publiziert hatte, erscheint der Versuch, den linksliberalen, jüdischen Autor Alfred Döblin im Programm zu halten, höchst unrealistisch.

Döblin wechselte prompt in den Querido Verlag über; und auch Thomas Manns Werke wurden 1936 schließlich verboten. Es hatte allerdings gedauert, bis sich Thomas Mann unmißverständlich zur Exilliteratur bekannte. Nach einem Artikel des Schweizer Kritikers und Feuilletonchefs der *Neuen Züricher Zeitung* Eduard Korrodi, in dem dieser mit der Exilliteratur abrechnete, sie als jüdisch abqualifizierte, zugleich aber Thomas Mann als eine Ausnahme darstellte, gab Thomas Mann dem Druck seiner Kinder Erika und Klaus endgültig nach. Dem berühmt gewordenen offenen Brief Thomas Manns in der *NZZ* im Februar 1936 folgte noch im selben Jahr seine Ausbürgerung.

Auch Gottfried Bermann-Fischer fand sich 1936 in den Kreis der Exilanten ein. Seit März 1935 wurde auf Druck der Reichsschrifttumskammer verstärkt über die Arisierung des S. Fischer Verlags verhandelt. Im Juli 1936 kam es zur Aufspaltung des Verlages. Während S. Fischer, Berlin, unter der Leitung von Peter Suhrkamp weitergeführt wurde, siedelte Bermann-Fischer mit einem Stamm von diskreditierten Autoren nach Wien über und mußte den Exilverlag 1938 schließlich nach Stockholm verlagern.

Zu diesem Zeitpunkt war die *Sammlung* bereits nicht mehr existent. Das letzte Heft war nach genau zwei Jahren und 24 Nummern im August 1935 erschienen. Bis dahin waren Beiträge von über 150 Autoren von deutschem und internationalem Renommee veröffentlicht worden. Die Verkaufszahlen hingegen sanken stetig. Fritz H. Landshoff in seinen Erinnerungen: »Sorgte die Neugier, die die Zeitschrift bei ihrem ersten Erscheinen in gewissen Kreisen erweckte, am Anfang für einen Gesamtabsatz von etwa 2 000 Exemplaren monatlich, so wurde die Zahl bald von Monat zu Monat geringer. Hinzu kam, daß der von offizieller deutscher Seite ausgeübte Druck besonders den Buchhandel, aber auch Privatpersonen davor abschreckte, zu abonnieren, ja, zeitweise wurde die *Sammlung* in einzelnen Ländern verboten, zum Beispiel in Österreich wegen eines Artikels über Dollfuß.«[59]

Das Ende zeichnete sich ab. Am 4. Juli 1935 schrieb Klaus Mann an Eva Herrmann: »Es muß sich nun zunächst einmal, in Amsterdam, entscheiden, was überhaupt aus der Zeitschrift wird – es sieht im Augenblick ziemlich finster aus, Gott seis geklagt – der fesche Lion tat *nicht* die erhoffte Wirkung.«[60] Durch eine Er-

[59] Fritz H. Landshoff, Erinnerungen eines Verlegers, S. 67f.
[60] Klaus Mann, Briefe und Antworten, S. 218.

weiterung des Umfangs der Zeitschrift und einen Vorabdruck von Lion Feuchtwangers neuem Roman *Die Söhne* hatte man gehofft, das Ruder noch einmal
herumreißen zu können; gegenüber Feuchtwanger mußte Klaus Mann jedoch
schließlich eingestehen: »Das Ergebnis war niederschmetternd. Auf dem Verlag
sagte man mir, daß insgesamt – 25 neue Abonnenten hinzukamen. Dies mußte
uns den definitiven Beweis bedeuten, daß eine literarische Monatsrevue unter
den heutigen Umständen ohne erhebliche Zuschüsse nicht lebensfähig ist [...]«

Für Klaus Mann persönlich bedeutete dies einen herben Schlag. Und doch
schrieb Golo Mann später über seinen Bruder: »Nie lebte Klaus intensiver, ange-
spannter, tätiger, als in den ersten Jahren der Emigration; darum wohl auch: nie
glücklicher [...] der Herausforderung der deutschen Tyrannei hielt er nicht nur
stand, sie erst führte ihn auf die ihm erreichbare Höhe.«[61] Seine zahllosen Auftritte auf antifaschistischen und literarischen Kongressen und Versammlungen,
Artikel, Aufrufe und Einmischungen in die Belange der Emigration, vor allem
aber die *Sammlung* hatten Klaus Mann zu einer zentralen Figur der deutschen
Emigration gemacht. In fast allen politischen Spektren widerfuhr ihm in diesen
Jahren ein Respekt, der ihm in der teilweise herablassenden Behandlung seiner
Person und seines Schaffens, auch als Sohn von Thomas Mann, in Zeiten der
Weimarer Republik versagt geblieben war. Zum Ende der *Sammlung* schrieb
ihm der Schriftsteller Rudolf Leonhard:

Rudolf Leonhard an Klaus Mann[62]

Schutzverband Deutscher Schriftsteller
S.D.S.
(Société allemande des gens de lettres)
1, rue Henri-Duchêne

Paris XV, den 17. Aug. 1935

Lieber Klaus Mann,

wir haben mit grossem Bedauern davon gehört, dass Sie Ihre Zeitschrift
eingehen lassen müssen, oder dass Ihr Verlag sie wenigstens vorläufig nicht
fortführen kann. Wir bedauern das nicht nur, weil die charaktervolle Haltung und interessante Führung der Zeitschrift jedem von uns auch dann
Eindruck gemacht hat, wenn er mit Einzelheiten nicht einverstanden war,
sondern ganz zuerst natürlich schon deshalb, weil damit für die deutschen
Schriftsteller ausserhalb Deutschlands, also die wirklichen deutschen
Schriftsteller, und die wirklich deutschen Schriftsteller eine Tribüne, eine

---

[61] Ebd., S. 643.
[62] Monacensia, Stadtbibliothek München. Klaus Mann Archiv KM B 162.

Publikationsmöglichkeit, eine Lebensmöglichkeit verschwindet. Aus allen Gründen hoffen wir, dass bei diesem Entschluss der Akzent auf dem Wort »vorläufig« liegt, und dass es Ihnen einmal, dass es Ihnen bald gelingen wird, Ihre Arbeit fortzusetzen. Unserer Freude, unseres Beifalls und jeder Hilfe, die Ihnen der Schutzverband und jeder einzelne Schriftsteller bei dieser Arbeit bringen kann, sind Sie sicher.

Seien Sie herzlichst gegrüsst von Ihrem

Rudolf Leonhard

F. B.

Leben und Schreiben an der Côte d'Azur

Wohnorte zwischen 1933 und 1940

Sybille Bedford (*1911) — Sanary-sur-mer, St.Trinide Bastide Juliette

Walter Bondy (1880–1940) — Sanary-sur-mer; Toulon, avenue Colbert

Franz Blei (1871–1942) — Cagnes-sur-mer, »La Goulette«

Fritz Brügel (1897–1955) — Le Lavandou

Lion Feuchtwanger (1884–1958) — Sanary-sur-mer, Villa Lazare & Villa Valmer

Bruno Frank (1887–1945) — Sanary-sur-mer, Villa Fayet & Villa Coste Rouge

Walter Hasenclever (1890–1940) — Le Lavandou; Nizza; Cagnes-sur-mer, Villa Saint-Hillaire

Eva Herrmann (1901–1978) — Sanary-sur-mer, St.Trinide Bastide Juliette

Wilhelm Herzog (1884–1960) — Six Fours, Villa Ste. Marie; Bandol; Sanary-sur-mer, Villa Roge

Franz Hessel (1880–1941) — Sanary-sur-mer, Villa Huley & 28, Montée de la Carreirade

Helen Hessel (1886–1982) — Sanary-sur-mer, Villa Huley & 28, Montée de la Carreirade

Aldous Huxley (1894–1963) — Sanary-sur-mer, Villa Huley

Alfred Kantorowicz (1899–1979) — Bormes-les-Mimosas; Sanary-sur-mer, Villa Valmer

Hermann Kesten (1900–1996) — Sanary-sur-mer; Nice, Promenade des Anglais Nr. 121

Egon Erwin Kisch (1885–1948) — Les Sablettes, Hôtel de la Plage; Grasse

Erich Klossowski (1875–1949) — Sanary-sur-mer, Villa de l'Enclos

Mechtilde Lichnowsky (1879–1958) — Cap d'Ail, Villa des Fleurs

Alma Mahler-Werfel (1879–1964) — Sanary-sur-mer, Le Moulin Gris

Erika Mann (1905–1969) — Sanary-sur-mer, Hôtel de la Tour; Aiguebelle-Plage-Le Lavandou, Hôtel Les Roches Fleuries

Heinrich Mann (1871–1950) — Bandol, Castel Ansaldy; Nizza, u.a. 121, Promenade des Anglais & 18, rue Rossini & 11, rue du Congrès

KLAUS MANN (1906–1949)	Aiguebelle-Plage-Le Lavandou, Hôtel Les Roches Fleurie; Sanary-sur-mer, Hôtel de la Tour & St. Trinide Bastide Juliette
THOMAS MANN (1875–1955)	Bandol, Grand Hôtel; Sanary, Villa Tranquille
VALERIU MARCU (1899–1942)	La Ferrage-Grasse; Nice-Fabron
LUDWIG MARCUSE (1894–1971)	Sanary-sur-mer, La Côte
JULIUS MEIER-GRAEFE (1867–1935)	St. Cyr-sur-mer, »La Banette«
ALFRED NEUMANN (1895–1952)	Nice, 63, Promenade des Anglais,
ROBERT NEUMANN (1897–1975)	Le Lavandou
ERNST ERICH NOTH (1909–1983)	Aix-en-Provence, La Petite Chartreuse
BALDER OLDEN (1882–1949)	Le Lavandou
EMIL ALPHONS RHEINHARDT (1889–1945)	Le Lavandou, Les Chênes & Villa Les Palmiers
JOSEPH ROTH (1894–1939)	Nice, 121, Promenade des Anglais
RENÉ SCHICKELE (1883–1940)	Sanary-sur-mer, Villa Ben Qui Hado & Villa Le Chêne; Nice-Fabron (A.M.), La Florida, Chemin de la Lanterne; St. Cyr-sur-mer (Var), Château La Banette; Vence, 15, rue du Pavillon
FRANZ SCHOENBERNER (1892–1970)	Roquebrune-Cap Martin, Villa Marie Paul
HANS SIEMSEN (1891–1969)	Sanary-sur-mer, Hôtel Beau-Port
WILHELM SPEYER (1887–1952)	Nice
HILDE STIELER (1883–1962)	Sanary-sur-mer, Villa de l'Enclos
FRANZ WERFEL (1890–1945)	Sanary-sur-mer, Le Moulin Gris
FRIEDRICH WOLF (1888–1953)	Sanary-sur-mer
KURT WOLFF (1887–1963)	St. Tropez; Nice
THEODOR WOLFF (1868–1943)	Nice, 61, Promenade des Anglais
OTTO ZOFF (1890–1963)	Roquebrune, Pension Castel-Flore; Nice, 11, Bd. Gambetta
ARNOLD ZWEIG (1887–1968)	Bandol, Hôtel La Réserve; Sanary-sur-mer, La Ménandière

Der Blick auf Sanary von Friedrich Wolfs Balkon

»Es war den deutschen Schriftstellern in der Diaspora nicht genug,
mit den Genossen des Schicksals in Verlagen, Anthologien und Zeitschriften
vereinigt zu sein. Sie wollten auch miteinander sprechen:
Pläne machen, hoffen, traurig sein und verzweifeln.«[63]

Ludwig Marcuse, Mein zwanzigstes Jahrhundert

Sanary-sur-mer

Nach der großen Flucht aus Deutschland im Frühjahr 1933 trafen sich die meisten Schriftsteller in Paris, das sich sehr bald als überfüllt und zu teuer für die meisten Emigranten herausstellte; außerdem war es offensichtlich, daß die Verdienstmöglichkeiten für Schriftsteller minimal waren und sich durch die große Konkurrenz eher verringerten.

---

[63] Ludwig Marcuse, Mein zwanzigstes Jahrhundert, S. 180.

Klaus Mann an Eva Herrmann[64]

Hôtel »Les Roches Fleuries«
Aiguebelle-Plage (Var)
près Le Lavandou

27.4.33

EVA – dear –
ich glaube ja, Erika hat dir schon aus unserer Verbannung geschrieben.
Es ist eine merkwürdige Lage. An Deutschland denkt man als ein sehr
ekelhaftes Irrenhaus, aber man hat keine Ahnung, wie sich uns das Leben ausserhalb Deutschlands gestalten wird. So hängt man auf eine schon
phantastische Art in der Luft. Am meisten werde ich mich natürlich auf
Paris konzentrieren, wo ich auch bis jetzt war und wo ich ohne Frage einige
Chancen habe. Aber gerade dort ist die Konkurrenz der »Emigranten« untereinander so erschreckend gross; (und ich fürchte, in Prag, Zürich u.s.w
ist es noch ärger.) Ich würde sehr gerne nach Amerika gehen, aber kaum
ohne Eri – und das käme für uns beide natürlich nur in Frage, wenn wir ein
Dollar-Lebensminimum hätten. Alte Eva: schaue dir also deine ausdrucks-
vollen Augen aus, ob du nicht eine bescheidene Chance für uns ausfindig
machst – sei es als Lector, Dramaturg, Journalist, Redacteur, Witzbold oder
als was sonst immer. […]
Die nächsten Wochen werden wir wahrscheinlich in Sanary sein, wo
sich die armen Eltern etwas mieten wollen; (für den Zauberer ist es ja besonders scheusslich – er kann nicht umhin, sich irgendwie verantwortlich
für Deutschland zu fühlen, und eigentlich kann er ja auch ohne Deutschland nicht leben.) […]
Lass von dir hören – wenn es schnell geht an diese Adresse, wenn du
dich verzögerst an die »Banque des Pays Centraux, rue Castignole. Paris«.
Und mach dir Sorgen wegen unserer Existenz

Befriended? K.

Aus den Tagebüchern von René Schickele:

11. Mai (33)
Thomas und Katia Mann mit 2 Kindern seit gestern im *Grand Hotel*, Bandol,
Erika und Klaus in Sanary, Hotel *La Tour*. Heute bei uns zum Tee.
    Thomas Mann sehr unglücklich. Es geht ihm wie den meisten Deutschen sei-
ner Geistesart. Sie sehen wohl, was vorgeht und auch, was kommen wird, aber

---

[64] Klaus Mann, Briefe und Antworten, S. 86f.

im Grund wollen sie es nicht wahrhaben, weil es unfaßbar toll ist, hauptsächlich aber, weil sie sich nicht eingestehn wollen, daß sie ihr Vaterland verloren haben. Auch ich kann es noch nicht fassen, daß ich Deutschland nicht wiedersehen soll. Und gleichzeitig gibt es niemand, der die Entwicklung der Dinge pessimistischer beurteilt als ich, ich bin auf alles, aber wirklich auf alles gefaßt.

Erika bildhübsch, klug, energisch.

15. Mai (33)

Thomas sagte: »Wie merkwürdig! man verläßt sein Vaterland, um in Amsterdam und Paris über Richard Wagner zu sprechen, und als man zurück will, ist es einem davongelaufen.«[65]

Thomas Mann hatte sich auf einer Vortragsreise über *Leiden und Größe Richard Wagners* nach Amsterdam, Brüssel und Paris befunden, während sich die Verhältnisse in Deutschland rapide radikalisierten; als er in Paris war, traf Heinrich ein, um ihn in Kenntnis zu setzen und ihm von seiner Absetzung als Präsident der Akademie für Dichtung in Berlin zu berichten. Die Hetzkampagne, die gegen Heinrich Mann daraufhin eingesetzt hatte, und ein Hinweis des französischen Botschafters Henri François-Poncet, daß seine Verhaftung bevorstünde, veranlaßten ihn, Deutschland sofort zu verlassen. Thomas Mann ging in die Schweiz zu seinem schon länger geplanten Urlaub im Schnee, wo ihn die Alarmbotschaften von Klaus und Erika Mann erreichten, die ihn dringend davor warnten, nach Deutschland zurückzukehren. Nach einigen Wochen des Hin- und Her-Überlegens entschlossen sich Katia und Thomas Mann, an die Côte d'Azur zu fahren, wo Klaus und Erika schon das Terrain bereitet hatten.

Thomas Mann an Alfred Neumann[66]

Bandol (Var), den 23.5.33

Lieber Herr Neumann,

[…]

Ich muß mich schämen: ich habe Frau und Kinder bei mir und die notwendigen Bücher; das Klima ist höchst liebenswürdig, und es fehlt nicht an wohltuenden Zeichen der Sympathie und Treue. […] Diese Monate waren kein Kinderspiel, und es gibt über soviel Außerkompositionelles nachzu-

---

[65] René Schickele, Werke, Bd. 3, S. 1050.
[66] Thomas Mann/Alfred Neumann, Briefwechsel, S. 23f.

denken, auch über mich selbst und meine Bestimmung. Irgend etwas ist nicht recht in Ordnung an meiner Lage, stimmt nicht recht mit meiner Natur überein, die sich mehr durch goethisch-repräsentative Überlieferungsmomente bestimmt weiß, als daß sie sich eigentlich zum Märtyrertum geschaffen fühlte. Wirklich mußte wohl recht Ausgefallenes geschehen, damit ich in diese Rolle gedrängt würde. Mangel an Stolz ist es übrigens nicht, was da aus mir spricht, – nur ein gewisses Befremden, das ich mir willig und gern vom Schicksal verweisen lasse.

Leben Sie recht wohl, lieber Freund, und grüßen Sie Ihre liebe Frau von uns. Man findet schon einmal wieder zusammen.

Ihr T.M.

Ebenso wie Thomas Mann hatte auch Lion Feuchtwanger gerade eine Vortragstournee im Ausland gemacht, als Hitler an die Macht kam. Marta Feuchtwanger berichtet, daß Feuchtwanger in Amerika geäußert hätte, »Hitler means war – Hitler bedeutet Krieg«, was in Deutschland sofort bekannt wurde und den Haß der Nationalsozialisten auf den Autor von *Erfolg* schürte. So kehrte auch Feuchtwanger nicht nach Deutschland zurück, sondern traf seine Frau in Österreich beim Skilaufen. Gemeinsam fuhren sie in die Schweiz und beschlossen dort, die nächsten Monate in Südfrankreich zu leben. Marta Feuchtwanger fand ein Haus hoch über dem Meer zwischen Bandol und Sanary, die »Villa Lazare«, in der sie bis zum folgenden Frühling blieben, um dann in die komfortablere und winterfeste »Villa Valmer« zu übersiedeln.

Hilde Stieler an Hermann Kesten[67]

Sanary s/mer (Var) Villa de l'Enclos. 7.6.33

Lieber Herr Kesten,
sehr freute mich Ihr lieber Brief; vielen herzlichen Dank! Es giebt also doch eine Gedankenverbindung, da ich grade aus dem Wunsch, von Ihnen zu hören, geschrieben hatte!

Es scheint, die Spitzen der Literatur sitzen teils in Paris, teils in Bandol – Sanary. (Nachbarorte.) In Bandol: Huxley, Seabrook, Feuchtwanger, Heinrich Mann – Thomas zieht grade von Bandol nach Sanary, wo sich, wie Sie wissen, auch Schickele und Herzog befinden. Wissen Sie, dass man Thomas' Vermögen in Berlin einfach beschlagnahmt hat? Heinrich wurde aufgefordert, in Amerika Anti-H-Vorträge zu halten, (dies unter uns bitte!) schreibt auch viel in französische Blätter, wird also wohl sein Leben ver-

---

67 Monacensia, Stadtbibliothek München. Archiv Hermann Kesten.

dienen. Umso wichtiger, weil er die nächsten 10 Jahre sicher nicht nach D. zurück kann. – Wie schön, dass Sie unverdrossen weiter arbeiten! Ich beneide Sie glühend! Ich schreibe lediglich des Geldverdienens wegen lächerliche Kurz-Geschichten für Provinzblätter. »Gloria« wurde von der Neuen Badischen Landeszeitung damals erworben, Gottseidank *schriftlich*. Ich habe aber den Verdacht, sie würden sich gerne, trotz einiger »zeitgemässer« Änderungen, vielmehr Striche, davor drücken, den Roman zu bringen, da er nicht »patriotisch« ist. Ich zahle nur aus diesem Grund weiter an den »Schutzverband« – aus der Ahnung heraus, die Zeitung verklagen zu müssen. Hoffentlich täusche ich mich! –

Ich bin arm wie eine Kirchenmaus und entsetzlich deprimiert, besonders im Hinblick auf die Zukunft. Ich schreibe Ihnen das ungern, denn es ist wirklich nicht mehr interessant, deprimiert zu sein. Weit origineller wäre es, heitere Briefe zu schreiben – »aufbauende«, wie es sämtliche Provinzredakteure in Bezug auf Kurzgeschichten von mir wünschen. (Die »Frankfurter« schrieb: Geschichten, die *im Tage* stehen, solle ich schicken.)

Unser lieber Breitbach ist zu meinem Schmerz entzückt vom neuen Reich. Ich denke mir, es sind mehr persönliche Gefühle für die zum Teil gewiss ganz netten und ehrlichen jungen Leute, die dazu gehören – vielleicht ist er auch in Athen nicht auf dem Laufenden, was Alles passiert. – Es wird auch so Vieles verschwiegen: wussten Sie z.B., dass Emil Strauss u. Wilhelm Schäfer aus der Dichterakademie ausgetreten sind, obwohl man sie halten wollte? Es ist anständig besonders von Schäfer, der jetzt gewiss Chancen gehabt hätte. Dagegen hat Ponten endlich sein Ziel erreicht, in Deutschland beliebter als sein »Totfreund« Thomas M. zu sein!

Wie lange bleiben Sie noch in Paris? *Kann Klossowski wohl ein für Breitbach bestimmtes Ölbild noch an Sie dorthin schicken?* Er würde es der Sicherheit wegen gern tun, weil dieser wahnsinnige »Jui[f]« ja die Absicht hat, gleich weiter nach Deutschland zu fahren! Ich habe die grösste Sorge für ihn!

Was behandelt Ihr neuer Roman? Lassen Sie doch hierüber und überhaupt recht bald ein Wort hören.

Ihre Sie aufs herzlichste grüssende

Hilde Stieler

Hermann Kesten kam dann im September nach Sanary, wie aus einer Quittung über die »Taxe de Séjour« hervorgeht: danach hat er vom 3. September an 28 Tage in Sanary gewohnt.[68]

68 Monacensia, Stadtbibliothek München. Archiv Hermann Kesten.

Sanary

Ludwig Marcuse in Sanary

Hilde Stieler war Schriftstellerin und Malerin; sie lebte schon seit einiger Zeit in Sanary mit dem Maler Erich Klossowski zusammen, dessen beide Söhne Pierre Klossowski (der Schriftsteller) und Balthus (der Maler) ein paar Jahre später berühmt wurden. Die Ansiedlung der beiden »Dichterfürsten«, wie Sybille Bedford in ihrer Huxley-Biographie ironisch bemerkt, war eine große Attraktion für alle in Frankreich lebenden Emigranten, und in diesem ersten Sommer kam ein großer Besucherstrom nach Sanary und in die benachbarten Orte. »Bisweilen war ein guter Teil der besten deutschen Literatur im Dorf und saß im ›Marine‹ oder bei der ›Witwe Schwab‹. Sanary war ein sehr umfangreiches Romanisches Café, mit Marmor-Tischen und Badehosen. Namentlich im Sommer wurde das Nest überfüllt von literarischen Kaisern. Die Luft war geschwängert mit originellen Apercus, Indiskretionen und Krächen«[69], schrieb Ludwig Marcuse in dem

[69] Ludwig Marcuse, Mein zwanzigstes Jahrhundert, S. 184.

Kapitel seiner Erinnerungen, das *Sanary-sur-Mer, Hauptstadt der deutschen Literatur* zum Titel hat.

Gleichzeitig wurden auch die großen materiellen Unterschiede sichtbar – außer Thomas Mann und Feuchtwanger konnte kaum einer von Übersetzungen seiner Bücher leben, und so wurden Hermann Kesten und Klaus Mann als Mittler zwischen den Exilverlagen und den verstreuten Schriftstellern zu wichtigen Helfern und Ratgebern.

Als Kesten im ersten Sommer in Sanary war, schrieb er an seinem Roman *Der Gerechte*, – und neben allen politischen Diskussionen und literarischen Standortbestimmungen wurden auch Feste gefeiert, so René Schickeles 50. Geburtstag am 4. August 1933 in Sanary:

»Ein heißer, schöner Tag. Mehr verlangte ich nicht. Wir hatten zu niemand davon gesprochen. Frau Stieler, die im Kalendarium des *Schriftstellers* auf meinen Namen gestoßen war, hatte es Heinrich Mann erzählt, und so ›kam es auf‹. Zu unsrer Überraschung erschien nach Tisch Katia Mann mit ihren beiden Jüngsten und gratulierte. Herrliche Blumen, ein ›Delikatessenkorb‹, frisch aus Toulon herbeigeholt. Mit seinem Inhalt können wir die größte Gesellschaft bewirten. [...]

Mit dem Erscheinen der Familie Thomas Mann erreicht die Feierlichkeit ihren Höhepunkt. *Er* ganz Senator, der Millionen umschlungen sein läßt. Katia, die nicht zu Wort kommt, schiebt nervös den Unterkiefer vor. Bibi und Medi gucken mit großen Augen zu. (Morgen wird Bibi die Szene haargenau darstellen.) Moni lächelt, einen Fuß noch im Dschungel. Golo dreht sich in einer Ecke langsam hin und her. Er blickt finster und unbeteiligt. Ich denke an den Sonnenuntergang, der kein Ende nehmen wollte. Schließlich sagt Thomas Mann in leichterem Ton: ›Vor einem Jahr hätte man Ihnen in Deutschland ein Bankett gegeben‹, worauf Katia herausplatzt: ›Na, der Ehrentisch ist ohnehin hier versammelt, und damit wollen wir uns begnügen.‹

Netter Abend.

Wie immer reden die Brüder Mann liebevoll aneinander vorbei – Thomas am meisten, wenn er Heinrich ausdrücklich beistimmt. [...] Heinrich sieht man die Freude an, mit seinem Bruder beisammen und einig zu sein. Jeder bemüht sich, Frau Kröger auszuzeichnen, was aber meist mißlingt. Sie bleibt stumm, nur auf ihrem Gesicht steht deutlich zu lesen, sie sei aus ebenso guter Familie wie wir. (Eine Lieblingswendung in ihren Gesprächen mit Frau Stieler, die ihre Vertraute ist, das Vertrauen aber nicht unbedingt rechtfertigt.) [...] Freilich, Heinrich M. hilft seiner Freundin wenig dabei. Er wird den Lübecker ›Anstand‹ auch im Bordell nicht los. Er mißbraucht ihn dann nur – was als eine Form von geistigem Masochismus zu gelten hat. [...] Wie er neben seiner Freundin sitzt, aufmerksam, ja beflissen, verrät seine ganze Haltung, daß er sich des ›ungeregelten Verhältnisses‹ bewußt ist. Katia fühlt es so stark, daß es sie gegen ihren Willen beeinflußt.«[70]

Nelly und Heinrich Mann

Entschieden maliziös schildert Sybille Bedford (geb. von Schönebeck, eine langjährige Bekannte von Erika und Klaus Mann, von ihnen Billux genannt) mehrere Festivitäten in Sanary aus der Perspektive der englischen Bewohner; sie selbst lebte zeitweilig bei Aldous und Maria Huxley in deren Villa und schrieb später eine Biographie von Huxley. Darin wird eine Party beschrieben, die im Haus des amerikanischen Schriftstellers William Seabrook stattfand, einem wilden, liebenswürdigen Trinker, der gern das Gerücht verbreitete, er habe in Afrika Menschenfleisch gegessen.

»Es war ein glühend heißer Nachmittag; Tee und Drinks flossen in Strömen. Petit fours schmolzen in der Sonne. Willie Seabrook, einem Nervenzusammenbruch nahe, hatte sich das Hemd vom Leib gerissen und empfing seine Gäste in Khakishorts und mit nacktem behaartem Oberkörper. Heinrich Mann, eher noch steifer und formeller als sein Bruder, erschien mit Stehkragen und schwarzem Gehrock und streckte jedem, wie Monsieur de Charlus, zwei Finger zur Begrüßung entgegen. Maria kam mit einem Gürtel aus Guatemala und einem mexikanischen Beutel; Aldous, von Kopf bis Fuß in weißer Baumwolle, hielt sich an ihrer Seite; und so machten es auch die Kollegen – jeder hielt Hof, umringt von seiner Entourage. Nur Feuchtwanger bewegte sich in der Runde der jüngeren und attraktiveren Frauen und erzählte ihnen seine neuesten Verkaufserfolge.

Was die Huxleys verblüffte, war die Bedeutung, die manche von ihnen sich selbst zumaßen. [...] Sie *waren* pompös. Ihre weibliche Gefolgschaft sprach von ihnen als *Dichterfürsten*. Und obwohl sie sich im Abscheu vor den Nazis einig

---

[70] René Schickele, Werke, Bd. 3, S. 1051f.

waren, waren sie doch weit davon entfernt, eine große fröhliche Familie zu sein; nur Willie Seabrook konnte im Traum daran denken, sie alle in einem Vordergarten zusammen einzuladen.«[71]

Auf dem Jahrmarkt in Sanary 1933: Golo Mann, Anna Schickele, Annemarie Meier-Graefe, Thomas Mann, Julius Meier-Graefe, Katia Mann, Ilse Dernburg, Erika Mann

Auch Katia Manns 50. Geburtstag wurde aufwendig von der ganzen Familie gefeiert, mit Ausnahme von Klaus, dem Erika am 25.7.33 in einem launigen Brief im Familienjargon davon berichtete:

Erika Mann an Klaus Mann[72]

25. in der Menandiere, – liebster Vetter, nun erkennst Du schon am Datum, dass das Fest, das wir zu begehen uns anschickten, vorüber und unsere gute Frau Rat 50 Jährlein alt ist. Es begann am frühen morgen, – so früh, dass ich um 6 aus den Federn musste und du magst ermessen, was das heissen will für ein Kind wie mich, – ich ritt hinunter ins Dorf, um die Blumen zu holen, wir schmückten das ganze Haus so artig, dass es nachher keinen Platz mehr gab, der nicht geduftet hätte, selbst das geheime Kabinett hatte Golo in Ar-

[71] Sybille Bedford, Aldous Huxley, S. 276. Übersetzung Ulrike Voswinckel.
[72] Monacensia, Stadtbibliothek München. Klaus Mann Archiv.

beit genommen und der alte Kronleuchter überm Tisch war bekränzt über und über. Das Singspiel, das ich verfasst, wurde exekutiert, da Frau Rat nichtahnend die Treppe zu uns herunterstieg, alle taten mit, Goethen hatte seinen Part selber verfasst, desungeachtet war er der einzige, der stecken blieb, – wir lagen über dem Flügel vor Lachen. […]

[…] und bermann schreibt täglich einen Expressbrief, in welchem steht, Z. möge, müsse und werde ja nun, vor Inkrafttreten des Emigrantengesetzes, zurückkommen. Dieser denkt in der Tat nicht daran. Man fleht ihn aber an von jedem, aber auch jedem Schritt und Schrittchen abzusehn, bis, am 28., Käthchen mit genauen Aufträgen und Neuigkeiten hier als Gottfrieds Brieftaube einträfe. […]

Leb wohl, – gesegnet sei die erste Nummer, – doch, Heinrich war etwas gekränkt, auf sehr feine Weise freilich und nun will er, dass ich alles im Cabaret aufführe, – Du liebes Bischen.
Der Brief ist von E.

Katia und Thomas Mann

Die großen Auseinandersetzungen zwischen Erika Mann und ihrem Vater über das Verhältnis zu seinem Verleger Gottfried Bermann-Fischer werden erst in der Zukunft sehr scharfe Töne annehmen und fast zum Bruch zwischen beiden führen. Seitdem Erika und Klaus ihn zur Emigration gedrängt haben, fordern sie von ihm, sich auch dazu zu bekennen; Thomas Mann zögert aus nachvollziehbaren Gründen. Beide Kinder fühlen sich in gewisser Weise verantwortlich für ihn, was auch eine Umdrehung ihrer Rollen bedeutet. Erika schreibt an Klaus im August 1933: »Ja, uns ist bei unserer Jugend eine grosse Verantwortung aufgeladen in Gestalt unsres unmündigen Vaters. Ich habe ihm auch soeben einen Grossbrief geschrieben, voll von Beratungen und Beschwörungen. Aber da er jedem zugängig ist, der auf ihn einschwätzt, warum nicht uns, die wir es besser meinen?«[73]

Im Sommer 1933 kamen Ernst Toller und Bert Brecht nach Sanary, um Lion Feuchtwanger zu besuchen, mit dem vor allem Brecht sehr befreundet war, wie seine Sekretärin und Freundin Lola Humm-Sernau erzählte. Sie erinnerte sich besonders an einen Tag, an dem Brecht ihnen seine neuen Lieder gegen Göring vorsang – am Abend, am Meer, und alle Zuhörer seien wehmütig und wütend gewesen; Brecht sparte auch nicht mit zynischen Bemerkungen: er fand, daß das Haus von Feuchtwangers, so einsam wie es über dem Meer gelegen war, der perfekte Ort sei, um gekidnappt zu werden.

Die Angst und die Sorge um Deutschland und die politischen Entwicklungen seien in allen Gesprächen vorherrschend gewesen, aber gleichzeitig wurde die Arbeit an den Büchern sofort wieder aufgenommen – es wurde viel geschrieben, und auch die Lesungen vor der Familie oder im Freundeskreis setzten sich bei Thomas Mann ebenso fort wie bei Feuchtwanger, Schickele und Meier-Graefe. Ludwig Marcuse hat die Abende bei Feuchtwanger miterlebt:

»Regelmäßig las er vor, aus dem jüngsten Manuskript: zuerst waren es ›Die Geschwister Oppenheim‹. Der kleine Mann mit dem kleinen Gesicht, der schon immer alt war, und mit der jugendlichen, bedingungslosen Anhänglichkeit an das Leben, fing auf die Minute an, machte pünktlich nach soundso viel Seiten Pause, hörte auf die Sekunde auf; scharf eine Stunde nach der ersten Zeile. Sein Leben war streng geregelt. Besucher, die vom Café ›Marine‹ ihn antelefonierten, erhielten die Auskunft: Herr Feuchtwanger würde sich freuen, wenn Sie von 4 Uhr 30 bis 6 Uhr 15 zu ihm kämen.«[74]

Marta und Lion Feuchtwanger

[73] Monacensia, Stadtbibliothek München. Klaus Mann Archiv.
[74] Ludwig Marcuse, Mein zwanzigstes Jahrhundert, S. 186.

Lion Feuchtwanger an Ernst Federn[75]

Sanary/Var, 16. Dezember 1934
Villa Valmer

Lieber Doktor Federn,
ich habe mich mit Ihrem Brief sehr gefreut. Es war für mich ein sehr riskantes Experiment, »Die Oppermanns«[76] zu schreiben. Sie wissen, dass das Buch unter den denkbar schwierigsten äusseren Umständen geschrieben ist, in einem recht provisorischen Arbeitsraum und ohne zureichendes Material. Ausserdem ist es ohne jede zeitliche Distanz von den Ereignissen selbst geschrieben und in einem wüsten Hetztempo – ich habe es im April des Jahres 33 begonnen und im Oktober 33 abgeschlossen – behindert noch von den zahllosen Fragen, wie man die deutschen privaten Residuen erledigen solle, und als ich in den entscheidenden Schlusskapiteln war, kam noch Martas Unfall dazu.
Ich würde heute das Buch natürlich anders schreiben, aber es erschien mir wichtig, dass es noch im vorigen Jahr erschien, aufdass es eine gewisse politische Wirkung tun könne. Das äussere Schicksal des Buches war übrigens sehr merkwürdig; es hat in England weniger Wirkung getan als irgend ein anderes meiner Bücher, hingegen hat es in Amerika stärkeren Widerhall gefunden als selbst »Jud Süss«.
Ich arbeite hier sehr langsam und stetig am zweiten Josephus. Wahrscheinlich werde ich mich nicht von hier fortrühren, ehe das Buch fertig ist. Ich hoffe, dass ich es im Frühsommer abschliessen kann. […]
Sehr herzliche Grüsse an Sie alle

immer ihr Lion Feuchtwanger

Lion Feuchtwanger war einer der wenigen, der in seiner Literatur auf die Tagesereignisse einging und die gegenwärtigen politischen Katastrophen zum Thema seiner Bücher machte. Bei den meisten anderen Schriftstellern wurde eine Hinwendung zum historischen Roman sichtbar: Thomas Mann veröffentlichte seinen *Jungen Joseph*, Heinrich Mann *Die Jugend des Henri IV*, Marcuse *Ignatius von Loyola*, Hermann Kesten *Ferdinand und Isabella*, Feuchtwanger *Der falsche Nero*, Joseph Roth *Die hundert Tage* – die Liste läßt sich beliebig fortsetzen. Ludwig Marcuse bemerkt dazu:

---

[75] Deutsches Exilarchiv 1933–1945, Die Deutsche Bibliothek, Frankfurt a.M.
[76] Die Namensungleichheit entstand dadurch, daß der ursprüngliche Titel *Die Geschwister Oppermann* bei Ankündigung des Titels durch den Verlag Querido von einem Herrn Oppermann angefochten wurde. Es erschien dann zuerst 1933 unter dem Titel *Die Geschwister Oppenheim*, was später wieder verändert wurde.

»In Sanary saß ich viele Jahre Tag für Tag nur mit einer Fischerhose und Es-
padrillos bekleidet und schrieb über Loyola, den spirituellsten und radikalsten
Diktator, der jemals gelebt hat, über Platon und seine beiden Tyrannen, über
Richard Wagner und sein Volk – man sieht, ich schrieb immer nur über die deutsche Gegenwart, ob ich sie nun im 3. Jahrhundert vor Christi oder im 16. nach
seiner Geburt oder vor 50 Jahren wiederfand.«[77]

Daß die Gegenwartsbewältigung nur durch eine distanzierende Sicht möglich sei, war die Theorie dazu und die Erfahrung, daß Geschichte sehr wohl einen Rahmen für die subjektive Deutung der Gegenwart abgeben konnte. Klaus
Mann, der sich nicht an diese Theorie hielt, erzählt davon, wie sein Vater, gleich
an welcher Station des Exils, unbeirrt an den Josephsromanen weitergeschrieben
hat und wie die Ereignisse dennoch Einfluß auf den Fortgang der Handlung
genommen haben:

»Nach dem Abendessen versammelt man sich in dieser zugleich traulichen
und feierlich ernsten Stube, im Exil wie zu Hause. [...] Mielein verteilt noch
geschwind Aschenbecher, während der Zauberer sich schon im Lehnstuhl räus-
pert, Brille auf der Nase, Manuskript in der Hand. Dann wird es stille im Zimmer, und die Erzählung beginnt.

Sie beginnt nicht, sie geht weiter. Der Erzähler fährt fort, wo er sie das vorige
Mal unterbrochen. Das vorige Mal – war das in München oder in Lugano oder in
Sanary bei Toulon? [...] Ja, der immer noch junge, wenn auch nicht mehr ganz so
knabenhafte Joseph, dem wir nicht ohne Rührung am Zürichsee wiederbegegnen,
ist noch der gleiche, der einst – wie lange ist's her? – dem würdig-sinnenden Jaakob
das bunte Kleid abschwatzte und die Brüder mit seinen taktlosen Träumen ennu-
yierte. Inzwischen freilich ist dem Verwöhnten allerlei zugestoßen, sein Schicksal
war nicht leichter als das unsere: das Exil – auch ihm blieb es nicht erspart. Erst
mußte er in die Grube, dann in die Fremde; dort aber bewährt sich sein Stern, oder
vielmehr, seine gewinnenden Eigenschaften helfen ihm aus der Patsche.

Für ein Emigranten-Publikum war es ermutigend zu hören, wie geschwind
der zunächst völlig ruinierte Joseph sich von seinem tiefen Fall erholt und in
exotischem Milieu Karriere macht.[78]

René Schickeles Buch *Die Witwe Bosca*, das er 1933 in Sanary schrieb, war kein
historischer Stoff, auch kein politischer auf den ersten Blick. Aber es ist viel von
der provenzalischen Umgebung und der untergründig bedrohlichen Situation,
in der er sich befand, in den Roman eingegangen. Am 3. Dezember 33 schreibt
er in sein Tagebuch:

---

[77] Ludwig Marcuse. Originalton aus dem Bayerischen Rundfunkarchiv.
[78] Klaus Mann, Der Wendepunkt, S. 303f.

»Erstes Exemplar der *Witwe Bosca*. Mein bestes Buch. Von allem, was ich in der Art geschrieben habe, liebe ich das Kapitel vom *Verwunschenen Wald* am meisten. Ich liebe es wie das Kind der schönsten, frühgestorbenen Geliebten.

Das objektivste meiner Bücher. Obgleich alles darin ist, was ich an Gram, Zorn und Hoffnungslosigkeit im Sommer 33 erlebt habe. Auf sehr geheime Weise bekennerisch wie kein anderes meiner Bücher. Ohne diese Arbeit hätte ich den Sommer vielleicht nicht überlebt.«[79]

Im darauffolgenden Jahr zieht er nach Nizza, weil er mehr Stadt braucht und weil das Haus in Sanary feucht ist und sein Asthma dramatisch verstärkt. Im August schreibt er an Annette Kolb aus Nizza:

René Schickele an Annette Kolb[80]

René Schickele (fotografiert von Walter Bondy)

Nice – Fabron (A.M).
»La Florida«
Chemin de la Lanterne

20.8.34

Liebe Annette,
[...]
Hier ist es dauernd schön. Ich arbeite vor mich hin, himmelhoch jauchzend, zu Tode betrübt. Hans verbringt abenteuerliche Tage in St.Cyr und Umgebung, in allen Hütten und Schlössern ein gern gesehener und verwöhnter Gast. Er schreibt reizende Briefe.

Ich war nur kurze Zeit in St.Cyr. In Sanary traf ich gleich am ersten Abend die ganze Bande: Klo[ssowski], Stielerin (sehr auf Neu!), Bruno Frank und seine ganz reizende Frau (sie leiden schwer unter der Massary, die bei ihnen ist und sich ständig das Leben nehmen will – Diskretion, bitte!), Feuchtwangers, mehr Milliardär denn je, Marcuses, Bondy. Mit Huxley war ich zweimal zusammen, einmal bei Ju[lius Meier-Graefe], einmal bei ihnen auf der »Gorguette«. Sie

[79] René Schickele, Werke, Bd. 3, S. 1059f.
[80] Annette Kolb/René Schickele, Briefe im Exil, S. 148f.

verbringen den nächsten Winter in London. Es scheint ihnen finanziell nicht gut zu gehn. [...] Wenn das am grünen Holz geschieht, was haben wir abgeschnittenen Äste zu erwarten. Mir graut manchmal. [...]

Vorgestern Roths und Kestens. Wie stets wurden zuerst, bevor man sich zum Thee niederliess, Deinem Bronzehaupt göttliche Ehren erwiesen. Die Sitzung verlief gut und lustig über dem Erzählen von Anekdoten, worin Roth und seine schöne Freundin exzellieren. Ich habe lange nicht so gelacht.

[...]

Grüsse M. herzlichst. Und auch Werfel, wenn Du ihn siehst. Ich umarme Dich.

Dein
R.

Fährst Du nicht über Nizza nach Paris?!!

Von Th.M. ein sehr gequälter Brief. »Einesteils – andernteils.« [...]

Erika und Klaus scheinen ihm stark zugesetzt (und auch mich ausgespielt) zu haben. Er fragte nach meinem »Lawrence«, von dem er erst durch Klaus gehört habe. [...] In Amsterdam hat es sich, scheint's, schon herumgesprochen.«

Bruno Frank, seine Frau Liesl und deren Mutter, die Schauspielerin Fritzi Massary, waren 1934 in Sanary, Fritzi Massary sehr verzweifelt, da ihr Mann Max Pallenberg kurz zuvor bei einem Flugzeugunglück ums Leben gekommen war. Sie wohnten zu dieser Zeit in der Villa »Coste Rouge« auf der Colline.

Nizza

In Nizza lebten inzwischen Heinrich und Nelly Mann, Joseph Roth mit seiner Freundin Manga Bell und Hermann und Toni Kesten an der Promenade des Anglais; die Besuche zwischen Sanary, Bandol, Le Lavandou und z.B. Roquebrune, wo Franz Schoenberner – der letzte Herausgeber des *Simplizissimus* – in großen finanziellen Nöten lebte, gingen hin und her.

Heinrich Mann im südfranzösischen Exil: keiner seiner Freunde und Leidensgenossen hat es versäumt, ihn zu beschreiben, über alle Grenzen der politischen Anschauungen hinweg, die er zu überbrücken suchte. Hermann Kesten erinnerte sich später aus dem Abstand von 25 Jahren auch an die Dinge, die neben der untergründigen, immer vorhandenen Bedrohung stattfanden.

»In Sanary oder in Paris verabredete ich mit Heinrich Mann, wir wollten in

75

Nizza zusammen ein Haus nehmen. Auch Joseph Roth wollte mit mir in Südfrankreich zusammen sein. Und so mieteten wir im Herbst 1934 auf der Promenade des Anglais Nr. 121 ein Haus mit drei möblierten Etagenwohnungen, im ersten Stock wohnten meine Frau und ich, über uns im zweiten Stock Joseph Roth mit der schönen Frau Manga Bell und darüber, im dritten Stock Heinrich Mann mit Frau Nelly Kröger. An blauen Abenden standen wir auf unseren Balkons und sahen, wie die Sonne im Meer unterging und ihr Abschein die Wellen und den Himmel und die Wangen unserer Frauen rötete. Heiter verbrachten wir die folgenden Monate zusammen, trafen uns um die Ecke in einem kleinen Bistro zum Essen oder Trinken oder saßen vor dem Café de France oder auf der Place Masséna im Café Monnod unter den Arkaden und wandelten zuweilen unterm Sternenhimmel am Meer entlang in unser Haus zurück, in eifriger Diskussion über die Gesetze des historischen Romans. Wir schrieben damals jeder einen historischen Roman, Heinrich Mann den ›Henri Quatre‹, Joseph Roth ›Die hundert Tage‹ über Napoleon und ich meinen Roman über ›Ferdinand und Isabella‹.

Heinrich Mann war sehr chevaleresk. Meine Mutter besuchte mich damals in Nizza, und ihr gefiel die Freundin von Heinrich Mann. Meine Mutter war stets neugierig auf Menschen. Bei dieser Frau wurde ihre Neugier voll und ganz zufrieden gestellt.

Die grotesken, urlebendigen, zuweilen auch recht lockeren Geschichten, die Frau Kröger aus ihrem Leben freigiebig preisgab, als hätte sie ein publikes Leben geführt, nahmen es an drastischem Witz und an Spannung mit Geschichten berühmterer Erzähler auf.

›Diese Nelly‹, erklärte mir meine Mutter, ›ist ein tapferes Mädchen mit dem Sinn fürs Gute. Sie hat falsch begonnen und wird vielleicht auch falsch enden, aber dazwischen lebt sie goldrichtig; wer einen solchen Mann gewinnt, muß sehr liebenswert sein oder sehr heftig lieben.‹ […]

Frau Kröger, Heinrich Mann und meine Mutter führten zuweilen moralische Gespräche voll goldener Lebensweisheit, gewürzt mit den ganz aparten Erfahrungen und Geschichten dieser drei Exilierten. Ich lauschte ihren Dialogen mit kaum verhehlter Spannung; denn da unterhielten sich drei Moralisten auf drei ganz verschiedenen Ebenen, und es bedurfte der ganzen ironischen Eleganz von Heinrich Mann, der ganzen entwaffnenden Frivolität von Frau Kröger und der ganzen zitatenfreudigen Menschenfreundlichkeit meiner Mutter, um das Gespräch nicht in hundert Abgründe zu stürzen, an hundert Klippen zerschellen zu lassen. Es waren vielschichtige, vieldeutige, erzironische Gespräche, wobei jeder der drei Partner bei aller Sympathie und Bewunderung die beiden andern ganz zu durchschauen glaubte, ohne sich selbst durchschaut zu fühlen.«[81]

[81] Hermann Kesten, Meine Freunde die Poeten, S. 35 f.

Aus den Tagebüchern von René Schickele

21. März [34]

Wir sitzen im *Café Monnot*, da kommt Heinrich Mann. Er wird fett. Doppelkinn, das die Bewegungen des Kopfes nicht immer ganz mitmacht. Der Kopf geht weg, und das Kinn bleibt liegen.

Nachdem er seinen Kaffee bestellt hat, zieht er, wie er das offenbar täglich tut, die Zeitung aus der Tasche und legt sie sorgsam vor sich auf den Tisch. Es ist die *Dépêche de Toulouse*. Er gibt ihr monatlich einen Artikel und bekommt sie als Mitarbeiter umsonst. Andere Zeitungen liest er nicht. Dann faltet er die Hände und sieht einen aus seinen blauen Augen an. Sie sind harmloser als die eines Kindes. [...] Ich kenne keinen einsameren Menschen. Ein Schatz von Güte und Weisheit liegt in ihm. Der Schatz muß unerschöpflich sein. Seit vierzig Jahren wendet er ihn an dicke Frauen, die keine Stirn, aber ein kräftiges Handgelenk haben und »das Leben kennen«.[82]

Hermann und Toni Kesten

In einem Taschenkalender von Annette Kolb aus dem Jahre 1934 ist vermerkt, wen sie im Mai und Juni 34 in Nizza und Umgebung aufgesucht hat:[83]

Im Mai: René Schickele und Mechtilde Lichnowsky, im Juni: den Verleger Kurt Wolff (der ein Haus oberhalb von Nizza gemietet hatte, in dem auch Hasenclever wohnte; Kurt Wolffs Sohn Christian wurde im März 34 in Nizza geboren.)

Am 3. Juni war sie bei dem Schriftsteller Valeriu Marcu zu Gast. (»Marcu ist der einzige Literat meiner Bekanntschaft, der Umgang mit so un-, ja anti-literarischen Herren wie Brüning und Treviranus pflegt«, sagte Klaus Mann und nannte ihn »flott und lebemännisch«.[84]) Annette Kolb war die Patentante von Marcus Tochter. Am 13. Juni traf sie Theodor Wolff, der als vormaliger Chefredakteur des »Berliner Tageblatts« besonders im Visier der Nationalsozialisten stand. –

Nach diesem Aufenthalt fuhr sie zu den Salzburger Festspielen, über die sie

---

[82] René Schickele, Werke, Bd. 3, S. 1072.
[83] Monacensia, Stadtbibliothek München. Archiv Annette Kolb.
[84] Klaus Mann, Der Wendepunkt, S. 317.

tagebuchartige Skizzen schrieb (erschienen unter dem Titel »Festspieltage in Salzburg, Amsterdam 1937), um dann im Oktober und November wieder in Marseille und St.Cyr bei Meier-Graefes zu sein.[85] In der Zwischenzeit hatte Joseph Roth ihren 1934 erschienenen Roman »Die Schaukel« gelesen und ihr einen hymnischen Brief dazu geschrieben:

Joseph Roth an Annette Kolb[86]

(Poststempel: Nizza, 30.9.1934)
Samstag.

Wirklich geliebte Annette Kolb, Ihr großes Talent ist bestätigt und meine große Liebe zu Ihnen auch. Wenn ich jemals hätte glauben können, Sie verführten mich durch Ihren Liebreiz dazu, Sie literarisch höher zu schätzen, als mein grausames schriftstellerisches Gewissen es gestattet, so ist jetzt, durch diese göttliche *Schaukel* erreicht, daß ich mit einem Triumph zu mir sagen kann: Du hast immer Recht gehabt! Sie ist *in jeder Beziehung* verführerisch! Ich möchte Ihnen Annette sagen, ohne Kolb, haben Sie keine Angst, zudringlich bin ich nur in der ersten Extase! Eben habe ich die Schaukel zu Ende gelesen, mein Buch unterbrochen, in dem Glauben, zehn Seiten halten mich nicht auf – und nun hat es 1½ Tage Arbeit gekostet. Selige Ferien! Wie mieß ist mir jetzt vor meinem Buch! Sie schreiben wie ein Vogel und ich wie ein Elephant. Sie sind die einzige Frau, der es von Gott erlaubt ist, das männliche Handwerk zu üben. Jeder Satz eine Perle, jedes Bild ein Leben, jeder Gedanke eine Wahrheit, jede Beobachtung eine Weisheit. Charmante Priesterin, Liebling der alten kleinen Götter und des großen Gottes – und der Kenner, der Kenner! Mit Reife *in Anmut eilen*, das können Sie, mit Weisheit tanzen, das Gewicht überwinden, wunderbare Akrobatin! Und Deutschland ist nicht mehr da, Sie zu hören, und ich nicht einmal mehr fähig, Ihr Herold in der Frankfurter Ztg. zu sein. Noch mießer werden die Zeiten, da ich Ihr Buch gelesen habe. Schöne Blumen aus dem alten Garten des Gärtners möchte ich Ihnen jetzt schenken. Ich prüfe eben, ob ich nicht übertreibe – denn Lüge plagt mich und Angst, ich könnte ihr verfallen – und nicht, nicht. Bei Gott, ich habe Recht. – Kommen Sie bald, bevor ich krepiert bin.
Ich küsse Ihre Hand, der Frau und der Dichterin, Ihr alter

Joseph Roth

---

[85] Monacensia, Stadtbibliothek München. Archiv Annette Kolb.
[86] Sigrid Bauschinger (Hrsg.), Ich habe etwas zu sagen. Annette Kolb 1870–1967, S. 159f.

Daß Joseph Roth nicht immer solche Lobesbriefe schrieb, sieht man an seiner Reaktion auf Schickeles fulminanten Essay über D.H. Lawrence, der 1934 entstanden war (1935 bei Allert de Lange erschienen).

Joseph Roth an René Schickele[87]

(Nizza) Am 17.11.1934

Lieber Herr René Schickele, ich danke Ihnen sehr für den Lawrence. Dieser Gegenstand ist mir fremd, aber Sie sind mir nahe. Ja, noch niemals ist mir ein Gegenstand so fern gewesen, und sein Behandler so nahe. Ich bin begeistert, daß Sie vom Mausoleum Lenins und von Marx' Opium genauso denken, wie ich. Dieses Kapitel Revolution ist unübertrefflich. Ich bin von Lawrence meilenweit entfernt, ich kann also nicht verstehen, weshalb gerade er Ihnen zum Anlaß wird, all das auszudrücken, was mich so sehr angeht. Nebensache! Ich bin von dem Buch getroffen, und ich sehe in dem, was Sie sagen, eine deutliche Bestätigung der Haltung, die ich einzunehmen versuche.

Küssen Sie Ihrer Frau für mich die Hand.

Herzlich Ihr alter Joseph Roth

Ausgezeichnet ist auch das von den Juden. Aber Sie haben keine jüdischen Freunde, glaube ich, die so charakteristisch wären. Sie erahnen es aber durch die gefälschten Gespräche Ihrer jüdischen Freunde.

SCHÖNE Sprache! Absolut schöne Sprache: meine höchste artistische Freude.

An Kritik untereinander wurde im Exil nicht gespart, wie auch der folgende Brief von Feuchtwanger an Klaus Mann zeigt:

Lion Feuchtwanger an Klaus Mann[88]

Dr. Lion Feuchtwanger   Sanary/Var, 1. Juli 1936
Villa Valmer

Lieber Klaus Mann,

ich habe also die Fortsetzungen Ihres »Mephisto« herausgesucht und sie im Zusammenhang gelesen. Offengestanden, ohne rechte Freude. Das scheint mir alles zu sehr aus der Nähe gesehen, zu fotografisch und nicht recht Bild geworden. Alle diese Menschen und Dinge sind auch in den Zeitungen

---

[87] Joseph Roth, Briefe, S. 395.
[88] Monacensia, Stadtbibliothek München. Klaus Mann Archiv.

so oft und intensiv durchgekaut worden, dass, wenn sie nicht mit höchster Kunst behandelt werden, ihnen etwas unrettbar Journalistisches anhaftet. Die Gegner werden behaupten, es sei Klatsch, der nicht in die Sphäre der Kunst hinaufreicht.

Alles in allem finde ich, dass dieses Vorspiel zurückbleibt hinter dem, was ich sonst von Ihnen kenne. Ich würde Ihnen sehr empfehlen, dieses Vorspiel zu überarbeiten, ehe der Roman in Buchform erscheint.

»Das Wort« scheint sich gut zu entwickeln, und ich freue mich, dass Sie ihm einen Artikel geschickt haben.

Sehr herzliche Grüsse, auch an die Ihren,

immer

Ihr

Lion Feuchtwanger

»Warum schrieb ich meinen Roman ›Mephisto‹? Das dritte Buch, das ich im Exil – 1936 – veröffentlichte, handelt von einer unsympathischen Figur. Der Schauspieler, den ich hier präsentiere, hat zwar Talent, aber sonst nicht viel, was für ihn spräche. […]

War es der Mühe wert, über eine solche Figur einen Roman zu schreiben? Ja; denn der Komödiant wird zum Exponenten, zum Symbol eines durchaus komödiantischen, zutiefst unwahren, unwirklichen Regimes. Der Mime triumphiert im Staat der Lügner und Versteller. ›Mephisto‹ ist der Roman einer Karriere im Dritten Reich.«[89]

Golo Mann war offensichtlich anderer Meinung als Feuchtwanger. Aus Prag schrieb er an den Bruder:

Golo Mann an Klaus Mann[90]

Prag Praha Prague,
Plzenska 177 Pension Ada   Den 11.XII.

Mon frere,
Deinen Mephisto haben hier die Buchhandlungen unter den meistgekauften Weihnachtsbüchern genannt, mit einem Vergnügen, unter das sich nur sehr wenig Neid mische (grand Dieu, nihil humanum me alienum puto) konstatierte ich's; und das geht nicht anders als mit rechten Dingen zu, denn wenn dem Buch auch gewisse lyrische Schönheit der beiden vorigen nach der Na-

---

[89] Klaus Mann, Der Wendepunkt, S. 334.
[90] Monacensia, Stadtbibliothek München. Klaus Mann Archiv.

tur des Gegenstandes abgehen müssen, so ist es doch nicht nur aus einem Guss und sehr hübsch geschrieben und hoch amüsant zu lesen und sehr wahrscheinlich gestaltet sondern entbehrt, um mit der bayerischen Lehrerzeitung zu sprechen, auch nicht eines tiefen moralischen Gehalts; der Betroffene dürfte sich, wie sich Mr. Creacle im David Copperfield ausdrückt, die Schwielen so leicht nicht verreiben können. Es ist immerhin mit dem »Untertan« in einem Atem zu nennen, es gehört, auch seiner moralischen Haltung und Verdienst nach, in diese Kategorie; die Stelle, wo die Gnade der Bestie auf den Helden fällt, wie auch der Schluss sind Höhepunkte, c'est très fort, c'est presque grand, et c'est bien sérieux. Dann hat man für einzelne Figuren besonders dankbar zu sein. Sternheim (ich finde den Namen nicht) Frau Bella, auch die kurze nur allzu lebenswahre Jannings=Episode, kurz: je te félicite sincèrement; Talent und Charakter möchte man sagen, Du hast die Ausbürgerung redlich verdient, während mich die meine etwas klöteriger Weise nur als Sohn betroffen hat, zusammen mit Moni und den Unmündigen.

Mittlerweile ist es hier auch recht schwierig und zäh, die Leute sind garnicht recht freundlich, wenn sie hören dass man etwas hier machen möchte, aber wenn ich sehr fleissig und geduldig einmal sein sollte, so wird es vielleicht gehen. Daher darf ich mir auch den Luxus langer Briefe garnicht gestatten, zumal ich auch noch einen an Eri vorhabe und ausserdem mein Tschechisches Pensum dieses Tages noch nicht erledigte. Was auch hätte die alte Welt der neuen zu geben? Umgekehrt müsste es sein. Indessen hat die Welle von Optimismus welche augenblicklich unsere schon fast verdörrten Anlagen neu durchtränkt, auch meinen armen Geist wohltuend berührt: das deutsche Unternehmen kann nicht gelingen. Es ist zu grundfalsch = zu grund bös, was sie machen, sie werden sich in *wenigen* Jahren zugleich vor der Notwendigkeit und der Unmöglichkeit befinden, Krieg zu führen und dann *muss* es aus mit ihnen sein. Freilich habe ich auch zu den Nachfolgenden nicht viel Mut und Lust, und wenn ich meine Geburt durch Geld rückgängig machen könnte, so wollte ich keine Kosten scheuen. Da das aber nicht sein kann und andererseits schon das Leben nur all zu viel kostet so spreche ich gelegentlich am Radio und schreibe auch für Chefredakteur H. Budzislawsky.

Nun vergelte mir Gleiches mit Gleichem, als ob ich meine Zeit vielleicht gestohlen hätte, ich aber bin G.

PS Ist Dir der Ernst Bloch ein widerlicher Kerl! – Hast Du Gides Retour de la Russie gesehn? Ist Protestantismus-Narzissmus. An seiner Stelle wäre ich a) nicht so naif auf die kommunistischen Fadaisen hereingefallen und hätte b) dann meine Desillusionierung nicht so heraustrompetet, zumal solches politisch inopportun, alle Wahrheitsliebe in Ehren; und wenn ich Arbeiter wäre, so würde ich sagen: wenn uns diese Schriftsteller hernach mit ihren Enttäuschungen vielmehr schaden, als sie uns vorher mit ihrem Beifall nützten, so sollen sie nur lieber zuhause bleiben. Als Philosoph darf ich freilich solcher reinen Wahrheitspflege meine Anerkennung nicht versagen: die Kunst wäre, sie in den Dienst der Politik zu stellen.

Heinrich Manns *Jugend des Königs Henri IV* erschien 1935 im Querido Verlag in Amsterdam, und die ihm sicher wichtigste Reaktion darauf ließ nicht lange auf sich warten. Im Oktober schreibt Heinrich Mann an Thomas Mann:

Heinrich Mann an Thomas Mann[91]

3. Okt. 1935

11, rue du Congrès
Nice (A.M.)

Lieber Tommy,
Deinen Brief hätte ich am liebsten gleich den ersten Tag beantwortet, so schön ist er. Ich kam aber grade aus Paris, und jeden Tag war ein Artikel zu schreiben, neben den Vorarbeiten für das weitere Leben des Königs Henri IV. Wirklich, ich hatte gehofft, dass Du diese Eindrücke empfangen würdest, sogar Deine besondere Erwähnung des Abschnittes »Der Tod und die Amme« war für mich vorauszusehen. Aber was mich mehr beglückt, ist Deine rückhaltlose Wärme für dies Buch, die Freundschaft für den Gegenstand und die Hand, die ihn macht. Das ist, was wir jetzt brauchen – zusammen mit der Bestätigung, dass wir in diesen letzten Jahren nicht nachgelassen haben, sondern mehr geworden sind. Sich zusammennehmen und behaupten, ist allerdings geboten wie noch nie. [...]
Du meinst, ich sollte sonst noch etwas davon haben, etwa die Rosette. So sind aber weder die Zeiten noch die Zeitgenossen, und wer in seinem eigenen Lande der Macht verdächtig ist, wird es jeder Macht. Der Einzelne ohne Hinterland bedeutet nach Massgabe der Dinge so wenig, dass ich mich sogar wundere, welche Ausnahme mit Dir und schließlich auch mit mir gemacht wird. Man weiss wohl, dass bei Dir ein Unterschied gemacht wird, nimmt Dich aber doch als Emigranten. Seit neulich bin ich im Vorstand des Weltkomitees gegen Krieg und Fascismus; Barbusse hatte mich noch bestimmt –

---

[91] Thomas Mann/Heinrich Mann, Briefwechsel, S. 154 ff.

Rolland, Langevin, mehrere andere Franzosen, vielleicht ein Engländer, sonst ich der Einzige von draussen. Das Komitee ist mächtig genug, dass ich auf diesem Wege wohl auch Franzose werden könnte, besonders wenn nächstes Jahr der Front populaire zur Macht käme. Es gibt Gründe, abzuwarten. Es gibt auch den Grund, dass meine Tochter in Prag die Erlaubnis zu arbeiten nur bekommen kann, wenn mein Pass tschechisch ist. […] Schreibe mir, sei gesund, grüsse Katja, nimm meinen Dank und herzlichen Gruss.

H.

Heinrich Mann teilte seine Zeit auf zwischen dem intensiven Schreiben in Nizza und den vielfältigen politischen Aktivitäten in Paris im Kampf gegen das Dritte Reich. Er genoß unter allen verschiedenen und in sich zerstrittenen antifaschistischen Gruppen hohes Ansehen, er war der »wahrhafte Doyen« der Emigration; seine geistige Nähe zu Frankreich und die tatkräftigen Bemühung um das deutsch-französischen Verhältnis nach dem Ersten Weltkrieg hatte er in vielen seiner Bücher bewiesen, die ihm auch die Freundschaft seiner französischen Schriftstellerkollegen und mancher Politiker eingetragen hatten. Das Exil in Frankreich empfand er nicht als Verbannung, aber seine Sorge um Deutschland trieb ihn zu rastloser politischer Tätigkeit. Er publizierte in allen Exilzeitschriften und auch in der französischen Presse, z.B. regelmäßig in der *Dépêche de Toulouse*; er leitete den »Schutzbund deutscher Schriftsteller« und ein halbes Dutzend andere Komitees, die sich im Kampf gegen Hitler gebildet hatten. Seine ganze Unterstützung galt der Bildung einer Exil-Volksfront, die er 1938 als gescheitert ansehen mußte. Die Resignation über die Unwirksamkeit dieser Aktionen spiegelt sich in einem Brief an den französischen Schriftsteller und Deutschland-Kenner Louis Gillet, an den er im September 1939 aus Nizza schrieb:

»Ich bin zutiefst beschämt darüber, mein Ziel und das der aktiven Opposition verfehlt zu haben – Hitler zu stürzen, ehe er seinen Krieg auslösen konnte. Es tröstet mich nicht, wenn ich auf eine mögliche deutsche Revolution spekuliere, die die Katastrophe verkürzen und sie rächen könnte. Die Ereignisse gehen über das, was ich vorhergesehen hatte, weit hinaus. […]

Seit langer Zeit richte ich an die Deutschen leidenschaftliche Flugschriften und Aufrufe, um sie zum Widerstand zu ermutigen und sie auf den Aufstand vorzubereiten. Ich erkenne die ausgezeichnete Absicht der Engländer an, Millionen von Flugblättern abzuwerfen, um das Volk aufzuklären, das man in den Untergang führt.«[92]

Nur wenige der Emigranten hatten ein so vertrautes Verhältnis zu Frank-

---

[92] Heinrich Mann an Louis Gillet, Nizza, 10. September 1939. In: Grandjonc/Grundtner (Hrsg.), Zone der Ungewißheit, S. 194.

reich wie Heinrich Mann und nur wenige konnten so gut französisch, daß sie in der fremden Sprache publizieren konnten. Der vierundzwanzigjährige Student Ernst Erich Noth (eigentlich Paul-Albert Krantz), der schon einen Roman in Deutschland (*Die Mietskaserne*) und verschiedene Artikel veröffentlicht hatte, wandte sich gleich nach seiner Ankunft in Frankreich im März 1933 an den Verleger der *Cahiers du Sud*, Jean Ballard, um ihm seine Mitarbeit anzutragen. Das war gewagt im Hinblick auf sein Französisch – und gewonnen: Jean Ballard, der viele Sondernummern seiner Zeitschrift der deutschen Literatur widmete, fand Gefallen an dem jungen Mann und beauftragte ihn schon im August mit einem Artikel über Kurt Weill. In der Folgezeit arbeitete Noth regelmäßig an den Cahiers du Sud mit und wurde 1935 in das Redaktionskomitee gewählt. Der Briefwechsel von Ernst Erich Noth mit Jean Ballard ist in Auszügen publiziert;[93] er ist interessant, weil er eines der wenigen Zeugnisse gelungener Integration eines Emigranten in das französische Kulturleben darstellt.

Die Ausbürgerung Thomas Manns

Nach dem langen Zögern Thomas Manns, sich expressis verbis zur politischen Emigration zu bekennen, war es ein Befreiungsschlag für ihn und eine große Erleichterung für Erika und Klaus, als er sich endlich dazu entschloß. Sein offener Brief in der *Neuen Zürcher Zeitung* am 3.2.1936 war eine leidenschaftliche Ablehnung der »gegenwärtigen deutschen Herrschaft«.

»Diese Überzeugung hat mich das Land meiden lassen, in dessen geistiger Überlieferung ich tiefer wurzele als diejenigen, die seit drei Jahren schwanken, ob sie es wagen sollen, mir vor aller Welt mein Deutschtum abzusprechen. [...]«[94]

Nun zögerten auch sie nicht mehr, Thomas Mann wurde sofort ausgebürgert und erhielt, wie auch Heinrich und Golo, einen tschechischen Paß. In den Emigrantenkreisen wurde das Ereignis ein Anlaß zu Glückwünschen:

Thomas Mann an Heinrich Mann[95]

Küsnacht – Zürich 12.XII.36.

Schiedhaldenstraße 33

Lieber Heinrich,
habe vielen Dank für Deine schöne Äußerung zu jener deutschen Maßnahme. [...]

---

93 Ebd., S. 130 ff.
94 Thomas Mann, Briefe 1889–1936, S. 413.
95 Thomas Mann/Heinrich Mann, Briefwechsel, S. 168.

Die tschechische Regierung versucht eine Intervention wegen meiner Münchener Habe. Ich zweifle am Erfolg. Die Gauner können ja den Akt meiner »Ausbürgerung« beliebig vordatieren. Übrigens habe ich mich dieser Dinge entwöhnt, und großen Teils sind sie auch längst geschändet und zerstreut.

Etwas anstrengend waren diese Tage doch. Es ging ein wenig zu wie nach dem Nobel-Preis oder an Dezimal-Geburtstagen, und andererseits übte die Nachricht doch immer noch eine gewisse unvernünftige Choc-Wirkung. Unvernünftig, denn wie lange wird all der Unsinn Gültigkeit haben? […]

Frohe Weihnacht in diesem Sinn! T.

René Schickele an Thomas Mann[96]

Nice – Fabron
La Florida
Chemin de la Lanterne

19. Dezember 1936

Lieber, sehr verehrter Thomas Mann,

[…]

Wie fühlen Sie sich als Tscheche? Als Besitzer eines Passes, nehme ich an – weiter nichts. Ich gratuliere also zum Paß. Alle diese Maßnahmen ändern nichts am Wesentlichen. Ihre Ausbürgerung wird man, wenn sie erst bei diesem Kapitel der deutschen Geschichte angelangt sein wird, als schlechten Witz vermerken. Was aber hat Bermann dazu gesagt? Ich hörte, er sei, Hals über Kopf, nach Berlin gereist. War Ihre Eintragung auf die deutsche Verlustliste nicht ein Schlag, der sein neues Konto gänzlich ins Wanken brachte?

[…]

Mit den herzlichsten Grüßen an Frau Katia, Sie und die Ihren, auch von meiner Frau

Ihr René Schickele

---

[96] Monacensia, Stadtbibliothek München. Klaus Mann Archiv.

Wer in seinem eigenen Lande der Macht verdächtig ist, wird es jeder Macht

Bis 1938 lebten die deutschen Emigranten in Südfrankreich relativ unbeeinträchtigt vom französischen Staat und freundlich geduldet oder auch geschätzt von den französischen Nachbarn. Das materielle Problem verschärfte sich im Laufe der Jahre für die meisten, denn Arbeitserlaubnisse wurden fast nie gegeben, und die Buchveröffentlichungen brachten wenig ein, da die Exilverlage ihre Bücher ja in Deutschland nicht verkaufen konnten. Bis auf wenige Ausnahmen ging es allen schlechter, je länger das Exil andauerte. Leonhard Frank schrieb in seiner Autobiographie »Links wo das Herz ist«:

»Im Laufe der Jahre war die Hoffnung der Emigranten, wieder in die Heimat zurückkehren zu können, verblaßt und vergangen. Das Wort ›entwurzelt‹ bekam seine grausamste Bedeutung. [...] Der Kernschuß hatte den emigrierten Schriftsteller getroffen – die Arbeit am Lebenswerk war unterbrochen. Er mußte erfahren, daß er ohne den lebensvollen, stetigen Zustrom aus dem Volk seiner Sprache und ohne die unwägbare stetige Resonanz der Leser als wirkender Schriftsteller nicht mehr existent war. Er spielte in der Emigration auf einer Geige aus Stein, auf einem Klavier ohne Saiten, und was er vor der Emigration geschrieben hatte, geriet im Lande seiner Sprache in Vergessenheit.«[97]

Während sich die politische Lage 1938 Monat für Monat dramatisch verschlechterte und die Expansionspolitik Hitlers immer deutlicher wurde, erfaßte Kriegsangst auch die Franzosen, denen die vielen Ausländer in ihrem Land plötzlich unheimlich wurden. Für die Emigranten, die mit allen ihnen zur Verfügung stehenden Mitteln vor Hitler gewarnt hatten, war die feindliche Haltung ihrer Gastgeber zunächst ganz unverständlich – sie empfanden sich als solidarisch mit Frankreich gegen die Nationalsozialisten. Aber die Franzosen machten in diesem Moment keinen großen Unterschied zwischen Hitlerfeinden und Hitleranhängern, alles Deutsche wurde plötzlich verdächtig. Dazu kam, daß nach dem Hitler-Stalin Pakt auch die Linken und ganz besonders die Kommunisten suspekt wurden. Hierzu Ludwig Marcuse:

»Auch in Sanary reagierte man auf die Ereignisse des Jahres 1938: die Annexion Österreichs, den Canossa-Gang der Engländer nach Berchtesgaden und Godesberg zum Führer Europas – mit einem Haß gegen die Gegner des Eroberers, die unter ihnen lebten: gegen uns. Der Arzt, der eine schlimme Krankheit diagnostiziert, wird oft vom Patienten feindselig behandelt; als gäbe es ohne ihn das Leiden nicht, das er nur aufdeckte. Man fühlte sich ohnmächtig; aber doch

---

[97] Leonhard Frank, Links wo das Herz ist, S. 130f.

mächtig genug, sich an den deutschen Emigranten zu rächen, die sowohl durch ihre Herkunft als auch durch ihr Reden und Schreiben immer wieder an die unangenehme Existenz des Erzfeindes erinnerten. [...] Es wurde sehr unangenehm in dem kleinen Fischerdorf, das wir so liebgewonnen hatten.[98]

Valeriu Marcu an Hermann Kesten[99]

V. Marcu   17. Juni (38)
chez Gerson
Plan de Grasse (A.M.)
Le Ferrage

Lieber Freund. Ich danke Ihnen für Ihre Zeilen. Ich habe Ihnen nicht gleich geantwortet, weil mir sogar die Hand vor Traurigkeit gelähmt ist. Ich habe nur den einen Wunsch (es wird eine List der Natur sein), mein Buch zu beenden und dann so sanft als möglich zu sterben. Das Buch wird endgültig heißen (es bleibt unter uns) »Die Legende vom Proletariat«.

Ich wohne jetzt auf dem Lande bei Heini, weil man hier leichter betteln kann. Schreiben Sie mir, wie es Ihnen geht und was Sie treiben.

Ihr alter V.M.

Nach der Annexion Österreichs begaben sich die dorthin Emigrierten erneut auf die Flucht, manche noch am selben Tag – zusammen mit den Österreichern, die sich ein Leben unter Hitler auch nicht vorstellen wollten oder es nicht überlebt hätten. Allein in Wien wurden nach dem Einmarsch der Nazitruppen mehr als sechzigtausend Menschen verhaftet. Manchmal war es eine Frage von Stunden, so bei Walter Mehring, der fünf Jahre früher kurz vor dem Reichstagsbrand gerade noch nach Paris entkommen konnte, ein Jahr später nach Wien zog und dann, von Hertha Pauli rechtzeitig gewarnt, bei der Besetzung Wiens erneut nach Paris floh. Hertha Pauli, Schauspielerin und Schriftstellerin, Schwester von Wolfgang Pauli, dem Nobelpreisträger für Physik, folgte ihm ein paar Stunden später auf der Flucht nach Paris; 1940 werden sie erneut vor den deutschen Truppen quer durch Frankreich nach Marseille flüchten.

Auch Alma Mahler und ihre Tochter Anna verließen Österreich im März 38,

---

[98] Ludwig Marcuse, Mein zwanzigstes Jahrhundert, S. 243.
[99] Monacensia, Stadtbibliothek München. Archiv Hermann Kesten. Die Transkription in Hermann Kesten, Deutsche Literatur im Exil, S. 79f., weicht vom Original ab.

während Franz Werfel von einem Aufenthalt in Capri nicht mehr nach Wien zurückkehrte. Sie pendelten in den nächsten Monaten zwischen London, Paris und Sanary, wo sie einen alten Sarazenerturm mit 12 Fenstern auf einer Felsklippe über dem Meer bezogen. Aber bevor sie sich in Sanary niederließen, passierte in Paris etwas, was die ganze Emigrantenszene zutiefst schockierte: Ödön von Horváth, gerade aus Wien angekommen, wird am 1. Juni 1938 auf den Champs Elysées von einem Baum erschlagen.

Man starb schnell in der Fremde ...
Ödön von Horváth, Ernst Toller, Joseph Roth

Hermann Kesten an Klaus Mann[100]

Hermann Kesten
Hotel Vaneau
85 rue Vaneau
Paris 7 e

8.6.38

Lieber Klaus Mann,
[...]
Ueber den armen Oedoen Horvath hat man Sie recht berichtet. Gestern war ich auf seinem Begräbnis. Manfred Georg, sprach vom Schutzverband, Mehring sprach am offenen Grab von der babylonischen Verwirrung, Zuckmayer nannte den armen Horvath eine Hoffnung und ein Versprechen, Ernst Weiss hat geweint, Roth bat alle, an seinem Grab keine Reden zu halten und ihn keinen Anfaenger zu heissen, Werfel und Alfred Neumann trugen schwarze Habits und Hüte, jede halbe Minute rollte die Stadtbahn tutend am Grab vorbei, die Eltern weinten, daneben, in der Naehe gab es ein vorläufiges Grab mit Ascenseur, es waren fuenfzig deutsche Literaten versammelt, kein Lebender deutscher Dichter hat so viele Anhaenger, nur wenn wir sterben, versammeln wir uns, der arme Horvath tat mir so leid, bei der Hitze tot zu sein, wie haette er ueber sein Begraebnis gelacht, wenn er gelebt haette. Das allein gilt, leben! Alles andere macht mir kein Vergnuegen. Es ist eine Schande, dass wir wenigen freien deutschen Dichter von Talent so jung und so zahlreich wegsterben, man sollte es hinfüro einfach verbieten, aber wer haelt sich heute noch an Verbote.

[100] Monacensia, Stadtbibliothek München. Klaus Mann Achiv.

Und wie geht es Ihnen? Ueber diesem verdammten Kriegsgeschrei vergisst man ganz, dass es noch private Todesmöglichkeiten gibt, z.B. stürzende Bäume auf den elysäischen Feldern. Und dass es vor allem auch noch ein privates Leben gibt. Fast erscheint es einem schon frivol, sich etwa noch zu verlieben?

Mein Roman über die »Kinder von Gernika« ist auch noch nicht fertig, wenn auch schon dem Ende naeher, bei weitem naeher als dem Anfang. Ich hoffe, ich werde im Juni fertig. Es ist hoechste Zeit. [...]

Und wo und wann sehen wir uns wieder? Das Wiedersehen in der Emigration ist zur Lotterie geworden. Mal sieht man sich, meistens nicht mehr. Ich warte hier auf meinen Emigrantenpass, den man mir bewilligt hat, aber nicht ausliefert. Dann, wenn ich ihn erst habe, will ich an die See gehen, diesmal an den französischen Kanal, Normandie oder Bretagne, nahe, nahe, um Geld zu sparen, und nicht zu weit von der nur noch sickernden Goldquelle in Amsterdam zu sein.

Landshoff erzählte mir, Ihr Tschaikowsky habe sich so gut verkauft. Ich bin auf Ihre Emigrantenbücher beide sehr neugierig. [...]
Mit den ergebendsten Grüssen an Ihre Frau Schwester
und den herzlichsten an Sie

Ihr Kesten

Als Klaus Mann diesen Brief von Kesten erhielt, schrieb er mit Erika an dem Buch *Escape to Life* für den amerikanischen Verlag Houghton Mifflin (der interessanterweise derselbe war, der auch Hitlers *Mein Kampf* verlegt hatte); es sollte eine umfassende Darstellung des Exils werden, eine Art »Who's Who« über das Exil, der die Amerikaner darüber informieren sollte, wer da jetzt aus Europa vertrieben und mit der Unterstützung der Hilfskomitees von Amerika aufgenommen wurde. Im Kapitel »Die Toten« heißt es:

»Während wir an diesen Zeilen schreiben, im Sommer 1938, erreicht uns die Nachricht, daß einer unserer Freunde, der deutsch-ungarische Schriftsteller Ödön von Horváth in Paris von einem Baum erschlagen worden ist. [...] Als wir ihm zuletzt in Zürich auf der Straße begegneten, [...] sagte er uns, und sagte er zu anderen Freunden: ›Ich habe keine Angst vorm Krieg oder vor der Gefangenschaft. Ich habe Angst *vor der Straße*. Auf der Straße kann etwas passieren. Ein Ziegelstein kann einem auf den Kopf fallen. [...]‹ Dann machte der gesunde, kräftige junge Mann sein Testament, das er seinem Verleger in Amsterdam anvertraute.«[101].

---

[101] Erika und Klaus Mann, Escape to Life, S. 209.

Der absurde Tod von Horvath war nicht unbedingt dem Exil anzulasten; anders sah es bei den nächsten Todesfällen aus: Ernst Toller erhängte sich in New York und Joseph Roth trank sich in Paris zu Tode. Durch alle Emigrationszentren gingen die Hiobsbotschaften hin und her.

Klaus Mann an Hermann Kesten[102]

The Bedford
118 East 40th Street
New York

25.V.39

Lieber Kesten,
gestern habe ich schon an Landauer geschrieben und ihm ein bisschen davon erzählt, wie traurig und betrübt es ausschaut, hier bei uns. Aber ich will auch Ihnen, und vor allem Ihnen, noch einen Gruss sagen – damit Sie doch wissen, dass ich sehr an Sie denke. Ich bin sicher, dass Tollers Tod einen grässlichen Schock für Sie bedeutet, und dass es Sie sehr traurig macht – und zu lachen hatten wir schliesslich schon vorher nichts … Ich glaube er hat eigentlich von niemandem mit so unbedingter Freundschaft und so viel Nettigkeit und echter Herzlichkeit gesprochen wie von Ihnen … Hätte er hier ein paar Freunde wie Sie gehabt, so hätte »das« vielleicht nicht geschehen müssen … (vielleicht auch *doch* …)
– Seine Depression hatte diesmal von Anfang an den ausgesprochen mörderischen Charakter, und es war keine Frau da, um ihn zu trösten, Christiane wollte nicht mehr zu ihm zurück. Dazu kam die Erfolglosigkeit – die freilich lange nicht so komplett war, wie er sich das in schwarzer Stimmung einbildete. Immerhin, es war scheusslich für ihn, dass sein letztes Stück – das er für eines seiner allerbesten hielt – nicht gespielt werden sollte. Und die Politik, und was nicht alles sonst, Sie können es sich ja denken … Dazwischen war er noch manchmal vergnügt. Das letzte Mal, dass ich ausführlich mit ihm beisammen war, fand ich ihn relativ glänzend gelaunt. Wir machten eine Tour nach Washington, die ganze P.E.N.-Gesellschaft. Es gab eine Party im White House, und wir wurden dem Präsidenten vorgestellt, und Mrs. Roosevelt war sehr charmant. Toller interessierte sich für alles. Nach dem Lunch machten wir eine Spazierfahrt – er und ich und die liebe Annette Kolb und die imposante Dorothy Thompson, und betrachteten uns allerlei blöde Sehenswürdigkeiten, und er interessierte sich wieder für alles, und sagte

[102] Monacensia, Stadtbibliothek München. Archiv Hermann Kesten.

90

gescheite Sachen, die Dorothy Thompson nachher alle in einem recht schönen Nachruf zitiert hat. Dann war ich noch den Abend mit ihm zusammen bei Leuten – ohne die P.E.N.-Kollegen –, und wir fuhren im Zug nachts nach New York zurück – er und ich –, und am nächsten Morgen, in New York, beim Frühstück, in einer Cafeteria, war er wieder sehr traurig, hatte im Zug auch keinen Augenblick geschlafen. Das ist das letzte Mal gewesen, dass ich ihn ausführlich gesehen habe. Es ist jetzt ungefähr zwei Wochen her. Merde alors. […]

Zu allem kommt die nicht sehr erfreuliche Tatsache, dass ich den Sommer über hier bleiben muss, während der Rest der family sich nach Europa begibt – trotz Kriegsgefahr und permanenter Krise. Ich aber habe keinen Pass, und weiss gar nicht recht, wohin mit mir. Alles nicht sehr lustig. Indessen werde ich mich *nicht* aufhängen.

Lassen Sie hören! Was arbeiten Sie?

Ihr getreuer

Klaus M.

Hermann Kesten an Klaus Mann[103]

Hermann Kesten
Hotel de l'Intendance
50, rue de l'Université
Paris 7 e

27.5.1939

Lieber Freund Klaus Mann,

[…]

Ach, mein lieber Freund, Ihr Brief und Ihr lieber Artikel waren die einzige Freude diese Woche. Und ich hatte so grosse Schmerzen, so einen Schlag nach dem andern. Aber ist es auch erträglich noch, auf einmal zwei seiner besten und treuesten und aeltesten Freunde zu verlieren. Vor ein paar Tagen der schreckliche Tod von Ernst Toller. Und heute früh starb Joseph Roth im Spital. Es waren die beiden ersten deutschen Dichter, denen ich im Leben begegnet bin. Sie waren jeder in seiner Art so vorzüglich, so einzig, so unersetzlich, und mir so gute Freunde. Beide kenne ich seit 12 Jahren. Mit beiden lebte ich inniger als mit Brüdern. Und hat die lebende deutsche Literatur viele solcher Dichter zu verlieren?

Wie schmelzen wir zusammen! Sie und ich, wir sind noch in den Dreißiger Jahren, und sollen schon anfangen, unsere Generationsgenossen zu

---

[103] Hermann Kesten, Deutsche Literatur im Exil, S. 95f.

begraben? Schon das acherontische Geschäft der Freundes-Nekrologe üben müssen? Ich habe zweimal geweint und bin doppelt elend.

Mein lieber Klaus Mann, ich kann Ihnen heute nicht mehr schreiben. Und natürlich werde ich über Ihren »Vulkan« im »Tagebuch« schreiben (falls Schwarzschild einverstanden ist! Ich frage ihn nächste Woche – er ist jetzt in der Bretagne) und schreibe Ihnen noch deswegen.

Bitte, falls Sie etwas Besonderes über Tollers Ende wissen, schreiben Sie es mir. Und wer kümmert sich um seine Papiere? Seinen literarischen Nachlass? Briefe? Kann man nicht alles in irgend einer öffentlichen Bibliothek sicherstellen, dass es nicht untergeht. Denn wenn auch nicht für uns, für die deutsche Literatur werden noch bessere Zeiten kommen, doch? Schreiben Sie mir bald.

Ihr alter Freund

Hermann Kesten

Klaus Mann im Bedford Hotel in New York

[104] Ebd., S. 100ff.

Klaus Mann an Hermann Kesten[104]

The Bedford
118 East 40th Street
New York

10.VI.39

Lieber Kesten,
unsere beiden kummervollen Briefe haben sich gekreuzt. Roths Tod hat mich sehr betroffen, und ich weiss, welch bitterer Verlust es für Sie bedeuten muss.

[…]

In einem entsetzlich traurigen Zustand ist der brave Ludwig Marcuse, das höchst wackere Löwenhaupt. Sind Sie gut mit ihm? Dann sollten Sie ihm mal eine tröstliche Zeile schreiben, auch über die letzten Tage von Roth. Marcuse hing sehr an ihm; ich musste ihm die Nachricht von Roths Ende sagen, die mehrere Tage lang nur als unbewiesenes Gerücht in New York umging. (Wie schnell vergeht heute der Ruhm! Roth hatte doch einmal Erfolge in Amerika, und dann war er so vergessen, dass kaum eine Zeitung von seinem Sterben Notiz nahm …) – Marcuse war die letzte Nacht mit Toller zusammen, und glaubt, dass er mit Roth sehr befreundet war. Die beiden Todesfälle haben ihn furchtbar erschüttert und mitgenommen. –

[…]

Schreiben Sie mir! Gedenken stets freundlich

Ihres Klaus M.

Ludwig Marcuse war zu dieser Zeit nicht mehr in Sanary. »Ich war froh, daß ich dies Sanary, das für uns sechs Jahre lang Heimat gewesen war, Paradies in unerträglicher Zeit, zu verlassen hatte.« Er war einem Vorschlag von Arthur Koestler gefolgt, nämlich mit ihm und Willi Münzenberg in Paris eine neue Wochenzeitung zu gründen, die »den guten alten Namen ›Die Zukunft‹ tragen würde. […] Zwei Ex-Kommunisten wandten sich an jemand, nämlich an mich, der in keiner Beziehung Ex war; denn da ich nirgends und niemals dazugehörte, bin ich auch nie abgesprungen und wurde nie ein Abtrünniger. Das ist nichts, worauf man sich etwas einzubilden hat. Denn die Kehrseite war, daß ich vom Politischen Tuten und Blasen keine Ahnung hatte – wie es bald auf vielen Redaktions-Sitzungen in Paris eklatant wurde. Ich bekam den Eindruck: es gibt ein Dutzend linker politischer Sekten im deutschen Exil. Wenn ich sie jetzt aufzählen wollte, ich könnte es immer noch nicht.«[105]

Die Zeitschrift hatte keine Zukunft. Willi Münzenberg wurde nach der Kapitulation Frankreichs unter mysteriösen Umständen ermordet in einem Wald aufgefunden. Kantorowicz hält es für wahrscheinlich, daß »Agenten des stalinschen Terror-Apparates« dafür verantwortlich waren, die Abtrünnige erbarmungslos verfolgten[106].

Nach dem Münchener Abkommen bemühte sich Marcuse, Europa zu verlassen. Er hatte Glück und bekam seine Ausreisepapiere ohne größere Probleme, wahrscheinlich, weil er eine Einladung mit Affidavit vom ›Institut für Sozialwissenschaft‹ vorweisen konnte und weil 1938 noch nicht so viele Anfragen kamen. Als er Ostern 1939 in New York landete, erwartete ihn sein grau und unglücklich aussehender Freund Ernst Toller, dessen Selbstmord am 22. Mai 1939 auch Marcuse trotz großer Freundschaft nicht verhindern konnte.

[105] Marcuse, Mein zwanzigstes Jahrhundert, S. 244.
[106] Alfred Kantorowicz, Exil in Frankreich, S. 17.

Dr. Ludwig Marcuse
(Room 712)
312 West 109 th Street   15.VI.39
New York City

Lieber Kesten,

es war gut, mich zu einem Brief zu zwingen. Ohne diesen Zwang hätten Sie noch lange auf eine Nachricht von mir warten müssen; denn ich weiss nicht, was ich schreiben soll. Ich war grade dabei, Ihnen einen Bericht zu senden über Tollers letzte Tage, als ich einen Brief über Roth bekam. Da gab ich es auf zu schreiben. Nun will ich Ihnen wenigstens Ihre Fragen beantworten.

Christiane ist nicht in New York, sondern in Hollywood. Am Tage von Tollers Begräbnis hatte sie ihre »Wilhelm Tell«-Premiere in Los Angeles. Es ist möglich, dass ich in der nächsten Woche in einem Wagen von Bekannten, der nach dem Westen geht, mitgenommen werde. Sollte ich dann Christiane sprechen, so werde ich Ihnen mitteilen, was sie bezüglich des Nachlasses plant.

Vorher mische ich mich nicht ein. Und zwar aus folgendem Grunde. Nachdem Toller, völlig vereinsamt, zu Grund ging, er hatte zum Schluss vielleicht noch vier Menschen, mit denen er sich aussprechen konnte, wurde seine Trauer-Feier ein gesellschaftliches Ereignis, jeder wollte den letzten Abend mit ihm zusammengewesen sein, jeder wollte ihm die letzte gute Tat erwiesen haben, jeder benutzte die Gelegenheit, sich in den Vordergrund zu spielen. Ich habe mich darauf sofort zurückgezogen: weder geredet noch geschrieben noch mich um das, was er zurückgelassen hat, gekümmert. Es ist unmöglich hier, etwas anderes zu machen, wenn man sich nicht in den Reigen der Eitelkeiten hineinverflechten lassen will. Ich kann Ihnen also abschliessend nur das Eine antworten: Ich schreibe Ihnen noch einmal, wenn ich mit Christiane darüber gesprochen habe.

Und nun nur noch einige nüchterne Daten über die letzten Tage. Er packte Freitag, Sonnabend und Sonntag, um nach England zu fahren. Sonnabend und Sonntag war Sascha den ganzen Tag bei ihm, um ihm beim Packen zu helfen. Sonntag gab er ihr Kritiken und Bilder von Christiane mit den Worten: »besser Ihr habt das als ein Fremder.« Sonntagabend war er bei uns bis um 11 Uhr. Wir sprachen eine Stunde über Selbstmorde. Er hatte die Tendenz, die Ursachen einzunebeln, war sehr gegen meine rationale

---

[107] Monacensia, Stadtbibliothek München. Archiv Hermann Kesten.

Behandlung dieses Phänomens und sprach viel von Lebenswillen und so. Um 11 Uhr abends ging er von uns weg: nicht besser und nicht schlechter als gewöhnlich. Eine Freundin von uns begleitete ihn auf seine Bitte bis ins Zimmer und gab ihm noch ein ganz leichtes Schlafmittel. Montag Vormittag um 10 Uhr schickte ich ihm, da ich vor seinem Hotel gerade vorbei musste, einen Brief hinauf: er sollte doch zu dem Arzt, zu dem er das grösste Vertrauen hätte, ganz offen reden; er hatte zuletzt vier Aerzte. Seine Sekretärin (Ilse Herzfeld) war den ganzen Montag Vormittag in seinem Zimmer. Er war, wie immer am Vormittag, sehr niedergeschlagen. Sie ging um 12 Uhr weg und kam um 1 Uhr wieder. Inzwischen war es geschehen. Wenn man sich erlauben darf, zu vermuten, was inzwischen vorgegangen ist, so möchte ich sagen: er hat angesichts der gepackten Koffer plötzlich begriffen: und was ist anders, wenn ich in England ankomme? Er hatte keinen Plan für die Tat. Er wehrte sich gegen sie bis zur letzten Minute. Er hat zweimal in der letzten Woche hier angerufen: kommt sofort her, ich darf nicht mehr allein sein. Aber der Plan war seit Jahren ihm vertraut. Ja, mehr als das. Und diesmal ist der Strick nicht gerissen. […]

Und nun verdenken Sie es mir nicht, wenn ich nichts von mir schreibe. Die herzlichsten Grüsse für Sie und Ihre liebe Frau

Von Sascha und Ihrem Marcuse

Das Ende eines Pazifisten: Der Tod von René Schickele

René Schickele starb am 31. Januar 1940 in Vence, fast genau 10 Jahre später als D.H. Lawrence und am selben Ort. Er war sechsundfünfzig Jahre alt, von Herzasthma und Atemnot geplagt und verzweifelt über die Erkenntnis, daß seine pazifistischen Überzeugungen in der Gewalttätigkeit des Hitlerterrors keine Gültigkeit mehr haben konnten.

René Schickele an Hermann Kesten[108]

René Schickele, Vence,   15.XII.1939

Lieber Hermann Kesten …
Gesundheitlich geht es mir eher schlechter – kein Wunder. Ich brauche jeden Morgen von neuem eine Riesenkurage, um zu leben: pour durer …

---

[108] Monacensia, Stadtbibliothek München. Archiv Hermann Kesten. Hermann Kesten, Deutsche Literatur im Exil, S. 79f., weicht vom Original ab.

Was mich aufrecht hält, ist die Zuversicht, das schäbigste aller Raubtiere, den preussischen Adler im Hühnerstall wiederzusehn, so gerupft, so zahm, dass er Schalom Asch in Person aus der Hand frisst. Bestimmt werden wir ihn *so* sehn, oder gar nichts mehr sehn. Logischerweise müsste es sehr lang dauern, bis dahin, aber eben nur logischerweise. Ich glaube an tolle Überraschungen, die das Unternehmen verkürzen …
Mit herzlichen Grüssen

Ihr René Schickele

In seinem letzten Brief an Thomas Mann schrieb er am 18. Januar 1940:
»[…] und da es nicht mehr zu leben lohnte, wenn der Ungeist siegte, so mag es denn der furchtbare Kampf auf Tod und Leben werden *über alle Begriffe hinaus*, die wir uns bisher von derartigen historischen Entscheidungskämpfen zu machen pflegten. […]«[109]

Valeriu Marcu an Hermann Kesten[110]

15.II.40
Lieber Kesten. Ich habe Ihnen bis jetzt nicht geschrieben, weil mich das Ende Schickeles ganz vernichtet hat. Schickele selbst beneide ich. Ich habe gesehen, wo er liegt: in einer kleinen Ecke eines schoenen Thals.
Tagelang war ich mit ihm bevor er gestorben ist. Er war nicht kraenker als sonst. Eher schien er sich besser zu fühlen. Man hat den Eindruck – er hat demissioniert. Er wollte eigentlich nicht mehr.
So bin ich jetzt allein geblieben. Er war mir ein herrlicher Freund. Eigentlich eine ganze Welt. Ich habe sehr viel bei ihm geklagt. Ich weiß gar nicht, was ich jetzt beginnen soll. Schreiben kann ich seitdem er weg ist nicht.
So starre ich und warte.
Alles Gute Ihnen V.M.

»Ein Stück Weltseele war er vor allem; kosmischer war keiner, dabei kein Träumer«[111], sagte Annette Kolb in ihrem Nachruf auf den Freund
Anna Schickele, genannt Lannatsch, schrieb einen langen Brief an sie, in dem sie ihr Schickeles Tod erzählte – wie er endlich leicht und ruhig atmete und im Tod fast glücklich aussah.

U. V.

[109] René Schickele, Werke, Bd. 3, S. 1263.
[110] Monacensia, Stadtbibliothek München. Archiv Herrmann Kesten.
[111] Annette Kolb, zitiert nach Friedrich Bentmann, René Schickele, S. 227.

Hilfe von Übersee: Die American Guild for German Cultural Freedom

Prinz zu Loewenstein

Mit Hitlers Staatsbesuch in Italien im Mai 1938 setzte ein weiterer Flüchtlingsstrom ein. Bis dahin hatten Emigranten, sofern sie sich nicht antifaschistisch organisierten, weitgehend unbehelligt im faschistischen Italien leben können.[112] Die seit 1936 erstarkende NSDAP-Auslandsorganisation intensivierte nun noch einmal ihren Einfluß und verschärfte den Druck auf die in Italien lebenden Emigranten und Juden. Aufgrund von Listen politisch Verdächtiger kam es zu einer Verhaftungswelle. Zwar handelte es sich vorerst »nur« um eine vorübergehende »Sicherheitsverwahrung«, doch startete die faschistische Regierung Mussolinis im Folgenden eine antisemitische Pressekampagne, die im September 1938 in eine am Deutschen Reich orientierte Rassengesetzgebung münden sollte. Die Rassengesetze, die nicht immer in der gleichen Konsequenz umgesetzt wurden wie in Deutschland, standen dem Vorbild in ihrer Schärfe wenig nach. Alle seit 1919 in Italien lebenden Juden wurden unter Androhung der Ausweisung aufgefordert, innerhalb von sechs Monaten das Land zu verlassen.[113]

Viele Schriftsteller machten sich nun auf den Weg in Richtung Südfrankreich. Als einer der ersten spürte Karl Wolfskehl das sich verändernde Klima in Italien und schiffte sich bereits im Mai 1938 in Marseille nach Neuseeland ein, wo er bis zu seinem Tod im Jahre 1948 lebte. Zu den Italienflüchtlingen, die sich vorübergehend im Raum Nizza und Cagnes-sur-mer ansiedelten, gehörten Otto Zoff, Alfred Neumann, Kurt Wolff, Walter Hasenclever und Franz Blei. Aus Italien kam auch der junge Sozialist Albert Otto Hirschmann nach Frankreich, der unter den Decknamen »Beamish« und »Albert Hermant« eine tragende Rolle in Varian Frys Hilfsorganisation spielen sollte, die im Marseille der Jahre 1940/41 für zahllose Künstler, Intellektuelle und Wissenschaftler die letzte Hoffnung auf eine Flucht aus Ausweglosigkeit und Bedrohung darstellte.

Der Schriftsteller Alfred Neumann zählte zu den wenigen finanziell Privilegierten, denen die Einkünfte aus ihren Büchern einen gehobenen Lebensstandard

---

[112] Klaus Voigt, Zuflucht auf Widerruf, S. 406.
[113] Klaus Voigt, Deutsche und österreichische Flüchtlinge aus Italien im Département Alpes-Maritimes 1938–1940. In: Grandjonc/Grundtner (Hrsg.), Zone der Ungewißheit, S. 107ff.

erlaubten und von den bedrückenden Alltagsproblemen der Emigration befreiten. Als international anerkannter Romanautor, Dramatiker und Verfasser von Film-drehbüchern brachte er es allein in den viereinhalb Jahren seines italienischen Exils auf 23 Ausgaben seiner Bücher in acht Sprachen und auf noch weit mehr Auflagen. Neumann war auch Vertrauensmann der 1936 auf Initiative von Hubertus Prinz zu Loewenstein gegründeten *American Guild for German Cultural Freedom*.[114]

Der Rechts- und Staatswissenschaftler Loewenstein hatte schon früh unter anderem durch seine Mitarbeit an Theodor Wolffs *Berliner Tagblatt* sowie durch seine öffentlichen Auftritte wider den Nationalsozialismus den offenen Haß der Nazis, namentlich den von Joseph Goebbels, auf sich gezogen. Seine zahlreichen Bemühungen, nach seiner Flucht einen breit angelegten Widerstand außerhalb Deutschlands zu organisieren, führten 1936 in New York zu den Gründungen der *American Guild* und der *Deutschen Akademie der Wissenschaften und Künste im Exil*. Zu deren Gründungsmitgliedern gehörten u. a. Max Reinhardt, Otto Klemperer, Lion Feuchtwanger, Heinrich Mann, Sigmund Freud, Franz Werfel, Ernst Toller, Albert Einstein; das Präsidentenamt übernahm Thomas Mann. Unterstützung fand Prinz zu Loewenstein, der in beiden Organisationen als Generalsekretär fungierte, in einflußreichen Persönlichkeiten des amerikanischen Universitäts-, Kultur- und Politiklebens.[115]

Anfang 1938 nahm die *American Guild* ihre praktische Arbeit auf – in dem Jahr, in dem sich durch neue Flüchtlingsströme aus Österreich, Italien und schließlich aus der Tschechoslowakei die Lage der deutschen Emigration noch einmal rapide verschlechterte. Durch die Vergabe von Arbeitsstipendien sollte einer möglichst großen Zahl von notleidenden Schriftstellern ein Grundbestand ihrer Existenz gesichert werden.

Nachdem die erste Liste mit zwölf Stipendiaten im Januar 1938 angenommen worden war, bat Loewenstein Neumann, ihm weitere hilfsbedürftige Künstler und Wissenschaftler zu nennen.

Hubertus Prinz zu Lowenstein an Alfred Neumann[116]

9. Mai 1938

Lieber Herr Neumann,
Herzlichen Dank für Ihren Brief vom 4. Mai. Ich habe eben meine neue Vorschlagliste, die 16 Namen umfasst, nach Amerika gesandt und wenn mir die durchgeht, dann werde ich ungefähr 60 Schriftsteller und Wissen-

---

[114] Vgl. Klaus Voigt, Zuflucht auf Widerruf, S. 411ff.
[115] Vgl. allgemein dazu: Werner Berthold, Deutsche Intellektuelle im Exil.
[116] Monacensia, Stadtbibliothek München. Archiv Alfred Neumann.

Voted Feb. 2 8 / 38

✓ = money... ...
✗ = Receipts... hand

List of Scholarship Awards

		Amount	March	April	May	1938
1.	Walter Mehring 6, Rue Monsieur le Prince Paris VIe/France	30.--				
..	Wilhelm Speyer c.o.Pierre Speyer 5,Rue Angelle Neuilly sur Seine,France	30.--				
..	Alfred Polgar Urbon Hotel Zürich/Switzerland	30.--				
4.	Joseph Roth c.o.Das Neue Tagebuch 80,Blvd.Faubourg St. Honore Paris, France	30.--				
5.	Uriel Birnbaum Sauberandstrasse 61a Wien XIII,Austria	30.--				
6.	Dr. Franz Blei Vicole del Cionfo 6 Firenze 6,Italy	30.--				
7.	Magnus Henning Seefeld, Tirol,Austria	30.--				
8.	Dr. Julius Berger 10,Rue Sommerad Paris V,France	30.--				
9.	Mme. Annette Kolb 31,Rue Casimir Perrier Paris VII,France	30.--				
10.	Dr. Gerhard Hermann c.o.Frau Bobe ... Praha 3,Czechoslovakia	30.--				
11.	Hans Reisiger Hotel Wetterstein Garmisch, Austria	30.--				

All Possible Payments Completed

G. F. B.

Stipendiatenliste der Amguild, 28.2.1938

schaftler haben, die regelmäßige Arbeitsbeihilfen bekommen. Von Ihren Vorschlägen habe ich die folgenden auf die Liste setzen können: Efraim Frisch, Elisabeth Castonier, Victor Wittkowski, Arthur Neisser.

99

An Victor Wittkowski habe ich eben geschrieben und ihm frs. 320 gesandt. Wie gerne wollte ich, dass es mehr sein könnte!
Ich freue mich sehr darauf, Sie bald kennen lernen zu dürfen und bin mit herzlichsten Grüssen
Ihr aufrichtiger

Hubertus Loewenstein

Alfred Neumann an Hubertus Prinz zu Loewenstein[117]

Fiesole – Florenz
Villa San Marino   24. Juni 1938

Lieber Prinz,
Franz Blei war gestern bei mir und bat mich, auch meinerseits ein Stipendium für *Otto Zoff* zu unterstützen. Ich tue nichts lieber als das; denn hier ist wieder mal ein wirklich Würdiger, ein sehr feiner Epiker und Dramatiker, ein franziskanischer Geist (sein Roman »Der Winterrock« war für mich eines der schönsten Nachkriegswerke der – damals – jüngeren Generation: heute ist Zoff wohl gegen fünfzig). Ausserdem ist Otto Zoff ein alter Kamerad von mir: wir waren beide in den ersten Nachkriegsjahren Dramaturgen der Münchner Kammerspiele. Durch das Aufhören Oesterreichs ist der oesterreichische Katholik Zoff in Not. Seine Verträge mit oesterreichischen Verlagen wurden aufgehoben, er hat nichts mehr zu leben. Ich plädiere sehr, das Gesuch für ihn mit einem Dringlichkeitszeichen zu versehen.
Ach Gott, und Franz Blei selber, der bald siebzigjährige? So tapfer er sich durchschlägt und so bescheiden er ist: ich fürchte, ich werde Ihnen bald mit ihm kommen müssen […]
Ihnen und der Prinzessin die herzlichsten Grüsse
meiner Frau und stets Ihres

[Alfred Neumann]

Wo sind Sie im Sommer?

Franz Blei

Der Essayist, Herausgeber und Übersetzer Franz Blei lebte bis zum Ausbruch des Spanischen Bürgerkriegs auf Mallorca. Als er die Insel verlassen mußte, kehrte er für kurze Zeit nach Wien zurück, von wo er nach dem Einmarsch Hitlers

---

[117] Monacensia, Stadtbibliothek München. Archiv Alfred Neumann.

erneut fliehen mußte. Im Alter von 67 Jahren kam Blei völlig mittellos in Italien an; er fand Unterstützung bei Rudolf Borchardt, in dessen Haus in Saltocchio bei Lucca er vorübergehend wohnen konnte.

In freundschaftlicher Beziehung zu Franz Blei standen auch Annette Kolb und René Schickele. Blei, der in den Jahren vor, während und nach dem Ersten Weltkrieg als Herausgeber und Redakteur an zahlreichen ambitionierten Zeitschriftenprojekten beteiligt war und als einer der Entdecker und ersten Förderer Robert Walsers und Franz Kafkas gelten kann, war auch für Annette Kolbs Werdegang nicht ohne Verdienst. In seiner meist nicht sehr pietätvollen Art schreibt Schickele im November 1938 an Annette Kolb:

René Schickele an Annette Kolb[118]

15, rue du Pavillon [Vence]

6.XI.38

Liebste Annette, ich bin sehr bekümmert, dass Du nicht schreibst.
Du bist doch nicht eingeschnappt wegen meiner Bemerkungen über dein Stück?

Das wäre schlimm. Nähme mir allen Mut für die Zukunft als Gutachter Deiner Pläne.

Skizziere den 3. Akt. Dann machen wir weiter, d. h. ich sage Dir, welchen Ausweg ich sehe. Verstehe: wenn ich anfange, selbst zu schreiben, dann *müsste* ich das ganze machen, schlecht und recht, aber jedenfalls nach meiner Façon – und das willst du ja nicht. Lion, der von Geburt ein »Flikker« ist, wäre da besser gewesen – in allem Ernst.

Ich hörte heute, dass Blei bei Borchardt in Lucca sitzt und nach Frankreich möchte. Giraudoux hat ihm ein Visum verschafft, aber nun fehlt das Reisegeld. Und was wird weiter, wenn er nun in Cagnes wohnt? Ein Schnorrer mehr im Land. Wäre es nicht besser er bliebe in Lucca? Andererseits – Gott, dass keiner von uns Geld hat!!

Schreibe, *bitte!*
Und sei umarmt von

Deinem
R.

Annette Kolb, die inzwischen auch von Borchardt selbst über Blei unterrichtet worden war, wandte sich in ihrer Besorgnis schließlich an Alfred Neumann.

---

[118] Annette Kolb/René Schickele, Briefe im Exil, S. 342.

Annette Kolb an Alfred Neumann[119]

21 rue Casimir Périer
Paris 7

24.XII.38

Sehr geehrter Herr Neumann
So oft höre ich von Ihnen, aber sehen tun wir uns nie. Nun denke ich am
28. nach Vence auf 10 oder 12 Tage zu fahren und vielleicht kommen wir
bei Schickeles einmal zusammen. Es ist nicht der Grund meines Schreibens – sondern dieser Brief von Borchardts – hat man denn noch Zeit in dieser Epoche für einander? das ist heute schon ein Glücksfall nicht wahr. Ich
vermute Sie mit noch mehr Anliegen überhäuft als ich es bin, und doch kann
ich sie kaum bewältigen. Blei ist ein besonderer Fall. Giraudoux verschaffte
ihm die Einreise und jetzt fehlt ihm das Geld dafür. Ich schreibe an verschiedene Freunde, auch in Italien. Aber werden sie »funktionieren?« In Italien
ist er unbekannt. Kurz: es ist ein Fall, den wir nicht auf sich beruhen lassen
können. Er wollte nach Cagnes wo er billig leben könnte. In Lucca ist offenbar kein Bleiben mehr für ihn. Borchardts sind glaube ich auch in gar keiner
günstigen Lage. Falls eine Collecte gestartet werden könnte für ihn würde ich
natürlich alle Hebel in Bewegung setzen. Sagen Sie mir doch Ihre Ansicht!
Ab 29. bin ich täglich 15 rue du Pavillion Vence bei Schickeles, wenn auch im
Hotel wohne, dessen Name ich aber nicht weiss. Sein Telefon ist 293.
            Alles mögliche Gute! Alle Wünsche von Ihrer Annette Kolb

Im März gelang Blei die Ausreise nach Südfrankreich. Er ließ sich vorerst in
Cagnes-sur-mer nieder, wo er nun mit Unterstützung der *American Guild* an
seinem Essayband *Zeitgenössische Bildnisse* arbeiten konnte, der schließlich im
November 1939 bei Allert de Lange erschien. Seine Lebensumstände blieben jedoch bedrückend.

Franz Blei an Annette Kolb[120]

Cagnes s./m. »La Goulette«   16.10.39

Liebste Annette, ich bin in vereinfachendere Verhältnisse umgezogen, in
gemeinsames Dach und Menagiere mit Freunden. – Der Krieg ist vor Weihnachten dieses Jahres zu Ende, was auch das Ende der Nazis bedeutet. Und

[119] Monacensia, Stadtbibliothek München. Archiv Alfred Neumann.
[120] Monacensia, Stadtbibliothek München. Archiv Annette Kolb.

einen hundertjährigen Frieden. – Alle deine Korrekturen im Buch habe ich berücksichtigt; ich habe keine Nachricht von Landauer, ob es jetzt erscheinen wird; ich glaube schon. Ich habe ihn vor 4 Tagen um die zweite Rate fürs erste Tausend gebeten, die am 1. November fällig ist. Aber ich bin so sehr im Mangel aller Geldmittel, dass mir nichts anderes übrig blieb als L. um Verkürzung dieses Zahltermins zu ersuchen. – Von Peter in Frankfurt a. M. hatte ich die letzte Nachricht am 20. August. Ich bin sehr in Sorge um ihn, dass man ihn zum Militär einzieht. Peters Mutter wird den Rest von Verstand verlieren wie mir Billy aus Lissabon schreibt. (am 30. August.) Herzlich

Dein Bl

Nach einer Herzattacke, Weihnachten 1940, traf Blei im Mai 1941 bei seiner Tochter in Lissabon ein. Franz Blei starb 1942 in New York.

Walter Mehring I

Ein anderer Autor, für den die finanzielle Unterstützung der *American Guild* lebensnotwendig geworden war, und der sich wie Blei schließlich in Südfrankreich wiederfinden sollte, war Walter Mehring.

Der Schriftsteller, Journalist und Kabarettist Mehring gehörte zu den bekanntesten Literaten der Weimarer Republik. Als Sozialist, Pazifist und Spötter der Rechten war er neben Kurt Tucholsky und Erich Mühsam aber auch einer der meistgehaßten Intellektuellen des Dritten Reiches.

Mehring, der sich seit 1934 hauptsächlich in Österreich aufgehalten hatte, floh im März 1938 nach dem Einmarsch von Hitlers Truppen in Wien mit Hilfe der Schriftstellerin Hertha Pauli nach Paris. Nachdem die Gestapo bereits in der ersten Nacht versucht hatte, ihn in seinem Hotelzimmer zu verhaften, war dies seine zweite Flucht in letzter Sekunde – eine dritte und eine vierte sollten folgen.

Walter Mehring

In Paris wohnten Mehring und Pauli im *Hôtel de l'Univers*, dasselbe Hotel, in dem auch ihr gemeinsamer Freund Ödön von Horvath im Mai 1938 abstieg, um sich wegen eines Filmkontrakts für seinen Roman *Jugend ohne Gott* mit dem Regisseur Robert Siodmak zu treffen. Die Erinnerungen an diese Konstellation, an Horvaths Tod und an die gemeinsame Flucht durch Frankreich, hat Hertha Pauli in ihren Erinnerungen eindringlich beschrieben.

Im Juni 1938 schildert Mehring in einem Brief an Erika Mann die Umstände seiner Flucht aus Deutschland im Jahre 1933, ein Brief, der noch einmal deutlich macht, unter welcher Bedrohung viele Literaten nach Hitlers Machtergreifung das Land verlassen mußten.

Erika Mann, die Mehring unter anderem durch dessen Mitarbeit am Programm ihres Kabaretts *Die Pfeffermühle* kannte, arbeitete zu diesem Zeitpunkt mit ihrem Bruder Klaus an dem gemeinschaftlichen Buchprojekt *Escape to life*. Ein Teil der Schilderungen aus Mehrings Brief wurde dort wiedergegeben.

Walter Mehring an Erika Mann[121]

Liebwerte Dame,
verzeihen, dass ich erst heute antworte – aber wir mussten erst Horvath bestatten. Und da er mir nah war, auch im gleichen Hotel gehaust hat – da die Eltern, der Bruder, eine Freundin, Zuckmayers alle hier im Hotel einzogen, da viele tief erschüttert zur Kondolenz erschienen, Freunde und solche, die der Verstorbene zu Lebzeiten nicht hat schmecken können, so gab's Unruhe Tag für Tag.
Doch ich soll Ihnen über anderes berichten.
Also Berlin 33 ...
Nein, ich habe in Berlin nichts mehr von den Verhaftungen, nicht einmal den Reichstagsbrand erfahren – ihn auch nicht entzündet. Am Sonntag (den 26. Februar) erschien bei mir ein Herr des Auswärtigen mit der Warnung, im Laufe der Woche würde etwas »passieren«, ich solle also fort. (Siehe Ossietzkyartikel)
Noch malad von einer Grippe hatte ich in der letzten Versammlung der ›Liga für Menschenrechte‹ gesprochen – improvisiert, da die angemeldeten Redner sich schon drückten ... – im Cabaret der Komiker – als Antwort kam ein Artikel des ›Völkischen‹: W.M. spricht vor dem Wurf geiler Jüdinnen« ... mit der Aufforderung, mit mir ›abzurechnen‹.
Nach der Ossi-unterredung:
Ich las zufällig in der Zeitung, dass ich abends im Schutzverband zu sprechen habe; in einem Raum über einem Café am Bayrischen Platz, wo sich unsere von dem schon durch Ewers gleichgeschalteten Verband abgespaltene Gruppe zu treffen pflegte.
Um halbacht.
S.A., die Passanten zum Hitlergruss zwang, hielt mich auf – so kam ich verspätet; eintretend ins Café sah ich S.A. die Treppe hinaufstieben,

[121] Monacensia, Stadtbibliothek München. Erika Mann Archiv, EM B 150.

dachte, ich müsse nicht dabei sein, wartete; gleich darauf erwischte mich ein Kollege, mir dem Namen nach nicht bekannt, vom Vorstand, mit der Meldung, man wolle mich verhaften, laut einem Schutzhaftbefehl (die hatte der Olle, der Hindenburg, signiert als Massnahme des Reichstagsbrandes, der um 8 Uhr stattzufinden hatte …) ich frech wie immer setzte eine Beschwerde an die Zeitungen auf, suchte die Redactionen – vergeblich – zu erreichen. Wurde nochmals gewarnt. Als ich das Café verliess, war es zerniert von wohlgezählten 42 Mann Hilfspolizei (mit Hakenkreuzbinden)

– Kommen Sie vom Mehringvortrag?

– Ich von einem Vortrag? Niemals! Ich hab Kaffé getrunken!

– Kennen sie den Mehring?

– Wen …?

Worauf ich verduften konnte; mit Taxi heim, den Koffer gepackt, den man mir zu Bekannten – in einen kleinen Laden – nachbringt – zum Bahnhof quer durch singende S.A.

Köln früh, Bahnhofshalle, voller Besoffener vom Rosenmontag; ein langer kostümierter Kerl torkelt gegen meinen Tisch, stösst die Tasse um, hat im Mantel gross eine Zeitung stecken: Der Reichstag in Flammen! Die Rosenmontagsblätter Kölns pflegen Aprilscherze zu veröffentlichen – Blöder Witz in solcher Zeit – es war keiner!

In Aachen vermied ich die deutsche Kontrolle, indem ich aus dem anfahrenden Zug, dem Bahnhofsvorstand einen Brief an den mir komplett unbekannten Haniel, den grossen Mann von Aachen, dictierte. In Paris erfuhr ich Ahnungsloser von Morus die Verhaftungen Ossi, Mühsam etc auch die meine, die schon mitgemeldet war.

Verlust: mein Bargeld, die halbe Bibliothek (die andere Hälfte hab ich nun in Wien verloren), drei fertige Manuscripte – Briefe von Fontane an meinen Vater, an mich von Rilke, Harden, Tucholsky, Heinrich Mann und ach! Gottfried Benn – der letzte 8 Seiten lange Brief an mich, eine Woche nach des Führers Eintritt in die Firma über das Thema: alles läuft der Heerde nach! Passen Sie auf, wie sie (sic!) mit fliegenden Fahnen übergehen! Das einzig Gute Jetzt wird sich zeigen, wer Gesinnung hat …

Wien: ich mit meinem Staatenlosenpapier; aber ich füge das deutsche Manuscript an, das ich für einen französischen Canard darüber verfasst habe … Da steht es janz jenau …

Voilà à peu près tout!

Und gehorsamste Empfehlungen

stets der Ihrige

W. Mehring

Hotel de l'Univers
rue Monsieur le Prince 63
Paris VI
Datum hab ich vergessen

Mehring, der völlig mittellos nach Frankreich gekommen war, fand sich schnell in einer desolaten und angespannten Lage. Einige Zeit später wandte er sich erneut an Erika Mann mit der Bitte, sich für seine Ausreise nach Amerika einzusetzen.

Walter Mehring an Erika Mann[122]

Liebe und verehrte Erika Mann,
diese Zeilen, die Ihnen der Maler Ades übermitteln wird – I hop [sic] so – sollen Ihnen kund und zu wissen tun, daß es um mich und die abendländische Kultur sehr schlecht bestellt ist. Was diese betrifft, so lesen Sie alles Nähere darüber nach in: Moses Pentateuch, Abschnitt: Loth. Was mich betrifft, so wird Ihnen Maler Ades rührende Details aus meiner Biographie, Ausgabe letzter Hand, mitteilen. Ich weiß, daß es verwegen ist, wenn ich bitte: man möge mich in die Staaten herüberholen – aber in solcher Zeit kann man nicht mehr die gepflegten Umwege der Civilisiertheit begehen. Ich bitte Sie, tun Sie, was das Herz Ihnen eingibt – verwenden Sie sich, wenn möglich, bei Thomas Mann für
Ihren
an Bord des Wrackes Europa befindlichen,
doch Ihnen weiterhin
ergebenen
Walter Mehring
63, rue Monsieur le Prince
Hôtel de l'Univers
Paris VI

P.S. Falls diese Zeilen zuerst in die Hände von Klaus Mann gelangen sollten, möge der Empfänger die Überschrift leicht retouchieren!

Die einzige Einnahmequelle Mehrings in Frankreich war ein Stipendium der *American Guild*. Seit Februar 1938 erhielt er eine monatliche Zuwendung von 30 $, deren Laufzeit mehrmals um drei Monate verlängert wurde.[123]

---

[122] Monacensia, Stadtbibliothek München. Erika Mann Archiv, EM B 150.
[123] Werner Berthold, Deutsche Intellektuelle im Exil, S. 456.

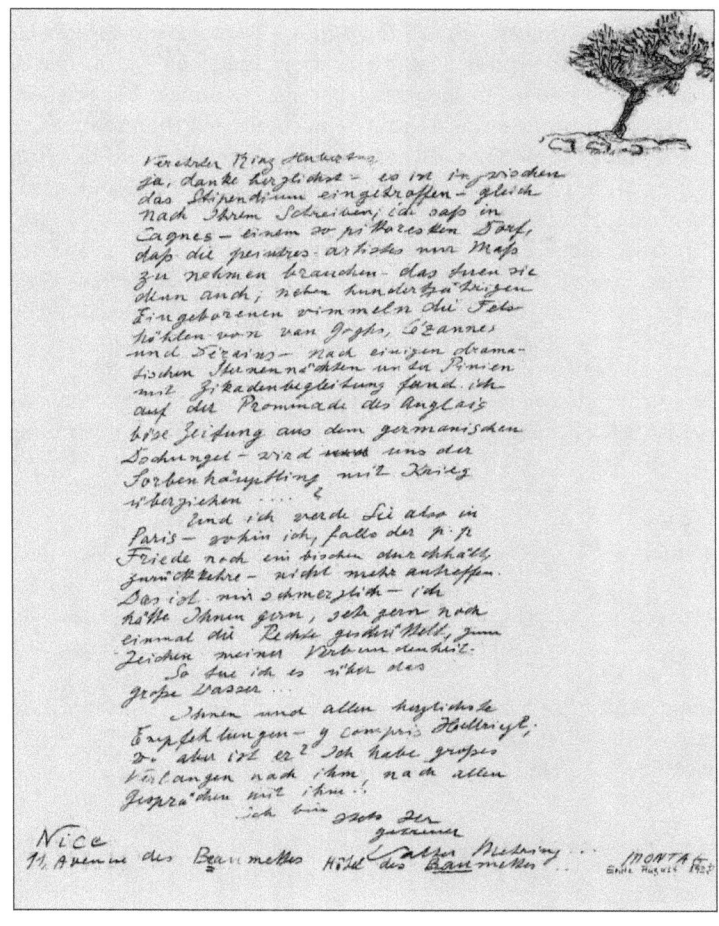

Walter Mehring an Prinz zu Loewenstein, Ende August 1938

Walter Mehring an Hubertus Prinz zu Löwenstein[124]

Verehrter Prinz Hubertus,

ja, danke herzlichst – es ist inzwischen das Stipendium eingetroffen – gleich

[124] Deutsches Exilarchiv 1938–1945, Die Deutsche Bibliothek, Frankfurt a. M. EB 70/117. Vgl. Abdruck in ebd., S. 457.

nach Ihrem Schreiben; ich saß in Cagnes – einem so pittoresken Dorf, daß die peintres-artistes nur Maß zu nehmen brauchen – das tuen sie denn auch; neben hundertjährigen Eingeborenen wimmeln die Felshöhlen von van Goghs, Cézannes und Dérains – nach einigen dramatischen Sternennächten unter Pinien mit Zikadenbegleitung fand ich auf der Promenade des Anglais böse Zeitung aus dem germanischen Dschungel – wird uns der Sorbenhäuptling mit Krieg überziehen …?

Und ich werde Sie also in Paris – wohin ich, falls der p. p. Friede noch ein bischen durchhält, zurückkehre – nicht mehr antreffen. Das ist mir schmerzlich – ich hätte Ihnen gern noch einmal die Rechte geschüttelt, zum Zeichen meiner Verbundenheit …

So tue ich es über das große Wasser …

Ihnen und allen herzlichste Empfehlungen – y compris Hoellriegel, wo aber ist er? Ich habe großes Verlangen nach ihm, nach allen Gesprächen mit ihm …

Ich bin

stets Ihr

getreuer

Walter Mehring

Nice Avenue des Beaumettes Hôtel des Baumettes […] MONTAG

[Ende Aug. 1938]

Als das Stipendium im Februar 1939 endgültig auslief, setzen sich Erika Mann und – nur wenige Tage vor seinem Selbstmord – auch Ernst Toller mit Nachdruck bei Hubertus Prinz zu Loewenstein für Walter Mehring ein.

Erika Mann an Hubertus Prinz zu Loewenstein[125]

Erika Mann
The Bedford
118 East 40th Street
New York

May 11, 1939

Prince Hubertus zu Loewenstein
American Guild for German Cultural Freedom
20 Vesey Street
New York City

---

[125] Deutsches Exilarchiv 1933–1945, Die Deutsche Bibliothek, Frankfurt a. M. EB 70/117.

Dear Hubertus,

Mr. Lothar Metzl, young Austrian writer and dramatist, is extremely eager to get the »Guild« fellowship for 3 months. As I am told, Dr. Bermann-Höllriegel is sponsoring his request, and Mr. Metzl asks me to be his second sponsor in this affair. I know Mr. Metzl as a talented playwright and as one of the foremost authors at the »Literatur am Naschmarkt«, and since he is here trying to start a new life without any financial help, it may be worth-while giving him a chance.

 Yours very cordially

Erika Mann

P.S. I just got the invitation for the »Guild« meeting on Tuesday and shall be very glad to come.

P.S. 2. I hear that *Walter Mehring* is starving again and that *Ernst Toller* is recommending him again. Should there be a choice between Metzl and Mehring, I think Mehring to be *more* important and would like to be his second sponsor, rather than Metzl's! yours E. M.

Ernst Toller an Hubertus Prinz zu Loewenstein[126]

The Mayflower
Fifteen Central Park West
New York

May 13th 1939

American Guild for German Cultural Freedom
20 Vesey Street
New York City

Verehrter Prinz Loewenstein,

zuverlaessige Freunde berichten, dass der Schriftsteller Walter Mehring sich in groesstem Elend befindet und nahe dem Verhungern ist.
Ich brauche Ihnen nicht zu sagen, wer Walter Mehring ist.
Wie ich hoere wird die Frage eines Stipendiums fuer ihn erörtert. Ich empfehle ihn aufs waermste und dringendste.

 Mit herzlichen Gruessen
 Ihr ergebener

Ernst Toller

---

[126] Deutsches Exilarchiv 1933–1945, Die Deutsche Bibliothek, Frankfurt a. M. EB 70/117.

Noch einmal wurde für drei Monate bis August 1939 eine Arbeitshilfe gewährt. Als der Krieg ausbrach, befand sich Mehring noch immer in Paris. Hertha Pauli erinnert sich: »Unser Kreis war geschrumpft. Zwei neue Freunde besuchten Mehring und mich manchmal an den langen Abenden im Hotel; die beiden Schriftsteller Ernst Weiss und Hans Natonek stammten aus der Tschechoslowakei und waren schon über das militärpflichtige Alter hinaus. Deshalb befanden sie sich auf freiem Fuß.«[127] Während sich der siebenundfünfzigjährige Ernst Weiss beim Einmarsch der deutschen Truppen in Paris das Leben nahm, flohen Natonek, Pauli und Mehring am 11. Juni 1940 aus der sich in Auflösung befindenden Stadt.

Kurz zuvor hatte sich Mehring noch einmal in holprigem Französisch an Klaus Mann gewandt. Durch ein Engagement in den Filmstudios von Hollywood, wo im Laufe der Exiljahre mehrere Autoren – meist durch Hilfsfonds – eine Stelle als Drehbuchschreiber erhielten, hoffte Mehring seine Chancen auf ein amerikanisches Visum zu erhöhen. In dem Schreiben an Klaus Mann dominiert jedoch Mehrings verzweifelte Situation in Frankreich. So war ein gültiger Filmkontrakt für den Staatenlosen Mehring scheinbar die einzige Möglichkeit, von den französischen Behörden einen *titre de voyage* zu bekommen, eine Art Ersatzausweis, der für viele Emigranten häufig das einzige Ausweispapier darstellte.

Walter Mehring an Klaus Mann[128]

Hotel de l'univers
63 rue Monsieur le Prince
Paris VI

31. Mai 40

Dear Klaus Mann,
merci pour votre lettre! Or, l'essentiel est, qu'un contrat en règle sera envoyé par Clipper à l'Ambassade à Paris.
Le Titre de voyage, je l'aurais ici – on ne me ferait pas des difficultés …
On m'avait télégraphié – il y a trois semaines, de Hollywood … par Dieterle … que la Ligue des écrivains américains me donnerait bientôt de ses nouvelles. Pourriez-vous vous renseigner, où l'on en est?
Dans quel état de fatique, disons comme cela, je me trouve, vous pouvez le déviner vaguement, approximativement …
Dans l'espoir de recevoir encore votre réponse, en vous priant de dire mes hommages à Mme. Erika M. et, si possible, de parler à Thomas Mann, je suis le vôtre

Walter Mehring

F. B.

[127] Hertha Pauli, Der Riss der Zeit, S. 152.
[128] Monacensia, Stadtbibliothek München. Klaus Mann Archiv.

3. In der Falle

Practically everybody who in world opinion had stood for what was currently
called German culture prior to 1933 is now a refugee.[129]

So gut wie jeder, der vor 1933 das repräsentierte, was man weltweit unter
deutscher Kultur verstand, ist heute ein Flüchtling.

Dorothy Thompson

Internierung. »Der Teufel in Frankreich«

Am 1. September 1939 beginnt der deutsche Angriff auf Polen; am 3. September erklären Frankreich und England dem Deutschen Reich den Krieg.
Da waren manche der ersten deutschen Bewohner von Sanary schon in Amerika
gelandet. Bruno und Liesl Frank z. B. waren 1937 in New York angekommen:
»Franks Ankunft haben wir insofern sehr grossartig gestaltet, als wir ihnen,
mit einem Journalisten-Papier, bis in die Quarantäne-Zone, also weit aufs Meer
hinaus entgegenfuhren. Bruno weinte bitterlich vor Freude«[130], berichtete Klaus
Mann an seine Mutter.

Thomas und Katia Mann befanden sich seit September 1938 in Princeton,
waren im Moment des Kriegsausbruchs aber gerade auf einer Reise zum PEN-
Kongress in Stockholm, begleitet von Erika. Klaus schrieb in Hollywood in sein
Tagebuch:

»1.IX. (39) [...] Nachts um 1 Uhr, die *Hitler*-Rede aus Berlin. Matter, schäbiger, *elender* noch als zu erwarten war. The unsuccessful crook. *This is the
end ...* Angst, Hoffnung, Beben. Äusserste Spannung. Immer am Radio. Oft
den Tränen nah. Sorge um E. und Eltern den nach Schweden Verschlagenen. ...
Ungewiss auch wegen der eigenen Pläne«[131]

In ganz Frankreich wird der Kriegsausbruch sofort von umfangreichen Maßnahmen gegen die nunmehr »feindlichen« und unerwünschten Ausländer begleitet.
Die Angst vor deutschen und österreichischen Spionen (»Hitlers fünfte Kolonne«)
nimmt hysterische Züge an; die Bürgermeister werden dazu angehalten, die bei
ihnen wohnenden Fremden auf ihre Loyalität zu prüfen, was sie vor unlösbare
Probleme stellt, wenn sie nicht, und das kommt eben auch vor, den Mut haben, die
in ihrem Ort befindlichen Flüchtlinge zu schützen – so weit es eben geht.

[129] Dorothy Thompson, zitiert nach Klaus Mann, Der Wendepunkt, S. 377.
[130] Monacensia, Stadtbibliothek München. Klaus Mann Archiv.
[131] Monacensia, Stadtbibliothek München. Klaus Mann Archiv.

Aufruf der französischen Regierung für die »feindlichen« Ausländer September 1939: Männer zwischen 17 und 65 Jahren müssen sich in Sammellagern einfinden.

Es beginnt ein »Papierkrieg«, der relativ harmlos anfängt und in den nächsten zwei Jahren existentielle Ausmaße annimmt – es kommt vor, daß ein Ausreisevisum aus Frankreich über Leben und Tod entscheidet; für alle Emigranten, die durch die Ausbürgerung aus Deutschland oder durch den Verfall ihres Passes staatenlos geworden sind, kann die absurde Situation entstehen, daß ein Ausweisungsschein besser ist als gar kein Papier. Der erste Schritt der französischen Regierung betrifft die Internierung der Ausländer »ressortissants ennemis«, also der feindlichen Ausländer, und speziell der aus dem deutschen Reich stammenden, und das gilt in dieser ersten Verordnung für alle Männer von 17 bis 50 Jahren; das Alter wird nach kurzer Zeit auf 65 Jahre erhöht.

Aus dem Tagebuch von Wilhelm Herzog, Sanary 1939:

1. September 1939: Hitler bombardiert Warschau. Treffen Werfel und Frau im »Café Nautique«. Behält Spengler recht? Ist dies der Untergang des Abendlandes? – Die Schwerfälligkeit der Demokratien kann ihr Tod sein. Verhängnisvoll – ihre Passivität.

14. September 1939: Werfel ist nach Marseille gefahren, um sich als Tschechoslowake zu stellen.

15. September 1939: »Café Lyon«. Werfel kommt. Wird noch andauernd von Geheimpolizei heimgesucht. Gestern und heute früh. Wegen eines blöden Telegramms von Emil Ludwig. Wir sprechen über Heinrich Mann, Wedekind, Feuchtwanger. Werfels Wohnung in der Tour grise – monatlich nur 1000 Francs – er will nicht vor 14 Tagen nach Paris gehen. Neue Aufregung: Alle Männer d'origine allemande bis zu 70 Jahren sollen in ein Konzentrationslager gebracht werden. Fraglich, ob auch Werfel (als deutscher Tscheche).

18. Oktober 1939: bei Franz Werfel im Sarazenenturm. Madame Werfel besonders herzlich, sehr natürlicher Mensch, sehr impulsiv. […] Werfel führt mich in sein Turmzimmer. Zwölf Fenster. Ringsum sieht man das Meer, die Landschaft, die Berge. Er dediziert mir sein eben erschienenes Buch: »Gedichte aus dreißig Jahren« mit folgender Widmung: »W.H. in treuer Erinnerung an alte gemeinsame Kampfzeiten. Franz Werfel in der VII. Woche des zweiten Krieges unseres Lebens.«

Mit Werfel meinen Plan besprochen für eine Huldigung an Zola, zu dessen 100. Geburtstag am 2. April 1940!

22. Oktober 1939: […] Frau Werfel sagt, sie habe retten können: die

Der Sarazenenturm von Werfels

115

Originalpartitur einer Symphonie von Bruckner und Mahlers Originalmanuskripte. [132]

Im Januar 1940 ist Franz Werfel immer noch in Sanary, und wenn es nach ihm ginge, so scheint es, würde er am liebsten auch dort bleiben, wie er an seinen Freund Willy Haas schreibt, Herausgeber der *Literarischen Welt* bis 1933, der nach Indien geflohen ist:

Franz Werfel an Willy Haas[133]

ecrit en allemagne
Sanary s.m. (Var)

Moulin gris – 2/1 1940

Liebster Willy
Endlich ein Zeichen vor Dir! Ich bin sehr glücklich, Dich in Bombay zu wissen und zu hören, daß du das rechte getroffen hast und Dich wohl fühlst und mit der Arbeit zufrieden bist.
Wir indessen in Europa haben Einiges erlebt. Ich selbst habe mich zur tschechosl. Armee gemeldet, bin aber nach der Musterung [...] für die nächste Zeit zurückgestellt worden. Manche von unsern Bekannten sind in Sammellagern konzentriert. Hasenclever ist wie ich höre frei. Was mit mir geschehen wird, weiß ich noch nicht. Die Universität von Texas stellt mir eine Professur in Aussicht. Aufrichtig gesagt, möchte ich viel lieber in Frankreich bleiben, dessen Land und Volk ich so sehr liebe und wo ich mich wohl und fast zuhause fühle. Wir leben hier weiter in unserm umstürmten Turm. Leider hab ich in den letzten Monaten nicht arbeiten können, da meine Gesundheit schlecht ist und ich zu keiner Anstrengung fähig bin.
Der erste Brief, auf dessen Kopf ich 1940 schreibe, ist dieser hier an Dich. Das gilt mir als ein liebes Vorzeichen.

Alma Mahler und Franz Werfel

---

[132] Wilhelm Herzog, Menschen, denen ich begegnete, S. 440f.
[133] Deutsches Exilarchiv 1933–1945, Die Deutsche Bibliothek, Frankfurt a.M.

Vielleicht wirds schon das Jahr der Erlösung! Ich hoffe, daß Du mir *ausführlichst* antwortest, damit ich mir Dein Leben auch in den Einzelheiten vorstellen kann.

Gleichzeitig schreibe ich an den Verlag Bermann-Fischer, damit er Dir meine neuen Bücher zusendet. (»Gedichte« und »Der Veruntreute Himmel«, Roman.) Seit 34 Jahren hast Du jede gedichtete Zeile von mir sofort erhalten. Die Entfernung Indiens soll diesen treuen Brauch nicht abschaffen. Unser Leben ist härter und weiter geworden, als wir's uns einst erträumt hatten. Das Wesentliche aber ist unverändert. Sonderbar!

Vor allem, schreib ausführlich! Gott weiß, wann Du diesen Brief bekommst. Ich warte ungeduldig.

Dein alter

Franz Werfel

Alma grüßt Dich in alter Herzlichkeit

Wilhelm Herzog an Hermann Kesten[134]

Sanary (Var)
Villa Roge

6/März 1940

Lieber Herr Kesten,

Dank für Ihren Brief und vor allem für Ihre liebenswürdigen Worte der Anerkennung (und des Widerspruchs) für »Hymnen und Pamphlete«.

Ihren Zola-Beitrag müßte ich sogleich erhalten. Eigentlich sollte die Sammlung schon abgeschlossen sein.

Ihre letzten Aufsätze (über Gide und über Schickele) waren kleine Kabinettsstücke literarischer Kritik. Zu ihrer Konzentration, Wortwahl, geglückten Porträtierung – heute zum Besten gehörend, was es auf diesem Gebiet giebt (es giebt allerdings erschreckend wenig). Meisterleistungen. Bravo, bravissimo!

Der hiesige Feucht... wird immer grotesker. Klein-Zaches als Weltpolitiker.

Kein Forum, aber vielleicht eine »Arche Noah« wird entstehen. Und Sie dürfen mit hinein. Herzlich ihr

W. H.

Weder das NTB noch Willy M.'s »Z« haben bisher »H. u. P.« – [...] – würdigen können. Weder Zeit noch Raum! Dagegen E. Ludwig alias: Emil Süsswein.

[134] Monacensia, Stadtbibliothek München. Archiv Hermann Kesten.

Alle Männer deutscher oder österreichischer Herkunft, die in Südfrankreich und an der französischen Riviera lebten, wurden schon im September 1939 zum ersten Mal in der Ziegelei Les Milles bei Aix-en-Provence interniert. Das betraf die Flüchtlinge ebenso wie schon lange in Frankreich ansässige Kaufleute oder Ärzte, nazifreundliche Touristen ebenso wie orthodoxe Juden, Handwerker und Künstler. Der erste Schock für die Emigranten war groß, der Gedanke an deutsche Konzentrationslager ließ sie Schlimmstes befürchten, und daß gerade Frankreich die Hitlerfeinde auch als seine Feinde betrachtete, war alarmierend. Aber die erste Inhaftierung war nur ein Vorgeplänkel im Vergleich zu der späteren, nachdem die deutschen Truppen in Frankreich einmarschiert waren.

Alfred Kantorowicz, einer der Wortführer der politischen Emigranten in Paris (er war der Leiter des Schutzverbandes Deutscher Schriftsteller im Exil und Mitbegründer der Bibliothek der Verbrannten Bücher, der »Freiheitsbibliothek«), hatte im Spanischen Bürgerkrieg gekämpft und kam danach nach Südfrankreich. Er ließ sich in der Nähe von Le Lavandou in Bormes-les-Mimosas nieder, versehen mit einem von Thomas Mann vermittelten Stipendium und einem Dollarscheck von Hemingway, mit dem er sich in Spanien angefreundet hatte. Er wurde bei Kriegsausbruch sofort in Les Milles interniert, was er im Nachhinein als das kleinere Übel ansah, verglichen mit dem schrecklichen Lager Le Vernet in den Pyrenäen, in das fast alle militanten Antifaschisten und Kommunisten verbannt wurden.

Kantorowicz schreibt in seinem Buch *Exil in Frankreich* über seine Ankunft in Les Milles:

»Wir fuhren in den Hof eines umzäunten großen Gebäudes, der Ziegelei Les Milles, wie wir bald erfuhren. Wir stiegen von dem Wagen und traten in den Schatten der Mauer zurück. Es war noch sehr warm. Wir waren müde und hungrig. Die vor uns bereits im Gebäude Internierten sahen aus den mit Holzverschalungen gedeckten Fenstern neugierig zu uns hinunter. Man hatte ihnen gesagt, daß wir kriegsgefangene Nazis seien. Sie sollten, solange wir im Hof waren, nicht mit uns sprechen. Jedoch erkannten einige von ihnen, die ja gleichfalls zum überwiegenden Teil Emigranten waren, einige von uns wieder und riefen sie an – man merkte von Beginn an, daß Verbote in französischen Lagern nicht so genau genommen werden.

Das Datum unserer Einlieferung war der 17. September 1939. Es war Mittagszeit, Offiziere und Lagerbeamte waren beim Essen und durften nicht gestört werden. Von 12 bis 14 Uhr sind in ganz Frankreich alle Läden und alle Büros geschlossen. Die Mittagsruhe hat ihre unumstößliche Tradition, im Krieg wie im Frieden, gleichviel.

[...]

Um 2 Uhr nachmittags begannen die Beamten, unsere Ausweise zu prüfen. Es stellte sich heraus, daß Deutsche, die die französische Staatsangehörigkeit erworben hatten oder aus irgendeinem Grunde den französischen Behörden besonders vertrauenswürdig erschienen, als Sachverständige und Ratgeber dabei eine ausschlaggebende Rolle spielten. Ein blonder junger Mann sagte bei der Nennung meines Namens lachend: ›Ja, der ist nun wirklich ein Refugié.‹ Später stellte er sich mir vor: Es war der Schriftsteller Ernst Erich Noth, der schon vor Beginn der Emigration nach Frankreich gekommen war und dort mit Romanen wie ›Der Einzelgänger‹ (Un Homme à part) Erfolg und Anerkennung gefunden hatte.

[…]

In der dritten oder vierten Nacht nach unserer Einlieferung wurden wir geweckt, weil ein neuer Häftlingstransport erwartet wurde. Wieder sagten unsere Wachen, das seien alles Nazigefangene. Daran glaubten wir nach unseren eigenen Erfahrungen nicht mehr. Vielmehr nahmen wir an, daß es die Nachzügler, also die 50- bis 60-jährigen Emigranten sein würden, die etwa eine Woche oder 10 Tage nach uns aufgerufen worden waren, sich zu stellen. Unter ihnen hätten sich Feuchtwanger, Wolfenstein, Hasenclever, E.A. Rheinhardt, Franz Hessel, Ullmer und andere gute Bekannte befunden. Doch die kamen erst einige Tage später.

Statt dessen wurde eine Gruppe jüdischer Männer ins Lager gebracht, denen es gelungen war, nach jahrelangen Bemühungen für sich und ihre Familien ein chilenisches oder bolivianisches Visum zu erhalten (zu erkaufen, sagt man wohl richtiger), und die nach Erfüllung aller Formalitäten endlich ein italienisches Schiff in Genua hatten besteigen können, um der Verfolgung durch die Nazis zu entkommen. Dieses Schiff war von der französischen Kriegsmarine aufgebracht worden, und die unglücklichen Juden, soweit sie deutscher oder österreichischer Abstammung waren, stellten die Kriegsbeute der französischen Mittelmeerflotte dar. Von ihren Frauen und Kindern getrennt – wahrscheinlich für immer getrennt – wurden sie nun zurückgehalten bis zu dem Tage, da die Gestapo sie nach Osten abtransportierte. Ihre Lage war schwieriger als unsere, denn sie hatten keine französischen Behelfsausweise, sie wurden von den Franzosen nicht als Flüchtlinge anerkannt und behandelt, sondern als deutsche Kriegsgefangene betrachtet, weil sie noch im Besitz deutscher Reisepapiere waren. Zu solchen tragischen Paradoxien führte dieser von der Bürokratie gemanagte Krieg gegen die Emigranten.«[135]

Lion Feuchtwanger mußte bei dieser ersten Inhaftierungswelle auch nicht lange in Les Milles bleiben. Seine Frau Marta »begann sogleich eine Korrespondenz

---

[135] Alfred Kantorowicz, Exil in Frankreich, S. 43 ff.

mit den Behörden, mit der französischen, mit der englischen Regierung und mit dem PEN-Club. Ich betonte, daß Lion der meistgelesene zeitgenössische deutsche Autor der damaligen Zeit wäre, besonders im Ausland, und statt interniert zu sein, könnte er doch besser dazu verwendet werden, Propaganda gegen den Feind zu machen.«[136]

Daß solche Interventionen einen gewissen Erfolg hatten, konnte man immer wieder feststellen. Auch daran, wie es denen erging, die sich keiner Protektion erfreuten:

Alfred Polgar an Hermann Kesten[137]

P. le 21.10.39

Sehr verehrter Herr Kesten, von Leop. Schwarzschild höre ich, daß in dem Lager, das Sie, zu meiner großen Freude, endlich verlassen konnten, der arme Sahl sich befindet und daß es ihm, da kein Mensch sich um ihn bekümmert, auch psychisch sehr schlecht geht. Ich würde ihm gern ein Packet mit Lebensmitteln und ein paar Worte zukommen lassen, weiß aber nicht, wie und wo. Würden Sie so lieb sein, mir 10 Minuten Ihrer Zeit zu schenken, um mich zu beraten? N'importe quand et où. Meine Telefon-No.: Passy 71-60, von 4 bis 6h Nachmittags. Meine Adresse: Paris, 16e, 14 Rue du Commandant Marchand. Herzl. Ihr Alfred Polgar

Diese erste Internierungswelle war für alle Emigranten das Alarmsignal, daß Frankreich kein sicheres Gastland mehr für sie war. Andererseits kamen aus dem bedrohten Paris immer mehr Menschen in den Süden, wo man vergleichsweise noch besser leben konnte – die »Drôle de guerre«, wie die Franzosen die ersten Kriegsmonate nannten, ließ immer noch Hoffnungen entstehen, daß der Krieg nicht wirklich bis ans Mittelmeer vordringen würde.

Helen und Franz Hessel

Helen und Franz Hessel kamen mit ihrem Sohn Ulrich im April 1940 gerade noch vor dem großen Flüchtlingsstrom aus Paris in Sanary an. In der ersten Zeit konnten sie in der Villa von Aldous Huxley wohnen; später bezogen sie ein be-

---

[136] Marta Feuchtwanger, Nur eine Frau, S. 267.
[137] Monacensia, Stadtbibliothek München. Archiv Hermann Kesten. Hermann Kesten, Deutsche Literatur im Exil, S. 118, weicht vom Original ab.

scheidenes plüschmöbliertes Quartier bei der ehemaligen Opernsängerin Madame Richarme.

Der Schriftsteller Franz Hessel hatte zwischen 1907 und 1914 zum Pariser »Dôme«-Kreis gehört, dort hatte er auch Helen kennengelernt, die als Malstudentin 1912 nach Paris gekommen war. Mit Hessels engstem Freund Henri-Pierre Roché, dem Kunstvermittler, Sammler und Schriftsteller, entspann sich zu Anfang der 1920er Jahre die leidenschaftliche Liebe zwischen Franz, Pierre und Helen, die in der Filmfassung von Truffauts »Jules und Jim« weltberühmt geworden ist.

Helen Hessel (Foto von Marianne Breslauer)

Helen Hessel lebte seit 1925 als Modekorrespondentin der *Frankfurter Zeitung* in Paris und lernte durch Roché einen großen Teil der Künstler kennen, die nun auch in Südfrankreich auf ihre Ausreisepapiere warteten, darunter André Breton, Max Ernst, Marcel Duchamp.

Franz Hessel und sein Sohn Ulrich wurden bald nach ihrer Ankunft in Sanary in Les Milles interniert, zusammen mit Feuchtwanger und Kantorowicz, der in seinem Buch *Exil in Frankreich* über Hessel schrieb:

»Er lebte bereits seit längerer Zeit in Frankreich, und dies hatte er mit Emil Alphons Rheinhardt, aber auch mit Heinrich Mann gemeinsam, daß er, der frühere Lektor des Rowohlt Verlags in Berlin, der Verdeutscher der Romane von Proust, profunder Kenner der französischen Literatur, den Aufenthalt in Frankreich nicht als Exil empfand. [...] Einer seiner Söhne war Franzose und diente in der französischen Armee. Der andere Sohn, ein partiell gelähmter Jüngling, ebenso still und freundlich wie der Vater, war mit im Lager. Franz Hessel klagte nie, obwohl er mit seiner zarten Konstitution ganz besonders unter den Unbilden der Lagerhaft litt.«[138]

Henri-Pierre Roché

Franz Hessel starb nur wenige Monate nach seiner Entlassung aus dem Lager Les Milles an Entkräftung. Seine Beerdigung an einem kalten Januartag 1941 bei strömendem Regen in Sanary brachte die noch nicht geflüchteten Emigranten und einen großen Teil der einheimischen

---

[138] Alfred Kantorowicz, Exil in Frankreich, S. 113.

Franz Hessel

Bewohner zusammen, die den stillen alten Herrn sehr geschätzt hatten. Sein Freund Hans Siemsen hielt die Trauerrede.

Helen Hessel bemühte sich nach seinem Tod intensiv um Ausreisevisa für sich und den Sohn Ulrich, gleichzeitig bot sie auch Varian Fry ihre Mitarbeit am *Centre Américain de Secours* an.

Friedrich Wolf

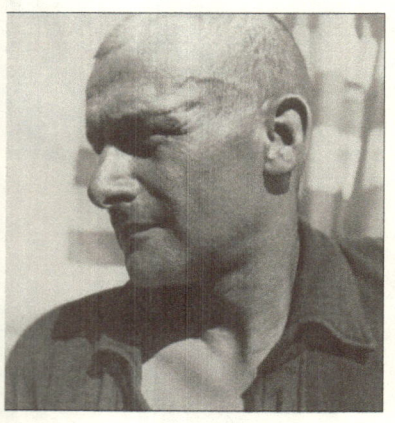

Friedrich Wolf

Einer von denen, die auch erst später nach Sanary kamen, war ein »reizender Weltrevolutionär«, wie Marcuse schrieb[139]: der Dramatiker und Arzt Friedrich Wolf, dessen beide Stücke *Cyankali* und *Professor Mamlock* in den Jahren zuvor großes Aufsehen erregt hatten. Er hatte die ersten Jahre des Exils zeitweilig in Moskau verbracht und die sowjetische Staatsbürgerschaft angenommen, was ihm bis Anfang 1941 einen gewissen Schutz in Frankreich verschaffte, ihn aber nicht davor bewahrte, in Le Vernet eingesperrt zu werden. Später gelangte er noch vor dem Waffenstillstand wieder nach Moskau, und daß er dort überlebt hat, »steht auf einem anderen Blatt«[140], wie Kantorowicz schreibt. »Sein Weltruhm und seine entwaffnende Naivität«[141] hätten ihn gerettet, meint Kantorowicz. (Friedrich Wolfs Söhne Konrad und Markus machten später in der DDR eine steile Karriere, der eine als Filmregisseur, der andere als Spionagechef.)

Friedrich Wolf an Lion Feuchtwanger[142]

Lieber Feuchtwanger, wir haben einander, wie Sie selbst feststellten, eigentlich erst reichlich spät kennengelernt – das heißt 1938 im Exil in dem provenzalischen Fischerdorf Sanary und 1938/40 als Sie mitten im Pétain-Frankreich uns im KZ Vernet Internierte mutig durch Briefe erfreuten und durch kleine Pakete erquickten. Später, als Sie selbst den Stacheldraht kennenlernten, fand ich Ihre Spur im KZ Les Milles, das Sie gerade vermittels des berühmten »Geisterzuges« verlassen hatten […].

[139] Ludwig Marcuse, Mein zwanzigstes Jahrhundert, S. 193.
[140] Alfred Kantorowicz, Exil in Frankreich, S. 210.
[141] Ebd.
[142] Friedrich Wolf zitiert nach: Hohmann, Friedrich Wolf, S. 228.

Lion Feuchtwanger hätte schon vor Ausbruch des Krieges Südfrankreich und Europa verlassen können, er hatte schon 1938 alle nötigen Papiere bereit. Warum er es nicht tat, hat er in mehreren Anläufen in seinem Buch über die Internierungszeit *Der Teufel in Frankreich* zu begründen versucht:

»Ich habe während der sieben Jahre meines Aufenthalts an der französischen Küste des Mittelmeers die Schönheit der Landschaft und die Heiterkeit des Lebens dort mit allen Sinnen genossen. Wenn ich etwa, von Paris mit dem Nachtzug zurückkommend, des Morgens das blaue Ufer wiedersah, die Berge, das Meer, die Pinien und Ölbäume, wie sie die Hänge hinaufkletterten, wenn ich die aufgeschlossene Behaglichkeit der Mittelmeermenschen wieder um mich fühlte, dann atmete ich tief auf und freute mich, daß ich mir diesen Himmel gewählt hatte, unter ihm zu leben. [...]

Von dem Augenblick an indes, da ich damit rechnen mußte, ein zweites Mal interniert zu werden, verlor mir die Landschaft ihre Farbe, mein ganzes Leben seinen Geschmack. Es war dabei noch gar nichts entschieden, aber innerlich wußte ich, daß alles entschieden war, und die peinigende Erwartung dessen, was da kommen wird, zerstörte die Fähigkeit, das, was da war, noch zu genießen. [...]

Meine Sekretärin konnte sich nicht enthalten zu klagen. ›Ach, warum sind wir nicht rechtzeitig nach Amerika gegangen.‹ Gemeinhin hasse ich solche Erwägungen, Grübeleien darüber, was man hätte tun und was man hätte lassen sollen, sie führen zu nichts. Immerhin war ein solcher Ausbruch gerade in unserem Fall erklärlich. [...]

Was waren eigentlich die Gründe gewesen, die mich in Frankreich gehalten hatten? Da war zum Beispiel dieses. Seit 1933 hatte ich öffentlich erklärt, Hitler bedeute Krieg, ohne Krieg werde man die Nazis nicht loswerden. Durfte ich jetzt, nun endlich dieser Krieg in Sicht kam, in dem wenn irgendwer ich Partei war, ausreißen, mich in Sicherheit bringen? Nein ich hatte zu bleiben. [...]

Dazu kam noch ein weiteres: ich wollte die Arbeit an meinem Roman ›Exil‹ nicht durch eine umständliche Umsiedlung unterbrechen.

Gleich zu Beginn des Krieges freilich war ich dann darüber belehrt worden, wie falsch ich es gemacht hatte. Nicht nur wollten die Franzosen von einer Mitarbeit von uns deutschen Antifaschisten nichts wissen, sie sperrten uns vielmehr schon damals alle ein. [...]

So war es wohl auch die Liebe zu meinem Haus in Sanary und zu allem, was darin und was darum war, die mich hielt. Mit andern Worten und ohne viel Umschweife, es war innere Trägheit, Hang zur Bequemlichkeit, Mangel an Phantasie. [...]

Ich zuckte also die Achseln, wenn meine Sekretärin klagte: ›Ach, warum sind wir nicht rechtzeitig nach Amerika gegangen.‹ Ich bereute nichts. Ich bereute auch nicht, als schließlich die Bestätigung kam, daß ich wirklich wieder ins Lager mußte.«

Auf diesen Text von 1941 geht Kantorowicz in seinen Erinnerungen an das Exil in Frankreich explizit ein, wenn er bemerkt:

»Das hört sich wie die Beschreibung des vielberufenen ›Logenplatzes‹ an, von dem aus die Emigranten ›dem Schicksalskampf ihres Volkes‹ zusahen. Dazu ist festzustellen, daß unter jeweils tausend Intellektuellen, die gezwungen oder freiwillig Deutschland verließen, nicht mehr als einer sich die materiellen Bequemlichkeiten leisten konnte, wie der besonders in den angelsächsischen Ländern angesehene und hohe Auflagen erreichende Schriftsteller Lion Feuchtwanger. Im gleichen Atemzug soll hinzugefügt werden, daß Feuchtwangers menschliche Substanz sich im Lager Les Milles unter bedrängenden Umständen bewährte.«[143]

Valeriu Marcu an Hermann Kesten[144]

V. Marcu
Avenue Villa Mesnil

Fabron Nice (A.M.) 15.III.40

Lieber Freund. Immer bedaure ich kein Geld zu haben und komme mir deshalb auch idiotisch vor. Selten habe ich es aber tiefer, nach ihrem Brief empfunden. Ich waere glücklich gewesen, Ihnen das Nötige senden zu können. Und +2000! Ich lebe aber von der Barmherzigkeit unbarmherziger Leute, die ich am liebsten anspucken wuerde. Ich will mich auch taeglich töten und verschiebe mein Ende aus Galgenhumor.

Dabei habe ich die letzten Monate gut gearbeitet und 100 Seiten – druckreif geschrieben. Meine Sehnsucht – dieses Buch zu beenden – ist aber die reine Utopie.

Sie werden sicherlich in den U.S.A. ankommen. Und ich beneide Sie deshalb. Schreiben Sie mir, wie es Ihnen geht.

Ihr getreuer Freund

V.M.

Die Behoerden hier sekieren mich ganz schoen. Ich werde meine Verhaftung verlangen – damit man mich endlich in Ruhe lassen soll.

Gleich nach dem Beginn der deutschen Invasion Frankreichs begann die zweite Internierung, und dieses Mal waren davon auch die Frauen betroffen, die fast ausnahmslos in das große Lager Gurs in den Pyrenäen transportiert wurden

---

[143] Alfred Kantorowicz, Exil in Frankreich, S. 87.
[144] Monacensia, Stadtbibliothek München. Archiv Hermann Kesten.

(im Mai und Juni 1940 waren es ungefähr 10 000). Dorthin kamen auch die noch in Paris lebenden Frauen, die ebenso wie die Männer in großen Stadien zusammengesperrt worden waren. Gurs war das Sammellager, in dem schon seit Ende des Spanischen Bürgerkriegs die Spanienflüchtlinge festgehalten wurden.

Die Lager – es gab mehr als hundert in ganz Frankreich, kleine und sehr große, aufgelassene Gehöfte, Scheunen, ehemalige Fabriken, Gefängnisse – waren allesamt nicht für die Unterbringung von vielen Menschen gedacht und geeignet. Es gab drei verschiedene Kategorien von Lagern, in denen die Lebensbedingungen sehr unterschiedlich waren:

– Die sogenannten »camps répressifs« (Straflager) für die in Frankreich »Unerwünschten«: Le Vernet, Rieucros, Djelfa (Algerien) und Missour (Marokko).
– Die »camps sémi-répressifs« (Halbstraflager) für die zu überwachenden Personen, beispielsweise Gurs.
– Die im Verwaltungssprachgebrauch als »camps de rassemblement« (Sammellager), »centres d'hébergement« (Beherbergungszentren), »camps d'acceuil« (Auffanglager) u.ä. bezeichneten Lager für die »ruhigen Elemente«.[145]

Gurs 1940

Thea Sternheim, genannt Stoisy, deren Tagebücher erst kürzlich vollständig veröffentlicht wurden, lebte nach der Trennung von ihrem Mann, dem Dramatiker Carl Sternheim, seit 1932 in Paris. Die Lebensumstände im Lager Gurs werden von ihr sehr detailliert geschildert:

Gurs

Gurs, Ilot K., Donnerstag, 13. Juni 1940
Während der kalten Nacht schlafe ich in der verschmutzten Wäsche, in dem seit 60 Stunden nicht ausgezogenen Kleid einigermassen. Es gibt einen Grad der Müdigkeit, wo einem alles gleichgültig wird. Dieser Grad war bei mir erreicht. […]
In jeder Baracke sind an die 60 Frauen untergebracht. Da jedes Ilot aus ungefähr 25 Baracken besteht, sind auf verhältnismässig engem, mit Stacheldraht eingeschlossenem Raum an die 1500 Frauen zusammengepfercht. Im Hinter-

---

[145] Barbara Vormeier, Die Lage der deutschen Flüchtlinge in Frankreich. September 1939 bis Juli 1942. In: Grandjonc/Grundtner (Hrsg.), Zone der Ungewißheit, S. 212.

grund das Camps der Spanier. Erde jedenfalls, über die die schrecklichsten Gerüchte im Umlauf waren u. der jene Trauer anhaftet, die den von Menschen verursachten Katastrophen eignet.

Das Menschengewirr in unsrem Ilot hat etwas Apokalyptisches an sich. Erheben sich morgens in der Baracke eine nach der anderen die 60 Frauen von dem auf der Erde gelagerten Strohsack, denkt man unwillkürlich an die mittelalterlichen Darstellungen des Wachwerdens am jüngsten Tag. Aber das hier in einen kleinen Raum zusammengepferchte Leid ist derart, dass man es nicht zu überdenken vermag. (xxx) Es hängt in der Luft, legt sich einem als Alb auf. […]

Ilot H., Sonntag, 23. Juni 1940

[…]
Regenströme. Kot. Kot. Ein Meer von Kot. Ich habe Rückenschmerzen, einen Laufschnuppen. Geistige Verlassenheit.

Rechts von mir, wo sie sich nach unfeststellbaren Transaktionen zwischen mir und Erna G[oldschmidt] einnistete, schwärmt Maria v. Haniel unverdrossen von Franco, wünscht, da sie sich nun einmal in der Nähe befindet, einen Abstecher nach Lourdes zu machen u. trällert mit ihrer Soubrettenstimme, meistens dann, wenn man vor Missmut nicht weiterkann, ein Liedchen.

Ilot H., Dienstag, 25. Juni 1940

[…]
Wieder vergeht unter dem Geschnatter der Österreicherinnen ein trauriger Tag. Was sich die meistens jugendlichen Frauen im Eifer des Gefechts nicht alles vorwerfen: Spielsucht, Diebstahl, Mädchenhandel.

Der Schmutz ausserhalb der Baracke wetteifert mit der Verschmutzung im Inneren. Der Gang zur Latrine ist wirklich ein Gang nach Canossa.

Natürlich ist unser aller Schuhwerk für einen derartigen Schlamm untauglich. Die wenigsten haben Galoschen bei sich.

Frau Sita Staub, die Freundin Hardekopfs, des Gideübersetzers, taucht auf. Ehemals Schauspielerin hat sie von ihren Iphigeniaallüren nichts eingebüsst. Weiss gewandet schreitet sie unentwegt klassisch, eine besonders unangebrachte Haltung, wenn sie die Treppe der Vespasiennes hinabsteigt. Sie erzählt mir ein Lebensmittelpaket u. einen Brief von Janie Bussy erhalten zu haben. Sie will ebenfalls wissen, dass W. Hasenclever sich vergiftet hat.

[…]

Ilot J., Dienstag, 9. Juli 1940

Nach dem Abendessen begleite ich die Lazare, die dort zu zeichnen beabsichtigt, zu den Zigeunerinnen im Ilot K. Wie viel freundlicher sieht es in diesem Ilot als in dem unseren aus! Nicht nur rückt die Landschaft bis nah an den Stacheldraht, aber die Zigeunerinnen verfügen auch über Bettstellen u. allerlei sonstigen, von uns entbehrten Komfort. Vor allem beeindruckt mich der von dem unseren so verschiedene Lebensrhythmus, die Farbenpracht ihrer Kleidung, die Schönheit eines von ihnen auf dem Kopf balancierten Eimers, des zinnernen Samowars, der mit kleinen Holzstückchen in Betrieb gesetzt, Rauchwölkchen in den klaren Abend aufsteigen läßt. Eine der jungen Frauen ist noch schöner als die andere gewachsen. Ihre Bewegungen sind die einer Pantherkatze. Zutrauliche Kinder mit Augen, die so schwarz sind, dass man die Pupille vom Augapfel nicht unterscheidet. Sie kommen von Clignancourt, wo sie in der Zone leben, sprechen russisch u. spanisch u. einige Brocken deutsch. Die jüngeren Kinder, durch die französische Schule hindurchgegangen, tragen kleine Kreuzchen und Medaillen um den Hals.

[…]

Ilot J., Mittwoch, 17. Juli 1940

Was sich beim Kampf um den Freilassungsschein unter den zu Hyänen verwandelten Frauen abspielt, ist nicht zu beschreiben. Das ist Dschungel schlechthin. Das kann man in keinem Fall mitmachen. Welche Katastrophe wird unser Dasein, wird man aus seinen vier schutzspendenden Wänden zu treten, sich unter das pulsierende Leben zu mischen gezwungen.

Gerüchte über Monstrebombardements der Engländer im Rheinland. Man spricht von 20 000 Opfern in der Zivilbevölkerung. […]

Ilot J., Dienstag 23. Juli 1940

So gehen die Tage vorbei. Die Staub, unentwegt Iphigenia, wandelt, die Lazare gibt, sobald sie mich sichtet, Krankheitsberichte über ihr Befinden aus. Beide halten den Nebenmenschen ausschließlich zu ihrer Pflege und ihrer Bedienung vorhanden. Sie sind das gerade Gegenteil der immer dienstefrigen und hilfsbereiten Charly.

Trotz übertriebener Ansprüche (die Lazard befindet sich seit Anbeginn in der Infirmerie, der Staub ist es sogar gelungen als einzige auf dem ganzen Ilot ein einzelnes Zimmer mit Bett zu besetzen) sind beide total ohne Geld.

Ilot J., Donnerstag 25. Juli 1940

Abfahrtstaumel in der Strafkolonie Gurs. […]

In meiner Baracke, von 60 auf 6 Insassen zusammengeschrumpft, befindet sich keine fühlende Brust mehr, mit der man vertraut zu reden vermochte. Ich verbringe den Nachmittag, faute de mieux, mit Mme Albert L[asard] auf dem schmalen Schattenstreifen vor der Infirmerie. Die L. sagt das himmlische Gedicht Brentanos »Gedanken zu einer Beethovenschen Symphonie« oder so ähnlich auf. Nicht umsonst hat Brentano am Krankenlager der seligen Emmerich gesessen. Die Gnade des Engels ist offenbar auf ihn übergegangen.

Ilot J., Dienstag 30. Juli 1940
Durchfall; Leibkrämpfe u. jene unbeschreibliche Verelendung, die ich von den letzten Krankheitsattacken her fürchte. Wie hingemäht vegetiere ich in meiner Box. Zum Glück ist Frau Dr. B[esmertny], die einzige Ärztin unseres Ilots, eine verständige, hilfreiche Person, die alles tut, was sie kann, den als Ruhr ausartenden Massendurchfall zu stoppen. Während meine Temperatur schon vormittags auf 40 Grad steigt, ich wirklich nach nichts anderem mehr, als nach einem schattigen Winkel verlange, in dem ich dahinzudösen vermag, findet mich die Lazare, die unternehmungslustig geworden durch das Entzücken, das die Brentanoschen Verse bei mir auslösten, mir nunmehr mit Rilke kommt. Doch nicht nur das; sie besteht darauf, von jedem der zehn zitierten Gedichte auch die von ihr vollzogene Übersetzung zum besten zu geben.

Toulouse, Bahnhof, Montag, 12. August 1940
[...]
Am Bahnhof in Pau kann man – auch das mutet mich wie ein Märchen aus 1001 Nacht an, Kaffee mit Milch trinken, dazu ein regelrechtes Butterbrot essen! Das uns bedienende Mädchen lacht über unsere Begeisterung, mit der wir ein Glas Milchkaffee nach dem anderen schlürfen.
　Im Bummelzug nach Tarbes.
　In meinem Abteil die Staub, die beiden Lazares, eine weitere Campinsassin, die ich aber nicht kannte, das unzählige Gepäck der Lazares.
　Wir kommen über Lourdes nach Tarbes. Der machtvolle Eindruck der im saftigen Grün spielenden Landschaft.[146]

Lou Albert-Lasard

Lou Albert-Lasard war eine auffallende Frau. Sie war oft in rote Fuchspelze gehüllt, oder sie umgab sich mit vielen Schleiern, und auf ihren brandroten Haaren trug sie die ausgefallensten Hüte. Auf ihren Selbstportraits ist ihre Haut weiß und ihr Mund sehr rot.
　Lou Albert-Lasard war Malerin. Sie wurde im lothringischen Metz geboren und fühlte sich, ebenso wie René Schickele, zeitlebens der französischen

---

[146] Thea Sternheim, Tagebücher, Bd. 3, S. 181ff.

Kultur ebenso nahe wie der deutschen. Als junge, schon verheiratete Frau ging sie nach Paris, um bei Fernand Léger zu studieren. Als sie bei Ausbruch des Ersten Weltkrieges überstürzt und entsetzt über die Feindschaft ihrer beiden Vaterländer nach München zurückkehren mußte, lernte sie in Irschenhausen Rilke kennen – coup de foudre für sie, und ein paar Wochen wohl auch für ihn. Sie malte später das einzige vollendete Ölportrait von ihm und mehrere von der Dichterin Regina Ullmann, von denen eines in der Monacensia hängt. Nach einer künstlerisch erfolgreichen Zeit im Berlin der Zwanziger Jahre kehrte sie nach Paris zurück. »Man sah sie oft im Café du Dôme mit ihrer Tochter, der schönen Ingo. Man konnte sie nicht übersehen, denn sie war eine der extravagantesten Erscheinungen, die ich je in meinem Leben gesehen habe«[147], meinte der Modefotograf Willy Maywald in seinem Buch *Die Splitter des Spiegels*, worin er auch seine Zeit in den Internierungslagern in Frankreich beschreibt und sein Leben in Cagnes-sur-mer zwischen den Fluchten.

Schlafsaal in Gurs, Zeichnung von Lou Albert-Lasard

Bald nach dem Beginn der Nazizeit geraten Lou und ihre Tochter Ingo in große finanzielle Bedrängnis, weil ihre Gelder – ihr Vater war ein jüdischer Bankier – nicht mehr transferiert werden. Als sie 1940 wie alle »ressortissants allemands« interniert werden, treffen sie im Lager Gurs auf Thea Sternheim, die sie schon aus Paris kannten.

Ein großer Teil der Zeichnungen, die Lou Albert-Lasard in Gurs gemacht hat, sind erhalten geblieben und heute im Besitz von Detlef Gosselck in Berlin.

Wie Thea Sternheim berichtet, befand sich Lou Albert-Lasard fast die ganze Zeit in der Krankenstation. Nach ihrer Entlassung fuhren Lou und Ingo nach Nizza, von wo sie aber sofort wieder ausgewiesen wurden. Sie versteckten sich in Le Puy vor der Gestapo, wo die Bewohner sie wegen ihrer Extravaganz für Mata Haris hielten und sie beinahe exekutieren ließen. Als sie schließlich 1944 wieder

---

[147] Willy Maywald, Die Splitter des Spiegels, S. 67.

ihr Atelier am Boulevard Raspail beziehen können, scheibt Lou Albert-Lasard an ihre Freundin Katharina Kippenberg in Deutschland:

»Liebste Katharina, ich war glücklich zu hören, daß Du die Hölle lebend überstanden hast. Wir waren alle in der Hölle und sind noch weit vom Himmel entfernt. Conzentrationslager, Hab und Gut verloren, ohne Pfennig zurück und gleichzeitig sich fast versteckt halten müssen nach jeder Seite hin. [...] Krankheiten kamen hinzu, und schließlich hatten wir beide keinen Wunsch mehr zu leben. Erst hatte ich versucht, ein Ende zu machen, und dann mußte ich Ingo mit zerschnittenen Pulsadern im letzten Moment ins Hospital bringen. Nun ist alles überstanden, und man muß von vorne anfangen. Leicht ist's nicht.«[148]

In Gurs trafen nun die während der Emigrationszeit weit verstreuten Frauen zusammen, was für Toni Kesten ein Trost war, wie sie an ihren Mann schrieb. Hermann Kesten war es gelungen, im Mai 1940 mit einem Besuchervisum nach New York zu gelangen, wo er sich sofort mit Thomas Mann in Verbindung setzte, um den in Frankreich in der Falle sitzenden Kollegen zu helfen.

Toni Kesten an Hermann Kesten[149]

Toni Kesten, Camp de Gurs, Ilôt K, Baraque 22, Basses Pyrénées.

Le 14 juin 1940

Mon chéri,

j'attends avec impatience une lettre de toi. J'ai reçu ton télégramme, que tu m'as envoyé l'argent per cable à Schneiders, mais je n'ai pas reçu l'argent, parce-que Schneiders sont maintenant à Bordeaux et Madame Schneider m'a écrit hier que son mari est parti pour rejoindre son regiment. Elle m'a écrit aussi qu'elle a trouvé mère, Ginette et Line à Bordeaux et que Ginette a une ravissante fille, mais elle est très malheureuse parce qu'elle ne sait rien d'Alfred. Madame Schneider a reçu encore à Paris une lettre pour moi, mais elle a donné cette lettre à Line et je crains que cette lettre est perdue. [...]

Il te faut écrire beaucoup de lettres à moi, parceque je n'ai pas ni du courrier, ni des paquets de personne et c'est triste comme tu sais.

J'éspère bien que l'argent me fait suivre de Paris. Tu me peus envoyer de l'argent per poste mandat à Gurs et les lettres aussi.

J'ai écrit à tous nos amis, mais j'ai seulement une réponse de Annette Kolb, elle est à Vichy et de Schneiders, qui étaient vraiment gentils.

---

[148] Brief Lou Albert-Lasard an Katharina Kippenberg 1944. Deutsches Literaturarchiv, Marbach am Neckar.
[149] Monacensia, Stadtbibliothek München. Archiv Hermann Kesten.

Madame Sternheim est aussi ici et Madame Curt Wolff et tous nos connaissances. Il est un peu difficile avec la nourriture et on est toute la journée dans l'air et ça fait du faim. Je voudrais te revoir bientôt possible et j'attends ton visa annoncé avec impatience.

Nous mangeons beaucoup de paté et c'est pas bon pour mon estomac et je souffret à cause de mon rheuma aussi, il pleut beaucoup ici. Mais tous ça n'est pas grave, il y a des choses plus graves maintenant et j'espère de tous mon cœur que tous finira bon.

Et toi qu'est-ce que tu fais? Peus-tu travailler? Écris-moi beaucoup. – Je t'embrasse mille baisers

Ta Mali

(Mit Grüssen von Stoysi Sternheim, Adrienne Thomas: »Ici, tous les amis nous ont oublié le plus vite possible, et on a beaucoup de cafard à cause de cela.«)

In den Briefen aus Gurs versucht Toni Kesten, ihren Mann zu beruhigen, aber je länger die Verhaftung dauert, desto größer wird auch die Angst und die Sorge, ob sich überhaupt jemand von außen um sie kümmert. Neben den grauenvollen sanitären Zuständen war auch Geld das Problem, denn die Ernährung war erbärmlich schlecht und konnte nur durch zusätzlichen Kauf von Lebensmitteln im Lager verbessert werden, falls man das Geld dazu hatte. Marta Feuchtwanger war ebenso in Gurs wie auch Feuchtwangers Sekretärin Lola Humm, die berichtete, sie hätte ein Teil des Vermögens von Lion Feuchtwanger in einem Geldgürtel bei sich getragen, um es in Sicherheit zu bringen.

Lisa Fittko, die ein paar Monate später eine große Rolle bei der Befreiung vieler in Marseille festsitzender Emigranten spielen wird, kommt am 25. Mai in Gurs an. In ihrem Buch *Mein Weg über die Pyrenäen* ist ein ganzes Kapitel den Verhältnissen im Lager gewidmet, und es wird in ihrer Schilderung sehr deutlich, wie die politisch orientierten Frauen anders mit der Situation umgehen, indem sie sie nicht als persönliches Unglück verstehen und in gemeinsamen Aktionen zumindest die Lebensumstände erträglicher zu machen versuchen.

»Einige Tage später hatte man sich wiedergefunden: alte Bekannte, einige Freunde. In aller Stille wurden die Baracken gewechselt. Die politischen Emigrantinnen sammelten sich. Manche Baracken waren nur von einer einzigen politischen Gruppierung bevölkert, die sich von den anderen isolierte. Wo sind die Tage der Volksfront? dachte ich. Das Lager war in Abteilungen eingeteilt – *îlots* –, und jede Abteilung war von Stacheldraht umgeben. In jedem *îlot* standen fünfundzwanzig Baracken mit je sechzig Schlafplätzen. […] Es war verboten, durch den Stacheldraht mit den Frauen in den umliegenden Ab-

Toni Kesten, Camp de Gurs, Ilôt-K, Baraque 22,
Basses-Pyrénées.
Le 14 juin 1940.

Mon chéri, j'attends avec impatience une lettre de toi. J'ai reçu ton télégramme, que tu m'as envoyé l'argent par cable à Schneiders, mais je n'ai pas reçu l'argent, parce que Schneiders sont maintenant à Bordeaux et Madame Schneider m'a écrit d'hier que son mari est parti pour rejoindre son régiment. Elle m'a écrit aussi qu'elle a trouvé mère, Ginette et Line à Bordeaux et que Ginette a une ravissante fille, mais elle est très malheureuse parce qu'elle ne sait pas rien d'Alfred. Madame Schneider a reçu encore à Paris une lettre pour moi, mais elle a donné cette lettre à Line et je crains que cette lettre est perdue. Je n'ai pas encore une nouvelle de Line et elle sait mon adresse de Schneider. Je crois que Ginette ne peut pas encore écrire, parce que la naissance était très difficile, mais Madame Schneider était d'hier chez elle et elle est en bonne santé maintenant. Je voudrais bien avoir une nouvelle d'elle.

Il te faut écrire beaucoup de lettres à moi, parce que je n'ai pas ni des courrier, ni des paquets de personne et c'est triste comme tu sais.

J'espère bien que l'argent me fait suivre de Paris. Tu me peux envoyer de l'argent par poste mandat à Gurs et les lettres aussi.

J'ai écrit à tous nos amis mais j'ai seulement une réponse de Annette Foll, elle est à Vichy et de Schneiders, qui étaient vraiment gentils.

Ma tante Sternheim est aussi ici et Madame Kurt Wolff et tous nos connaissances. Il est un peu difficile avec la nourriture et on est toute la journée dans l'air et ça fait du faim.

Brief von Toni Kesten aus Gurs

teilungen zu sprechen. Es war verboten, Zeitungen zu bekommen. Der Empfang von Post war verboten, und wir konnten keine Post verschicken. Alle Verbindung mit der Welt war verboten. Die Nazi-Horden drangen vor und uns sperrte man in die Pyrenäen. Europa ging aus den Fugen und uns sperrte man aus. […]

Ein paar Frauen hatten durch einen Posten einen Beschwerdebrief an den Kommandanten des Lagers geschickt und eine tote Wanze beigelegt, um die unhygienischen Zustände zu illustrieren. Am nächsten Tag überreichte ihnen ein Soldat ein Schreiben des Kommandanten. »Wenn Ihnen die französischen Wanzen nicht zusagen, *mesdames*, würde ich empfehlen, daß sie es mit einem deutschen Konzentrationslager versuchen.« So leicht durfte man es ihm nicht machen. [...]

Das Gespräch drehte sich wieder einmal um den Stacheldraht. Die unpolitischen Emigrantinnen litten am meisten darunter, der Drahtverhau war ein Symbol für sie. »Wie können sie uns nur so erniedrigen – wie ein gemeiner Verbrecher fühlt man sich – die Demütigung ist am schwersten zu ertragen –.«

Sala, meine junge Berliner Freundin stand neben mir und sagte: »Stacheldraht? Das demütigt euch? Hätte ich mich im deutschen KZ auch erniedrigt fühlen sollen? Weil ich Flugblätter gegen die Nazis verteilt habe?« Ich konnte nicht still sein: »Erniedrigt, wir? Wer sperrt uns hier ein? Frankreich, England, alle haben sie sich um Hitlers Gunst bemüht, während wir gegen die Nazis gekämpft haben. Wir hassen den Stacheldraht, denn er beraubt uns unserer Freiheit. Ein Symbol? Er ist symbolisch für die Gesinnung derer, die hier Antifaschisten einsperren.«[150]

Hannah Arendt kam Ende Mai mit dem Transport aus Paris in Gurs an.

»Im Lager von Gurs, wo ich einige Zeit verbringen durfte, hörte ich nur einmal etwas über Selbstmord, und das betraf den Vorschlag einer kollektiven Aktion, offenbar eine Art Protest, um die Franzosen aufzuschrecken. Als einige von uns einwandten, daß wir ohnehin *pour crever (zum Krepieren)* dorthin verfrachtet worden waren, schlug die allgemeine Stimmung plötzlich in einen heftigen Lebensmut um. Die allgemeine Meinung war, daß man schon ungewöhnlich asozial und an allgemeinen Ereignissen desinteressiert sein müsse, wenn man es noch immer schaffte, den ganzen Vorfall als persönliches und individuelles Pech zu interpretieren und dementsprechend sein Leben persönlich und individuell beendete.«[151]

Als die deutschen Truppen Paris besetzten und es absehbar wurde, daß ihr nächstes Ziel auch Südfrankreich sein würde, wuchs die Nervosität in Gurs, denn man konnte sich ausrechnen, daß die eingesperrten Frauen, viele davon namentlich gesucht, eine leichte Beute für die Gestapo sein würde. Im allgemeinen Chaos, von dem auch die französische Politik ergriffen war, schmiedeten die Frauen in Gurs Ausbruchpläne, aber der Ausbruch war das geringere Problem im Verhältnis zum Überleben danach – ohne Papiere, ohne Geld und Quartiere.

[150] Lisa Fittko, Mein Weg über die Pyrenäen, S. 30ff.
[151] Hannah Arendt: »We Refugees«. Menorah Journal 31, Januar 1943. Zitiert nach: Young-Bruehl, Hannah Arendt, S. 225f.

Der Hof von Les Milles

Les Milles 1940

Während die Frauen aus ganz Frankreich in Gurs festgehalten wurden, waren die in Südfrankreich lebenden »deutschstämmigen« Männer und viele aus anderen Ländern, die als »feindlich« galten (es war dabei durchaus unklar, für wen sie feindlich waren, für die kriegführenden Franzosen oder für die Nazideutschen – auf seltsame Weise wurde da plötzlich kein großer Unterschied gemacht) wieder im Sammellager Les Milles interniert. Über die zweite Internierung schreibt Alfred Kantorowicz:

»Die Zustände im Lager Les Milles waren auch in der letzten und schlimmsten Zeit nicht so, daß man deswegen in den Tod hätte fliehen müssen. Aber hart waren sie, besonders für die Älteren, die sich oftmals unversehens und für sie unbegreiflich menschenunwürdigen hygienischen Bedingungen unterworfen sahen. Dazu kam die Haftpsychose, die Ungewißheit, die Sorge um die Frauen, die nicht lange nach unserer Einlieferung in das noch weit rauhere Lager Gurs in den Pyrenäen verschickt worden waren. Daß die Frage des Selbstmordes und der rechtzeitigen Beschaffung von Mitteln, die ihn möglichst schmerzlos und sicher bewirkten, Tagesgespräch in Les Milles war, kann nicht verschwiegen werden. […]

In den Katakomben entwickelte sich nächtens bei Kerzenschein ein opernhaft anmutendes Getriebe. Außenstehende hätten es romantisch nennen können. In Wirklichkeit waren Sorge und Furcht die Motive der Ansammlungen. Die Katakomben waren nicht nur die Umsatzstelle des schwarzen Marktes und Gaststätte zugleich, wo man Wein, Cognac, Pernod, Likör sogleich trinken, erstandene Zigaretten rauchen, Schinken, Wurst, Delikatessen, Kuchen Schokolade essen konnte, sondern auch Gerüchtebörse, Vorstadtspelunke, altes romanisches Café, Nachtklub, Schmugglerhöhle, Stammtischkneipe in einem.«[152]

Das Romanische Café – nun wieder unter absurden Umständen in den Katakomben von Les Milles versammelt. Im Laufe der nächsten Monate kamen bis zu dreitausend Männer in Les Milles zusammen, darunter befanden sich:

Fritz Brügel, Friedrich Epstein, Max Ernst, Franz Fein, Lion Feuchtwanger, Henry Gowa, Walter Hasenclever, Wilhelm Herzog, Franz Hessel, Ulrich Hessel, Hans Arno Joachim, Gert Kaden, Alfred Kantorowicz, Rudolf Leonhard, Golo Mann, Hans Marchwitza, Ernst Erich Noth, Anton Räderscheidt, Emil Alphons

---

[152] Alfred Kantorowicz, Exil in Frankreich, S. 108 & S. 112.

Rheinhardt, Franz Schoenberner, Leopold Schwarzschild, Hans Siemsen, Manès Sperber, Wilhelm Ulmer, Kurt Wolff, Alfred Wolfenstein.[153]

Wie die Frauen in Gurs gerieten die Männer in Les Milles nach der Einnahme von Paris in größte Aufregung, zumal verschiedene deutsche Kommissionen, vor allem die berüchtigte Kundt-Kommission, auch in Südfrankreich schon unterwegs waren, um zu sehen, welche der eingeschlossenen Deutschen nach Deutschland zurücktransportiert werden wollten – der nicht ausgesprochene gefährlichere Grund war natürlich, bei der Gelegenheit auch festzustellen, welche von den gesuchten Emigranten sich in den Lagern befanden; die Nazis unter ihnen traten nun deutlich hervor und zettelten Schlägereien an. Die antifaschistischen Emigranten bestürmten den Lagerkommandanten, ihnen einen Zug zur Verfügung zu stellen, um sie in Sicherheit zu bringen. Tatsächlich wurde nach qualvollem Warten ein Zug bereit gestellt, aber am Abend vorher herrschte große Unsicherheit unter den Männern, ob man sich in so ein ungewisses Abenteuer begeben sollte. Lion Feuchtwanger schreibt darüber in seinem Bericht über die Lagerzeit *Der Teufel in Frankreich*:

»An der Steinrampe vor dem kleinen Vorratsgebäude stand eine Gruppe von ein paar Leuten. ›Kommen Sie doch zu uns, bitte‹, forderte einer mich auf. ›Heben Sie ein wenig unsere Stimmung. Wir sind alle ganz down. Sie sind immer so optimistisch.‹ ›Ja‹, sagte ein anderer aus der Gruppe, es war der Dichter Walter Hasenclever, ›Ja, lieber Feuchtwanger, wir brauchen Mut heute. Wieviel Prozent Hoffnung geben Sie uns?‹ Wir standen in der Sonne, ein kleiner Wind ging, nicht zu viel und nicht zu wenig, es war immer herrliches Wetter in jener Zeit. Aber ich hatte so vielen Kleinmütigen Mut zugesprochen in den letzten Tagen, es erforderte Kraft, sich nicht nur selber aufrecht zu halten, sondern auch Hoffnung an andere abzugeben, die Unterredung mit den Österreichern hatte mich mitgenommen, ich war ausgefüllt von dem Anblick derer, die hoffnungsfroh auf dem Hof gestanden und dann wieder zurückgeschickt waren. Ich war angesteckt von der allgemeinen Depression. ›Wie viel Hoffnung?‹ fragte ich zurück, und ›fünf Prozent‹, sagte ich, und meine Stimme drückte wohl aus, wie trüb, müd und leer ich mich fühlte.

Ich hätte nicht so sprechen sollen, ich hätte das mit den ›fünf Prozent‹ nicht sagen sollen. Es war nicht mein Ernst, es stimmte nicht, subjektiv nicht und objektiv nicht. Ich galt als optimistisch, und wenn ich, statt die andern aufzumuntern, so defaitistisch daherredete, dann war das sündhafte Leichtfertigkeit. Ich mußte denn auch wahrnehmen, daß meine Antwort auf die andern Eindruck machte.

›Wirklich nur fünf Prozent?‹ erwog Hasenclever, und ›Ich fürchte, Sie haben recht‹, beantwortete er selber seine Frage.

[153] Doris Obschernitzki, Letzte Hoffnung – Ausreise, S. 123.

Dann sprach man wieder davon, wie man wohl am besten, wenn einen wirklich die Nazis überraschten, Schluß machen könnte. Hasenclever hatte ein neues Mittel gefunden. Man wende sich, riet er, an einen der Nazi-Wachsoldaten, gebe ihm, was man an Geld bei sich habe, und sage ihm: ›Höre, Kamerad, ich werde jetzt einen Fluchtversuch machen, ziele gut.‹«[154] Noch in derselben Nacht nahm Walter Hasenclever sich das Leben.

Walter Hasenclever

»Schon 1932 fühlte Hasenclever sich politisch exiliert. Damals hatte er in Le Lavandou gelebt, später in Nizza, wo sein jetzt nachwirkendes, auch erfolgreich im deutschen Fernsehen gezeigtes Schauspiel ›Münchhausen‹ entstand. Danach hin und her zwischen Jugoslawien, Florenz, London, Paris, französischer Riviera, dort vom Krieg überrascht, zuerst in einem Lager bei Antibes interniert, durch Intervention des französischen Dramatikers Giraudoux befreit, schrieb er in den Monaten vor der neuen Internierung den Roman ›Die Rechtlosen‹, in dem er sein eigenes Schicksal bereits vorangekündigt hat: ›Wir Verbannten. Wir Heimatlosen. Wir Verfluchten. Was haben wir noch für ein Recht zu leben?‹, heißt es an einer Stelle des Romans. Er fährt fort: ›Was wir gedacht und geschrieben haben, was wir Angehörige eines Volkes, das nie seine Dichter begriffen hat, dennoch glaubten verkünden zu müssen – es versinkt im Gespensterzug der Dämonen.‹«[155]

So Alfred Kantorowicz; das nächste Kapitel in seinen Erinnerungen heißt dann auch »Der Gespensterzug«, der mit ungefähr 2000 Menschen so voll war, daß an Sitzen oder Liegen nicht zu denken war.

»Ein längerer Aufenthalt in der kleinen Hafenstadt Sète gab vielen die Hoffnung, man würde uns von dort mit einem Schiff nach Afrika, Tunis, Algerien oder Marokko bringen. Doch dann fuhr der Zug bei strömendem Regen in die Pyrenäen hinein. Nun dachten viele, wir würden in die Lager Gurs oder Vernet eingeliefert werden, und so trübe diese Aussicht war, erhoffte man doch, in Gurs die Frauen wiederzufinden. Wir hatten schon den Wallfahrtsort Lourdes hinter uns gelassen und näherten uns der Stadt Oleron, wo sich entscheiden würde, ob wir nach Gurs gehen oder weiterführen.

Wir fuhren weiter. Am dritten Tag nach unserer Abfahrt erreichten wir das uns bis dahin verheimlichte Ziel, die Hafenstadt Bayonne. Dort wurde Feuchtwanger als unser Sprecher zum Transportkommandanten bestellt. Er humpelte auf seinen, durch das lange Stehen unförmig geschwollenen Beinen mühselig nach vorn zum Wagen der französischen Offiziere. Wir anderen rafften unsere

[154] Lion Feuchtwanger, Der Teufel in Frankreich, S. 108f.
[155] Alfred Kantorowicz, Exil in Frankreich, S. 115f.

Bündel zusammen und harrten, soweit wir noch nicht völlig apathisch waren, mit Ungeduld auf die Mitteilung, die er uns machen würde. Wir sahen ihn schon nach kurzer Zeit auf dem Bahnsteig zurückhumpeln, von einem Kreis humpelnder deutscher Häftlinge umgeben. Ich zwängte mich aus dem Wagen und humpelte – auch meine Beine waren angeschwollen – auf diese Gruppe zu und erschrak, als ich Feuchtwangers Gesicht sah; er schien mir in diesem Augenblick völlig verfallen und zum erstenmal, seit ich ihn kannte, seiner stoischen Haltung beraubt. Er rief mir und denen, die auf ihn eindrängten, mit brüchiger Stimme zu: ›Die Deutschen sind in Bayonne. Rette sich, wer kann.‹ Die französischen Offiziere bestätigten die Meldung; deutsche Truppen rückten in diesem Augenblick in Bayonne ein; man gebe Anweisung, die Lokomotive umzukoppeln und, wenn irgend möglich, erst einmal in die Pyrenäenberge zurückzufahren. Der Bahnhof, hieß es, sei umstellt, wir seien nach wie vor Gefangene. Auf Flüchtende würde geschossen. Wir hätten zu warten. Wir erwarteten also in der nächsten Stunde, bis unser Zug endlich wieder anruckte, die Besetzung des Bahnhofs durch die deutschen Truppen.

Wer damit anfing, seine Personalpapiere, Briefe, Dokumente, Manuskripte, Photographien in kleine Fetzen zu zerreißen, wird niemals zu ermitteln sein, vermutlich taten es viele zur gleichen Zeit. Es galt für jeden von uns, insbesondere aber für die politisch verfolgten deutschen Flüchtlinge, die Identität zu verbergen. Dieses Zerfetzen jedes Schriftstückes oder Merkmals unserer Identität war der explosive Ausdruck unserer Panik. Hunderte von Menschen vernichteten ihre Pässe oder Behelfspapiere, die Photos oder Briefe ihrer Lieben, rissen Namenszeichen aus Anzügen, Monogramme aus Hemden, warfen ihre Bücher auf den Bahnsteig – eine schauerliche Orgie der Todesangst der Gehetzten. Ich weiß nicht, ob jemand der Massensuggestion dieser Panik widerstand; ich jedenfalls wurde mit von ihr ergriffen. In einer Art Raserei zerriß ich alles, was ich an Personalpapieren bei mir führte. Sollten die in Bayonne einrückenden deutschen Truppen, wie zu erwarten stand, den Bahnhof besetzen und uns hilflos eingepferchte Flüchtlinge somit in ihre Gewalt bekommen, so würde es eine Weile dauern, bis sie die Identität feststellen konnten – ein Zeitgewinn, der vielleicht eine, wenn auch minimale Chance bot, die einzige Chance, die wir hatten.«[156]

Tatsächlich stellte sich bei der überstürzten Rückfahrt des Zuges heraus, daß die »Deutschen«, die da in Bayonne angekommen sein sollten, sie selbst waren! In den chaotischen Zuständen um den Waffenstillstand herum hatte die Meldung des Kommandanten, er käme mit einem Zug voller »Boches« in Bayonne an, überall Panik ausgelöst.

[156] Alfred Kantorowicz, Exil in Frankreich, S. 129ff.

Der Waffenstillstand war mit Maréchal Pétain ausgehandelt worden, der sich nun mit seiner Regierung in Vichy etablierte. Frankreich war in zwei Teile geteilt worden, in den besetzten Norden, der die ganze Atlantikküste einschloß, und den unbesetzten Süden, für den Marseille die einzige Stadt mit größerem Hafen und ausländischen Konsulaten war.

Für die Emigranten waren die Waffenstillstandsbedingungen ein Schock. Im § 19 hatte die französische Regierung sich verpflichtet, alle von Nazideutschland angeforderten Personen auszuliefern. Dieser Passus widersprach jeder völkerrechtlichen Gepflogenheit und wurde auch von patriotisch denkenden Franzosen als Skandal empfunden. Es zeigte sich in kürzester Zeit, daß Maréchal Pétain nicht nur ein diktatorisches Regime errichtet hatte, sondern daß er auch eine antisemitische Gesetzgebung vorbereitete, die im Oktober 1940 zur Anwendung kam. Liberté, Égalité, Fraternité waren passé, die neue Parole hieß: Travail, Famille, Patrie.

»Antikommunismus und Antisemitismus, dieser gemeinsame Nenner aller faschistischen Bewegungen, waren Grundlage einer fremdenfeindlichen und rassistischen Politik geworden«[157], schreibt Doris Obschernitzki in ihrer Studie über das Lager Les Milles, das im Laufe der nächsten zwei Jahre erst zum Transitlager und dann zum Auslieferungslager für Juden wurde, die in die Vernichtungslager nach Norden deportiert wurden.

Die Emigranten im »Gespensterzug« hatten genug politische Phantasie, um sich vorzustellen, was der Auslieferungsparagraph bedeutete, und manche flüchteten auf eigene Faust, wie Kantorowicz, dem es gelang, sich bis nach Marseille durchzuschlagen, während Feuchtwanger nach ein paar Tagen wieder auf den nur langsam vorankommenden Zug traf und mit ihm bis nach Nîmes fuhr, wo die verbliebenen Flüchtlinge nunmehr in ein Zeltlager bei Saint Nicolas eingeliefert wurden. Inzwischen hatte ein amerikanischer Journalist ein Foto von Feuchtwanger in Les Milles hinter Stacheldraht nach Amerika geschickt, das nun endlich eine größere Öffentlichkeit mobilisierte.

Lion Feuchtwanger in Les Milles

[157] Doris Obschernitzki, Letzte Hoffnung – Ausreise, S. 17.

»Dieses Photo gelangte – ich weiß nicht auf welchen Wegen – an Viking Press in New York. Ben Huebsch war tief erschrocken und fuhr damit sogleich nach Washington zu Mrs. Roosevelt. Sie zeigte es ihrem Mann, der sofort das Nötige veranlaßte [...].«[158]

Der amerikanische Vizekonsul aus Marseille, Miles Standish, hatte damit die Rückendeckung, Lion Feuchtwanger nach allen Regeln der Kriminalkunst aus dem Lager zu entführen. Es war den Häftlingen erlaubt, in einem entfernten Fluß zu baden, und dort versteckte der junge Diplomat seinen Wagen, schickte eine Vertrauensperson mit einem handgeschriebenen Zettel von Marta Feuchtwanger zu ihm, verkleidete ihn mit einem Mantel, einer Sonnenbrille und einem Kopftuch und gab ihn bei Kontrollen auf dem Weg nach Marseille als seine Schwiegermutter aus. Im amerikanischen Konsulat traf er Marta wieder, und nun begann das nächste Abenteuer: die Flucht aus der Falle, zu der Marseille geworden war.

Das Straflager Le Vernet

Weitaus schlechter noch als den Internierten in Les Milles erging es den Häftlingen in Le Vernet. Alfred Kantorowicz:

»Dort herrschten Zuchthaus-Bedingungen oder richtiger: die französische Entsprechung der Lager Dachau und Buchenwald. [...]

Viele meiner Freunde saßen dort ein, Spanienkämpfer, deutsche KZler, Schriftsteller, außer den Jungfreunden Regler und Koestler (der ein in beiden Teilen Deutschlands tabuisiertes Buch ›The Scum of the Earth‹ über die Lagerzeit geschrieben hat), auch die besonders liebenswerten Schriftsteller Rudolf Leonhard und Friedrich Wolf; natürlich ebenfalls kommunistische Funktionäre verschiedener Länder: Deutsche, Italiener, Spanier, Jugoslawen.«[159] In jenem Buch schreibt Arthur Koestler:

»Noch nie zuvor war das Vergleichsniveau für die Behandlung von menschlichen Wesen so tief gesunken; jede Klage klang frivol und deplaziert. Die Waage der Leiden und Demütigungen war aus dem Gleichgewicht geraten, das Maß für das, was ein Mensch ertragen kann, war verlorengegangen. In den Wertbegriffen der Freiheit gemessen, stand Vernet ganz unten, am Nullpunkt der Skala von Niedertracht und Verbrechen; legte man aber Dachau als Maßstab an, dann stand Vernet noch immer weit oben. In Vernet gehörten Prügel zur täglichen Routine, in Dachau wurden die Gefangenen zu Tode geprügelt. In Vernet

---

[158] Marta Feuchtwanger, Nur eine Frau, S. 291.
[159] Alfred Kantorowicz, Exil in Frankreich, S. 96.

starben die Menschen, weil ihnen ärztliche Hilfe fehlte, in Dachau wurden sie vorsätzlich umgebracht. In Vernet mußte die Hälfte der Häftlinge bei zwanzig Grad minus ohne Wolldecken schlafen, in Dachau wurden sie in Ketten gelegt und nackt der Winterkälte ausgesetzt.«[160]

Le Vernet

Erwin Blumenfeld, Photograph aus Paris, kam nach einer längeren Odyssee in Le Vernet an; seine sarkastischen Beschreibungen der höllenhaften Situation sind sicher auf die Spitze getrieben, aber im Wesentlichen bestätigen sie genau die Aussagen von Koestler:

[160] Arthur Koestler, Abschaum der Erde, S. 38.

»Unter der neuen Devise *travail, famille, patrie* ließ hier französischer Bürokretinismus Männer, die bereit waren, für *Liberté, Egalité, Fraternité* zu kämpfen, von sadistischen Bauernlümmeln (Gardes mobiles, pupilles de la nation) zu Tode quälen, ohne daß auch nur ein einziger gallischer Hahn danach gekräht hätte. Aus Angst vorm Kommunismus hatte die besitzgeile, wechseljährige Marianne mit Hitler geliebäugelt, in der Hoffnung, vor Torschluß noch einmal von einem virilen Hunnen nach Strich und Faden geschändet zu werden. Nun war es ihre Lust, mit gespreizten Schenkeln züngelnd auf der Seite des Siegers zu liegen. Hinterher verstand die Bürgerhure, ihre Schande totzuschweigen. Wer spricht heute schon von denen, die in Le Vernet totgeschlagen und totgehungert worden sind? Außer Koestlers vergriffenem ›Scum of the Earth‹ (›La lie de la terre‹) kenne ich kein Buch, in dem es erwähnt wird. Gibt es überhaupt irgendeine Veröffentlichung über französische Konzentrationslager, eine Liste der Emigranten und Juden, die das falschspielerische Frankreich gegen eine kleine Vergütung (Laval ließ sich schmieren) den Nazis zur Konzentrationslagerung zugeschanzt hat? Sieger werden nicht zur Verantwortung gezogen. England, Rußland und Amerika haben Hitler besiegt. Frankreich hat sich beim Lorbeerpflücken beteiligt. Ein paar armen Mädchen, die mit deutschen Soldaten geschlafen hatten, wurden die Haare abgeschnitten. Die große Hure Marianne, die Schindluder mit Menschenrechten getrieben hatte, blieb unbehelligt.«[161]

Erwin Blumenfelds Zorn auf das brutale Lagerleben trübte nicht seinen Blick für das Groteske der Situation, das in fast allen Berichten der literarischen Insassen auf mehr oder weniger drastische Weise angesprochen wird. (Hierin unterscheiden sich die Erinnerungen aus Ost und West: die in der DDR veröffentlichten Schilderungen klingen wie militärische Heldenepen, so z.B. *Die Männer von Vernet* von Bruno Frei, Deutscher Militärverlag, Berlin 1961.)

»Wir waren zu Spaniern gelegt worden, die es sich schon seit einem Jahr in der Baracke dreißig häuslich gemacht hatten. Als Neuankömmlingen zeigten sie uns die kalte Schulter, als Deutsche haßten sie uns. Mit keinem von ihnen habe ich es je zu einer Unterhaltung bringen können. Jeder der bärtigen Hidalgos hatte einen bartlosen Jungen als Geliebte. [...]

Bei Kriegsausbruch waren alle Teufelsinsulaner, die sich nach ihrer Freilassung in Frankreichs ›villes ouvertes‹ [...] niederlassen durften, vorsichtshalber wieder aufgegriffen und nach Le Vernet verschickt worden. Hier machten sie, dank ihrer kriminalistischen Überlegenheit, die Baracke einunddreißig zum sagenhaften Mittelpunkt des Groupement A. Die Lagerverwaltung war diesen Schwerverbrechern nicht gewachsen, die Gardes waren bald umgekauft, nie-

---

[161] Erwin Blumenfeld, Durch tausendjährige Zeit, S. 276.

mand wagte, den bagnards Befehle zu erteilen: sie waren autonom. Ihr Führer, der ›Prinz von Andorra‹, ein einäugiger Dandy ohne Furcht und Tadel, jeder Zoll ein Mörder, trug unter schiefem Panama in sonnengebräunter Narbenfresse ein schwarzes Monokel. Aus weitoffenem Tennishemd, herausfordernd überm Nabel geknotet, strahlte blauweißrot auf seine Brust tätowiert eine Krone. Wortlos leitete er die Appelle seiner Räuberbande mit elegantem Klatschen der Reitpeitsche gegen seine hochhackigen spitzen Lackschuhe. Wie Edward der VII. von England trug er seine Hosen kein zweites Mal. Nichts konnte ihn aus der Ruhe bringen. Ich sah bei einem Appell seinen jungen Buhlknaben, genannt El Greco, aus dem Glied treten sich mit einem Küchenmesser den Bauch aufschlitzen und zusammenbrechen, ohne daß der Prinz von Andorra Notiz davon genommen hätte. Unmittelbar danach ließ er sich, wie gewohnt, beim Sonnenbad im Liegestuhl von seinen Unterleibeigenen manipediküren und massieren. Ich wollte ihn kennenlernen und schickte ihm eine Nummer von ›Harper's Bazaar‹ mit Fotos von mir. Noch am selben Tag gewährte er mir eine Audienz, in der ich, ohne von ihm eines Wortes gewürdigt zu werden, die Zeitschrift autographieren durfte. Danach teilte mir sein Flügeladjutant herablassend mit, ich sei als Mitglied des exklusiven Spielclubs zugelassen. Ich dachte an einen Scherz; ein Casino im KZ übertraf meine kühnsten Phantasien. Man machte mir klar, welche Ehre es war, in das mysteriöse Nachtleben des Lagers einbezogen zu werden. Dies war in der Tat der einzig wirkliche Erfolg, den mir meine Mitarbeit am Modeblättchen eingebracht hat. Nichts war diesen Galeerensträflingen unmöglich: auf ihren Befehl war Baracke 32 leer geblieben. Da wurde nachts gejeut: Bakkarat, Chemin de Fer, Würfel. Die prinzlichen Kammerjäger hatten Nachschlüssel zu sämtlichen Baracken, aus denen sie die Spieler nachts abholten. Auch wußten sie einen durch Hochspannung aus dem Lager raus und zum Puff nach Tarbes zu bringen, Briefe rein- und rauszuschmuggeln (die Lagerkommandantur ließ, um Zensurkosten zu sparen, die Korrespondenz aller Internierten täglich verbrennen) und Einkäufe zu machen von Kokain zu Paté de Foie Gras, alles zu festgesetzten Phantasiepreisen.

[…] Leider war ich nur ein einziges Mal Gast des Casinos. Der habgierige Lagerkommandant verlangte größere Beteiligung am Gewinn, und der Prinz schloß das Casino von einer Nacht zur andern. Unter seiner Führung verließen sämtliche Teufelsinsulaner in geschlossener Formation mit vollem Gepäck das Lager, nachdem sie ihre Baracke in Brand gesteckt hatten. Niemand wagte es, sie zurückzuhalten. Sie tauchten unter, wurden Maquisards, plünderten die Lande und wurden Helden der Résistance wie alle anderen Franzosen.«[162]

---

[162] Erwin Blumenfeld, Durch tausendjährige Zeit, S. 281f.

Rudolf Leonhard

Vor dem Hintergrund dieser infernalischen Verhältnisse bekommen die Hilferufe von Rudolf Leonhard aus Le Vernet an Prinz Loewenstein ein besonderes Gewicht.

Rudolf Leonhard an Prinz zu Loewenstein[163]

Camp du Vernet, le 23 novembre 1939.

Mon cher Prince Löwenstein,
L'antihitlérien de la première heure que vous êtes sera surpris d'apprendre que l'antihitlérien de la première heure que je suis a été arrêté et se trouve dans un camp de concentration, – vous ne serez pas plus surpris que je ne l'ai été moi-même, et vous imaginez à quel point je souffre de l'interruption de mon combat antihitlérien au moment décisif. – (J'ai dirigé, avant mon arrestation, le Poste qui s'est honoré de votre collaboration.) Je partage, ce qui n'est pas fait pour me soulager, ce sort avec beaucoup d'amis. En effet, il se trouve ici un nombre considérable d'amis qui ont été les »scolars« ou les amis de la »Guild«. Je vous le signale pour poser la question angoissée: La Guild et vous, pourriez vous faire quelque chose pour nous aider dans notre situation matériellement et moralement pénible, et pourriez vous réfléchir à y trouver une issue?

Veuillez me rappeler au bon souvenir de la princesse
Très amicalement votre Rudolf Leonhard

Rudolf Leonhard an Prinz zu Loewenstein[164]

Camp du Vernet – d'Ariège
Quartier B, Baraque 8
par Pamiers (Ariège)

Le 25 juin 1940

Mon cher Prince Loewenstein,
quelques mots très brefs, très rapides, très urgents, très empressés, très angoissés: Quelles que soient les conditions de l'armistice, le danger hitlérien qui nous menace reste épouvantable; même si l'occupation par acte guerrier n'a pas lieu, toute acte de violence ou de chantage reste possible – vous savez ce que vaut une signature hitlérienne, et vous connaissez les méthodes, le manque de

---

[163] Deutsches Exilarchiv 1933–1945, Die Deutsche Bibliothek, Frankfurt a.M.
[164] Ebd.

scrupules et la force de la Gestapo. Aussi longtemps que nous sommes ici, par le fait que nous sommes ici, le danger persiste, à peu près sans diminuer.

Je sais que vous êtes intervenus en ma faveur auprès de M. de St.Quentin, et auprès d'autres, et pour autres amis. Cher Ami, faîtes pour nous ce que vous pouvez faire, faîtes l'impossible; multiplez les démarches et les interventions. Que les organizations capables de le faire, organisent au plus tôt notre départ de France; qu'en l'attendant la Croix Rouge Américaine, seule capable de le faire, se charge de notre protection. (L'acheminement en wagons plombés et guarantis par la Croix Rouge, à travers l'Espagne au Portugal, peut être, en peu de jours, la dernière route du salut.) Ardez-vous à prendre contact, le plus tôt possible, avec la Croix Rouge Américaine, qu'elle nous envoie un de ses délégués en Europe!

Merci, mon cher Ami. Mille compliments à la Princesse, de cœur à vous,

Rudolf Leonhard

Wenn Leonhard auf französisch und kein Wort über die katastrophalen Zustände schreibt, so hat das sicher mit der Zensur zu tun. Koestler und Blumenfeld sind aus unerklärten Gründen relativ schnell wieder entlassen worden aus Le Vernet, aber Rudolf Leonhard mußte über ein Jahr, bis Ende November 1940 dort bleiben. Er war eine Schlüsselfigur des deutschen Widerstandes; mit der Gründung des Schutzverbandes Deutscher Schriftsteller und mit den Sendungen, die er mit Bruno Frei auf Veranlassung von Robert Minder in deutscher Sprache über Radio France nach Deutschland schickte, mußte er als Hauptfeind der Nazis gelten. Sein weiteres Schicksal blieb hochdramatisch: Im Winter 1940 kam er als einer der sogenannten Russen nach Les Milles, das zu diesem Zeitpunkt als Transitlager fungierte; von dort gelang ihm die Flucht nach Marseille, wo er sich im Untergrund aufhielt, bis er einen Schiffsplatz nach Mexiko bekam. Als er schon auf dem Schiff war, wurde er erneut verhaftet und wieder nach Le Vernet gebracht und von dort in das Auslieferungslager Castres. Hier verloren ihn seine Leidensgenossen aus dem Blick, man wußte nur, daß er in einen Ausbruchsversuch involviert war, von dem man glaubte, daß alle Beteiligten erschossen worden seien. In Amerika trauerte man schon über ihn.

»Es haben damals Totenfeiern für mich stattgefunden, denen ich leider nicht habe beiwohnen können, aber ich bin im Besitz einer dicken Mappe mit Nachrufen und Leichenreden, und es sind sehr schöne darunter. Es ist ein nicht unerhebliches Vergnügen, in einem Lehnstuhl, pfeiferauchend, diese Gedenkartikel zu lesen: Wären sie wahr, wäre es viel weniger schön [...]«[165]

Daß er lebend in den Genuß kam, seine Totenreden lesen zu können, ver-

---

[165] Rudolf Leonhard erzählt, S. 255f.

dankte er seiner Geistesgegenwart in einem bedrohlichen Moment und einem geradezu unglaublichen Zufall. Als er in dem Auslieferungsgefängnis von Castres saß, wo täglich einer der Häftlinge abgeholt und nie wieder gesehen wurde, beschlossen alle Insassen einen regelrechten Ausbruch mit der Fesselung ihrer Bewacher, was auch gelang. Viel schwieriger war die Suche nach einem Versteck vor den Gendarmen und Soldaten, die die Umgebung nach den Flüchtigen absuchten. Rudolf Leonhard erreichte schließlich ein Kloster.

»Das Kloster war nicht mehr sehr weit, wir konnten es schon rechts hinten an der Straße sehn. Ihm gegenüber lagen Bauernhäuser. Da hinten sah ich zwischen Bauernhaus und Kloster einen Mann in schwarzem Anzug die Straße überqueren. Mit meinem müden Gehirn dachte ich: Wenn ich an Rassentum und Nationalpsychologie glauben würde, dann würde ich meinen, dieser Mann habe den Gang eines Berliner Juden. Wir kamen im Kloster an. Ich fragte den Pförtner, ob ich den Abt sprechen könne. [...]

Während ich wartete, kam der Mann, den ich vorher die Straße hatte überqueren sehn und der sich offensichtlich nur eine Regenkapuze geholt hatte, aus dem Kloster heraus auf den Vorplatz, ich sah ihn jetzt ganz und von vorn, und – ich bin überzeugt, daß mir das niemand glauben wird, aber es war so – [...] diesen Mann kannte ich. Es war ein früherer Anwalt, früherer Jude, früherer Kommunist aus Berlin, Emigrant gleich mir, der mich in Paris zu dem hochberühmten Anwalt M.G. begleitet hatte, als ich dem die Akte des Reichstagsbrandprozesses vorlegte. [...]«[166]

U. V.

---

[166] Rudolf Leonhard erzählt, S. 167f.

145

Papierkrieg

»Wer nicht ›en règle‹ ist,
wäre besser nicht geboren! Klar?«
Franz Werfel

Alma Mahler und Franz Werfel

In den Wochen zwischen der Einnahme von Paris und der Zeit nach dem Waffenstillstand ist in Frankreich jeder auf der Flucht, der irgendeine Möglichkeit dazu hat. Alma und Franz Werfel haben Sanary verlassen und bemühen sich wie Tausende andere darum, in Marseille Visa für Amerika und Ausreisegenehmigungen aus Frankreich zu bekommen, was in diesem Moment nahezu unmöglich ist. Eines Tages brechen sie überstürzt mit einem Taxi auf, um zu versuchen, in Bordeaux ein Schiff zu bekommen oder von dort aus nach Spanien zu gelangen. Die Irrfahrt der nächsten Tage führt sie durch ein vollkommen chaotisches Land, das einem Heerlager gleicht und in dem sie in keiner Stadt auch nur ein Zimmer zum Übernachten bekommen, sie können schon froh sein, wenn sie ein Bett für beide in der Abstellkammer eines Spitals oder in einem Bordell finden. In St. Jean de Luz sollte es einen portugiesischen Konsul geben, der gültige Papier nach Portugal ausstellte. Als Franz Werfel bei ihm ankam, war der verrückt geworden und hatte alle Pässe ins Meer geworfen Eines Tages landen sie in Lourdes. Alma Werfel schreibt in ihrem Tagebuch:

2. Juli (1940) – Lourdes
Heute ist der vierzehnte Tag des Entsetzens, den wir nach dem schmählichen Waffenstillstand erleben.
Wenn wir das alles überleben, so sind wir um zwanzig Jahre gealtert. Franz Werfels Rettung, meine Rettung, […] alles liegt in einem trüben Etwas verborgen, von dem wir nichts wissen.
   Die Grotte von Lourdes ist seelisch heilsam, solange wir da sind. Entfernen wir uns, fällt die Erleichterung ab […] und wir fühlen wieder den Stein auf dem Herzen.
   Was jetzt kommt, ist höchstens ein Geduldetwerden, irgendwo.
   Mein Gepäck mit allen meinen Aufzeichnungen ist verloren gegangen in diesem Topf voll Dreck und Unordnung. Alles mir persönlich Wichtige ist mir dadurch genommen worden. Vor allem aber alle meine Partituren! Alles ist nun im okkupierten Gebiet, wird durchsucht und durchstöbert von unweisen Händen.

Nach vielen Wochen kam das kleine Gepäck an, das wir im Straßengraben von St. Jean de Luz stehenlassen mußten. Aber es bereicherte uns wenig.

Von Anna Mahler in London bin ich vollkommen getrennt. Es geht keine Nachricht aus Frankreich hinaus und keine kommt herein.

Franz Werfel verschwand am letzten Tag unseres Aufenthaltes in Lourdes für längere Zeit. Ich frug ihn nicht, wo er gewesen war, aber er sagte freimütig: »Ich habe gelobt, daß ich ein Buch zur Ehre der heiligen Bernadette schreiben werde, wenn wir glücklich in Amerika ankommen!«[167]

Dieses Buch wird der erste Bestseller-Erfolg von Franz Werfel in Amerika: *Das Lied von Bernadette*, das schon 1941 bei Bermann-Fischer in Stockholm erscheint.

Und noch ein anderes seiner Werke verdankt seine Entstehung dieser dramatischen Irrfahrt durch Südfrankreich und dem reichen Anekdotenschatz seines Zimmernachbarn Jacobowicz in Lourdes: Das Schauspiel *Jacobowsky und der Oberst, Komödie einer Tragödie*, 1944 ebenfalls in Stockholm erschienen und aus der sicheren räumlichen und zeitlichen Entfernung in Kalifornien geschrieben, öffnet nun auch den Blick für die absurden Begleiterscheinungen dieser Zeitumstände – und für die Zufälle, von denen alle Emigranten immer wieder überrascht wurden. Der »Papierkrieg«, mit dem alle gleichermaßen zu kämpfen hatten, ist auch hier der Angelpunkt:

»Jacobowsky:
Wäre es nicht zweckmäßiger, Sie würden mir einen guten Rat erteilen, anstatt mich zu verhaften? Ich fühle den unüberwindlichen Wunsch in mir, den Boden Frankreichs zu verlassen. Wie fange ich das an?
Brigadier *wieder monoton über Stock und Stein*
Nichts einfacher, lieber Herr! Zum Verlassen Frankreichs benötigen Sie ein Visa de Sortie. Zu diesem Zweck müssen Sie bei der nächsten Sous-Préfecture, in Pontivy um ein solches Visa de Sortie nachsuchen, nach Ausfüllung von drei Fragebogen mit je einer Photographie, Profil, rechtes Ohr sichtbar, nebst Einzahlung von siebenundzwanzig Francs fünfundsiebzig Centimes. Die Sous-Préfecture setzt sich mit der Préfecture Ihres Grundaufenthaltsortes, Paris, in Verbindung und errichtet durch eingehende Korrespondenz ein Dossier über Ihren Fall, das nach einigen Wochen dem Ministerium des Innern zur weiteren Behandlung vorgelegt wird. Das Ministerium des Innern beauftragt eine eigene Kommission damit zu untersuchen, ob Sie würdig waren, Frankreich zu betreten und ob Sie würdig sind, es zu verlassen. Das braucht seine Zeit, wickelt sich aber ab wie geölt. Ihr Problem jedoch hat

---

[167] Alma Mahler-Werfel, Mein Leben, S. 311.

einen Knoten. Sie müssen vorher nach Paris zurückkehren und Ihr Sauf-conduit abwarten, das Ihnen erlaubt, hierher zu reisen. Denn Sie können ja nicht
vor einer Sous-Préfecture erscheinen, ohne ›en règle‹ zu sein. Wer nicht ›en
règle‹ ist, wäre besser nicht geboren! Klar?

JACOBOWSKY

Sonnenklar!

BRIGADIER

Sie fassen sehr leicht auf, Monsieur. [...]

JACOBOWSKY

Ich war leider ein früh gewecktes Kind. [...] Und wie sind meine Aussichten,
wenn ich alle Forderungen erfülle?

BRIGADIER

Ihre Aussichten sind gleich Null. Denn welches Wohlwollen dürften Sie von
einem Staat erwarten, dem Sie so viel Schreiberei verursachen? [...]«[168]

Hertha Pauli und Walter Mehring geraten auf ihrer Flucht aus Paris auch in die
Nähe von Lourdes.

»Vor Lourdes schlugen die Pilger ihre Zelte auf. Für uns war nirgends mehr
Platz. Ziellos wanderten wir durch die Straßen, von Hotel zu Hotel. Niemand
nahm uns auf. Die meisten Lebensmittelgeschäfte waren geschlossen, denn die
Regierung hatte fast alle Eßwaren beschlagnahmt. Die Regierung unter Marschall Pétain sei nun in Vichy, im Einverständnis mit dem Führer. De Gaulle
und was es noch an einer Widerstandsbewegung gab, nach England geflüchtet,
darunter auch Pierre Comert. Wir fühlten uns völlig verlassen.

Wir traten, ohne es zu wollen, in den offenen Laden, in dem Heiligenbilder
verkauft wurden. [...]

Ein Mann, der eine große Brille trug, blätterte in einem der Bücher. Bei unserem Eintritt hob er den Kopf. Dann umarmten wir uns. Die kleine Bernadette
hatte uns mit Franz Werfel zusammengeführt. [...]

Alma wartete in einem nahen Hotel. Dort hatten die Werfels mit viel Mühe
ein Zimmer gefunden, eher ein Loch, eine Art *cachot*, ähnlich dem Gefängnis,
in dem Bernadette einst wohnte. [...]

Es war Mitte Juli. Die Überredungskunst Almas brachte ihren Hotelier dazu,
uns auf dem Billardtisch in seiner Bar übernachten zu lassen. Da lagen wir noch
mit zerschundenen Gliedern, während die Werfels in aller Herrgottsfrüh mit
den Pilgern zur Grotte nach Massabielle zogen, in der die Jungfrau einstmals der
kleinen Bernadette erschienen war.«[169]

[168] Franz Werfel, Jacobowsky und der Oberst, S. 80f.
[169] Hertha Pauli, Riss der Zeit, S. 196.

Auch Arthur Koestler war in derselben Zeit dort, nach einer unglaublich tragikomischen Irrfahrt (dieses Kapitel seiner Erinnerungen ist mit »Apokalypse« überschrieben), nachdem er aus Le Vernet entlassen worden war. In einem bestimmten Moment der Verzweiflung sah er keine andere Möglichkeit mehr, als sich zur Fremdenlegion zu melden, genau an dem Tag, als Frankreich kapitulierte – was seinen neuen legalen Status wieder ins Wanken brachte. Anfang Juli 1940 ist er ein paar Kilometer von Gurs entfernt:

»5. *Juli (1940)*
In the evening went to Navarreux for treatment. Saw several German émigré women previously interned in concentration camp at Gurs (four miles away); now released, don't know where to go, what to do. Talked to one in a café; said she is sending telegrams to all concentration camps in non-occupied France, trying to find her husband; praying that he should not be in occupied territory.

Hundreds of women in her case. Population calls them *les Gursiennes*. Peasants let rooms to them or let them work in fields *au pair*. They look undernourished, exhausted, but tidy. All wear turbans *à la mode*, a coloured handkerchief round the head.[170]

15. Juli (1940)
[…]
Las in der *Petite Gironde*, daß Carl Einstein, der Kunsthistoriker, Selbstmord begangen hat; er hatte sich im Konzentrationslager die Pulsadern geöffnet, wurde aber gerettet, entlassen und sprang dann mit einem Stein um den Hals in die Gave d'Oloron, die durch Navarreux fließt. Wo, wurde nicht erwähnt, es kann aber nicht weit von dem Platz entfernt gewesen sein, an dem ich gestern gebadet habe. Die Zeitung schrieb: ›Ein gewisser Carl Einstein, ein deutscher Flüchtling, Neffe von Professor Albert Einstein […].‹ Traf ihn zum letztenmal 1939 im Café des deux Magots in Paris. Er hatte als Freiwilliger in Spanien gekämpft und war gebrochen von der Niederlage zurückgekommen. Erinnere mich, was sein erstes Buch über die Plastiken der Neger in Deutschland für ein Aufsehen erregt hat.«[171]

In den Tagen nach dem Waffenstillstand war es den meisten Frauen aus Gurs gelungen, entlassen zu werden oder zu fliehen. Toni Kesten schreibt an Hermann Kesten nach New York:

[170] Arthur Koestler, Scum of the Earth, S. 205.
[171] Arthur Koestler, Abschaum der Erde, S. 499.

Toni Kesten an Hermann Kesten[172]

Hermann Kesten, Hotel Park Plaza
50 West 77 th Street, New York (Tel – Endicott 2-3700)

le 21 juin 1940

Mon chéri,

nous trois (Hilde [Walter], Adrienne [Thomas] et moi) ont reussir à partir et sommes aujourd'hui à Peyrchorade, Departement Landes, (pays basques) et nous voulons essayer demain à partir pour Lourdes. Nous sommes arriver hier dans la nuit et nous avons passer la nuit dans la Halle zentrale. Nous sommes presque sans l'argent et s'il est possible de fixer une adresse je veux te cabler. Je voulais aller à Bordeaux, mais pour le moment il n'est pas possible, si je peux j'irai tout de suite. Il te faut renseigner où il y a le Consulat américaine et où tu peus déposer mon visa tout de suite, c'est très necessaire. Je n'ai jamais reçu l'argent quelle tu as envoyé à Schneider. J'ai reçu ton lettre où tu m'avise le visa pour le 20 juin, mais je ne sais pas où on peut avoir le visa. J'espère bien que tu sais quoi faire, il te faut parler avec l'ami de Hilde il te conseillera. Mes papiers sont tout à fait en règle. Il y a des milliers des réfugiés et on a des plus grandes difficultés pour l'hébergement. Je suis malheureuse qu'à cause de tout ça tu ne peus pas travailler, mais j'éspère bien que nous reverrons bientôt. Je t'embrasse mille fois et mille baisers

ta Toni.

Pour question d'argent, après avoir consulté M. Nathan: Si vous n'avez pas d'adresse il faut cabler au consulat à la disposition de chaqune de nous séparé 100 dollars. H.W.

Drei Tage später sind sie schon weitergezogen, und am 24. Juni schreibt Toni Kesten aus Dax:

»Je sais bien qu'il est difficile pour toi m'envoyer 100 Dollars, mais tu sais, qu'on est perdu sans argent dans cette situation. Nos amis ici ne peuvent pas nous venir donner le moindre aide. [...] Je suis tout à fait désespérer et il me faut un mot de toi tout de suite. Je t'embrasse mille fois.«[173]

Lisa Fittko, die sich mit Hilfe von gefälschten Entlassungspapieren aus Gurs befreite, machte sich auch mit zwei Freundinnen, eine davon war Anja Pfemfert,

---

[172] Monacensia, Stadtbibliothek München. Archiv Hermann Kesten.
[173] Toni Kesten an Hermann Kesten, 24.6.1940. Monacensia, Stadtbibliothek München. Archiv Hermann Kesten.

auf den Weg, um vor allem ihren Mann Hans zu suchen, von dem sie keine Nachricht hatte. Eine Zeitlang fanden sie Unterschlupf in dem Dorf Pontacq.

»Auf unserem letzten ›Ausflug‹ gingen wir in die Dörfer, in denen die anderen Frauen aus unserer Gruppe untergekommen waren, und unterrichteten sie von unseren Plänen. Unterwegs sahen wir in der Nähe des Dorfes, in dem sie sich allein versteckt hielt, Hannah Arendt durch eine Wiese wandern. Auch sie hatte vor, in einigen Tagen weiterzuziehen. ›Wollen Sie mit uns nach Lourdes?‹ fragten wir.

›Ich fühle mich sicherer allein‹, antwortete sie. ›In Rudeln hat man weniger Chancen, durchzukommen.‹«[174]

Helen Wolff hatte sich ebenfalls zu Fuß von Gurs aus auf den Weg gemacht und über viele Umwege und glückliche Zufälle ihren Mann Kurt Wolff wiedergetroffen, mit dem sie dann nach Nizza fuhr, um wie alle anderen den Kampf um die Ausreisepapiere aufzunehmen.

Lisa Fittko

Als sie noch in Paris waren, hatten sie den sechsjährigen Sohn Christian in ein Kloster nach La Rochelle geschickt, weil sie hofften, daß eine solche Institution ein kleines Kind nicht ausliefern würde. La Rochelle lag aber nach der Kapitulation Frankreichs in der besetzten Zone, und nun erhob sich das Problem, wie sie ihn nach Nizza holen konnten. Helen Wolff erzählt:

»Wir hatten eine Freundin, Tina Vinès, die im Louvre arbeitete. Sie hatte dort eine hohe Stellung – sie war damit beauftragt, die Kunstschätze zu evakuieren, um sie in Sicherheit zu bringen. Der Louvre hatte die meisten Hauptkunstwerke in die Loire-Schlösser ausgelagert. Manche von ihnen waren in der besetzten und manche in der unbesetzten Zone. Tina hatte ein Laissez-passer, um zwischen den Zonen hin und her zu reisen. Irgendwie erreichten wir sie – man konnte ja nach einiger Zeit Postkarten von einer Zone zur anderen schreiben – und sie ließ uns wissen, daß sie versuchen würde, unser Kind herauszuschmuggeln. Sie ging in das Kloster nach La Rochelle, und sie und Christian verbrachten dann eine Nacht in einem Loire-Schloß. Am nächsten Morgen versteckte sie ihn in einem Pferdewagen und schmuggelte ihn über die Grenze. Und so bekamen wir ihn dann wieder. Man darf auch nicht vergessen: wir hatten einen großen Vorteil.

[174] Lisa Fittko, Mein Weg über die Pyrenäen, S. 85.

Unser Kind war in Frankreich geboren und war französischer Staatsbürger. [...] Als Mutter und Vater eines französischen Kindes hatten wir bestimmte Privilegien. Ich glaube, darum konnten Kurt und ich rauskommen. Die Idee stand dahinter, daß ein französisches Kind seine Eltern braucht, und wir haben unsere Loyalität zu Frankreich durch ihn bezeugt. So hat uns in gewisser Weise unser Sohn das Leben gerettet.«[175]

U. V.

[175] Helen Wolff, The New Yorker, August 2nd, 1982. Übersetzung Ulrike Voswinckel.

Schutzengel

Varian Fry

»Sie müssen sich vorstellen: die Grenzen waren gesperrt, man saß in der Falle, jeden Augenblick konnte
man von neuem verhaftet werden, das Leben war zu
Ende – und nun steht da plötzlich ein junger Amerikaner in Hemdsärmeln, stopft dir die Taschen mit Geld
voll, legt den Arm um dich und zischelt mit schlecht
gespielter Verschwörermiene: ›Oh es gibt Wege, Sie
herauszubringen‹, während dir, verdammt nochmal,
die Tränen über die Backen laufen, ja, scheußliche,
richtige, dicke Tränen, und der Kerl, der gemeine, übrigens ein ehemaliger Harvard-Student, nimmt nun
auch wirklich sein seidenes Taschentuch aus der Jacke,
die über dem Stuhl hängt, und sagt: ›Hier, nehmen
Sie. Es ist nicht ganz sauber. Sie müssen schon entschuldigen.‹‹[176]

Varian Fry

Varian Fry, der hemdsärmelige Amerikaner, von der
amerikanischen Hilfsorganisation *Emergency Rescue
Committee* nach Marseille entsandt, wurde für zahllose Emigranten wie für den Schriftsteller Hans Sahl,
der diese Zeilen verfaßte, zur letzten Hoffnung, zum
Schutzengel in einer ausweglos erscheinenden Situation.

Marseille 1940

Die unbesetzte Zone im Süden Frankreichs war voll von umherirrenden Flüchtlingen. Im August 1940 befanden sich südlich der Demarkationslinie allein rund
16 000 Deutsche – auf freiem Fuß oder in französischen Internierungslagern.[177]

[176] Hans Sahl, Exil im Exil, S. 88.
[177] Barbara Vormeier, Die Lage der deutschen Flüchtlinge in Frankreich. September 1939 bis
Juli 1942. In: Grandjonc/Grundtner (Hrsg.), Zone der Ungewißheit, S. 220.

Marseille

Hinzu kamen zahllose Verfolgte anderer Nationen, Österreicher, Franzosen, Tschechoslowaken, Niederländer, Belgier, republikanische Spanier, Italiener.

Marseille, der letzte freie Hafen Frankreichs, Anlaufstation für viele, entwickelte sich zu einem Schmelztiegel der Nationalitäten. Varian Fry schreibt über das Marseille von 1940:

»Marseille war mit Soldaten ebenso überfüllt wie mit Flüchtlingen [...] Kolonialsoldaten mit leuchtend rotem Fes oder ›Chéchias‹ auf dem Kopf; Freiwillige der Fremdenlegion, die ihre ›Képis‹ in Staubschutzhüllen trugen; Zuaven in weiten türkischen Pluderhosen; Sahis mit breiten schwarzen Schärpen um die Taille; Gebirgsjäger in olivgrünen Uniformen und mit gewaltigen Baskenmützen, die bis über das linke Ohr heruntergezogen wurden; staubige Schanzarbeiter aus den Tunneln der Maginot-Linie in grauen Pullovern; Kavallerieoffiziere in eleganten Khaki-Röcken, maronfarbenen Reithosen und, statt Képi oder Stahlhelm, mit verwegenen, velourbraunen Mützen; schwarze Senegalesen mit Turbanen, die von einem einzigen Goldstern zusammengehalten wurden; Soldaten der Panzerdivision in wattierten Lederhelmen; und zigtausend gewöhnliche Infanteristen, erschöpft, dreckig und heruntergekommen. Den ganzen Tag über strömten Soldaten und Flüchtlinge zur Gare St. Charles und wieder zurück, den Boulevard Dugommier und die Cannebière hinauf und hinunter, in die Cafés und Restaurants an der Cannebière und am Vieux Port hinein und wieder hinaus. Sie überfluteten die Straßen wie Fußballfans, die von einem Spiel kommen, verstopften die vorderen und hinteren Plattformen der Straßenbahnen und drängelten, schubsten und stießen, waren jedoch ganz ruhig dabei – lebendes Strand- und Treibgut, zurückgeblieben nach einer großen Katastrophe.«[178]

Die Gründung des Emergency Rescue Committee

Am 22. Juni 1940 hatte die Regierung Pétain das deutsch-französische Waffenstillstandsabkommen unterzeichnet. In § 19 des Abkommens mußte sich die französische Regierung mit Sitz in Vichy verpflichten, unter Mißachtung des Asylrechts »alle in Frankreich sowie den französischen Besitzungen usw. befindlichen Deutschen, die von der deutschen Reichsregierung namhaft gemacht werden konnten, auf Verlangen auszuliefern.«[179]

Einige Tage später, am 25. Juni, fand im Hotel Commodore in New York, ein »fund raising dinner« statt. Diese Banketts, die in der Regel von amerikanischen Hilfsorganisationen veranstaltet wurden, dienten der Beschaffung von Spendengeldern für Flüchtlinge. Hermann Kesten berichtet über diese Art von Veranstaltungen: »Damen der Gesellschaft kamen, um zu helfen, und blieben wieder aus, als sie im Office, wo kaum ein Stuhl stand, weder Picasso noch Casals antrafen, die das Komitee zu retten versprach, die aber gar nicht gerettet werden wollten. Gelder für Passagen oder Officespesen wurden bei Sponsoren gesammelt, […] mit der Technik von Auktionatoren: Wer spendet $ 1000,- für die Rettung von Casals, $ 800,- für die Rettung von Picasso, $ 500,- für Franz Werfel oder Marc Chagall, usw.?«[180]

Die Zusammenkunft im Commodore jedoch stand unter dem unmittelbaren Eindruck der Niederlage Frankreichs, die in der amerikanischen Öffentlichkeit für Entsetzen gesorgt hatte. Das Bekanntwerden des Auslieferungsparagraphen löste nicht nur unter den Emigranten Panik aus. Es machte deutlich, daß die Notwendigkeit einer schnellen Hilfe für die Verfolgten unabdingbar war.

Ingrid Warburg und Anna Frank Loeb erinnern sich, daß besonders Erika Mann, die gemeinsam mit ihrem Bruder Klaus an dem Bankett teilnahm, klar zu machen versuchte, daß angesichts der Tatsache, daß ihr Vater beinahe täglich

---

[178] Varian Fry, Auslieferung auf Verlangen, S. 33f.
[179] Zitiert nach Barbara Vormeier, Die Lage der deutschen Flüchtlinge in Frankreich. September 1939 bis Juli 1942. In: Grandjonc/Grundtner (Hrsg.), Zone der Ungewißheit, S. 216.
[180] Hermann Kesten, Deutsche Literatur im Exil, S. 141.

Hilferufe von Schriftstellern und Freunden aus Südfrankreich erhalte, das Sammeln von Geld allein nicht mehr ausreichend sei.

Noch am selben Abend beschloß man in New York unter der Leitung von Frank Kingdon, dem Hauptredner der Veranstaltung, und unter Teilnahme von zahlreichen prominenten Persönlichkeiten der amerikanischen Öffentlichkeit wie Alvin Johnson (Präsident der New School of Social Research), Charles Seymor (Präsident der Yale University) und Dorothy Thompson (Präsidentin des amerikanischen P.E.N.), die Gründung des *Emergency Rescue Committees (ERC)*.[181]

Ziel des *ERC* sollte es sein, namhafte europäische Intellektuelle, Schriftsteller, Künstler, Musiker, Schauspieler, Wissenschaftler und Politiker aktiv bei der Flucht aus Europa zu unterstützen und deren Einreise in die Vereinigten Staaten zu ermöglichen. In enger Zusammenarbeit mit anderen bereits bestehenden Hilfsorganisationen wie den jüdischen Institutionen *Hias/Hicem* und *American Jewish Joint Distribution Committee*, der gewerkschaftlich organisierten *American Federation of Labour (AFL)*, dem *Unitarian Service Committee* oder dem *American Friends Service Committee* der Quäker, die ihrerseits bereits Büros und Mittelsmänner in Marseille oder Lissabon unterhielten, sollte die Fluchthilfe koordiniert werden.

Eines der Hauptprobleme war die Beschaffung von Einreisevisa für die USA. Die rigide Einwanderungspolitik der Vereinigten Staaten, mit festen Quoten für einzelne Nationalitäten, hatte meist Wartezeiten von mehreren Monaten, wenn nicht Jahren zur Folge. So war es nötig, eine Lockerung der Einreisebestimmungen zu erreichen. Gegen starke Widerstände im State Departement gelang es mit Hilfe von Eleanor Roosevelt, der Frau des amerikanischen Präsidenten, die bürokratischen Hürden zu durchbrechen und die amerikanische Administration zur vorübergehenden Einführung von sogenannten *Special Emergency Visitors' Visa* zu bewegen.

Anhand von Listen verfolgter Intellektueller wurden amerikanische Konsulate in Europa unterrichtet, welche Personen namentlich für solche Sondervisen in Frage kämen. Diese Listen wurden zu einem großen Teil vom *Emergency Rescue Committee* angefertigt. An der Erfassung deutscher Emigranten arbeiteten u. a. Erika Mann, Liesl Frank, Hermann Kesten und Thomas Mann. Ihre Personenlisten wurden von Mildred Adams und Ingrid Warburg an höhere Stelle weitergeleitet.

Das *Special Emergency Visitors' Visa* bestand aus einer auch für die Quotenvisa erforderlichen, finanziellen Bürgschaft eines US-Bürgers oder einer Person, die die Erlaubnis zu einem Daueraufenthalt in den USA besaß, dem *affidavit of*

---

[181] Ingrid Warburg, Die Dringlichkeit des Mitleids, S. 174.

support, sowie dem speziell für die Notvisa geschaffenen *affidavit of sponsorship*, eine Art Leumundszeugnis, das nur von einem amerikanischen Staatsbürger abgegeben werden konnte. Außerdem war dem Antrag auf Erteilung eines Visums ein Lebenslauf des zu Rettenden beizufügen, u. a. mit Angaben wie Geburtsdatum, -ort, Berufsweg, politischen Tätigkeiten, Personen in den USA und Europa, die den Betreffenden gut kannten sowie Begründung für Anlaß und Ausmaß seiner besonderen Gefährdung.[182]

Bestanden diese Unterlagen die Prüfung, wurde dem zuständigen Konsul empfohlen, die betreffende Person, unter Vorlage einer bezahlten Schiffspassage, mit einem Visum für die Vereinigten Staaten auszustatten. Diese Vorgaben waren allerdings nicht unproblematisch. So war es nicht nur aufwendig für die finanziell meist sehr schlecht stehenden Emigranten, Gelder für eine Schiffskarte aufzubringen. Es stellte sich zudem die Frage, wer überhaupt Bürgschaften leisten wollte und konnte. Die wenigsten Emigranten erfüllten die rechtlichen und materiellen Voraussetzungen und waren wie Thomas Mann in der Lage dazu, der unter anderem für Golo und Heinrich Mann sowie für Leonhard Frank, Lion Feuchtwanger, Kurt Kersten Bürgschaften leistete.

Hinzu kam das Problem der Erfassung von biographischen Daten. Diese waren häufig unbekannt (hier waren die Kenntnisse Hermann Kestens durch seine langjährige Tätigkeit als Verlagslektor von außerordentlicher Bedeutung).

Kaum jemand wußte, wo sich die Gefährdeten gerade aufhielten; befanden sie sich in einem französischen Internierungslager? Wenn ja, in welchem? Waren sie untergetaucht oder legal auf freiem Fuß, im besetzten oder im unbesetzten Teil Frankreichs? Die Lage vor Ort war weitgehend unbekannt.

Vor diesem Hintergrund war es nötig, einen eigenen Kontaktmann nach Marseille zu entsenden, um die Rettungsaktionen zu organisieren. Die Wahl fiel auf den Journalisten und Redakteur Varian Fry. Der Harvardabsolvent Fry, der in den dreißiger Jahren für verschiedene Zeitschriften in Amerika gearbeitet hatte und 1935 auf einer Europareise bei einem Besuch in Deutschland selbst Zeuge von antisemitischen Ausschreitungen geworden war, hatte nicht nur die entsprechende politische Motivation, er verfügte auch über die notwendigen Sprachkenntnisse und den Mut, eine solche nicht risikolose Reise auf sich zu nehmen. Seine persönliche Affinität zur europäischen Kunst und Literatur sowie seine Bewunderung für einige in Frankreich festsitzende Schriftsteller machten ihm diese Aufgabe zu einer Herzensangelegenheit.

Fry verließ New York am 4. August 1941. Aus seinem Aufenthalt in Marseille, der ursprünglich nur auf drei Wochen angelegt war, wurden dreizehn Monate.

---

[182] Hans-Albert Walter, Deutsche Exilliteratur Bd. 2, S. 471f.

Die ersten Wochen

Schon von Lissabon aus versuchte Fry, Kontakt zu einigen Flüchtlingen aufzubauen. Kurz nach seiner Ankunft in Europa schreibt er an Toni Kesten:

Varian Fry an Toni Kesten[183]

Hotel Metropole
Lisboa

August 7, 1940

Dear Miss Kesten,
I have just arrived by Clipper from New York, with instructions to do what I can to assist you, Hertha Lesser and Hilda Walter. I understand that a friend has paid your steamship passages, but that you were having trouble in Marseilles. I am leaving for Marseilles in a few days, and it may be that I shall see you there. However, in case you are now in Lisbon, I am writing you this note, so that you can get in touch with me here. You will find me at the Hotel Metropole, probably until the end of the week.
    Yours very truly,

Varian Fry

P.S. Your husband is working daily with the committee I represent, and has asked me to tell you to consult the Quakers if you cannot reach me. He also asks that you cable your difficulties to Professor Otto Nathan, at Columbia University, New York. We are all friends of Mann's.

Am 14. August erreichte Fry Marseille. Dort traf er mit Frank Bohn zusammen, der einige Wochen zuvor von der *American Federation of Labour* nach Frankreich entsandt worden war, um verfolgten Gewerkschaftlern und Politikern zur Flucht zu verhelfen. Mit Bohn, der bereits über wertvolle Information über die Lage der Flüchtlinge verfügte, kam es in der Folge zu einer engen Zusammenarbeit. Nach dessen Abreise Ende Oktober sollte Fry auch dessen Personenkreis übernehmen.
    Das *Hotel Splendide*, in dem beide ihr Hauptquartier aufgeschlagen hatten, wurde in den ersten Wochen zum Dreh- und Angelpunkt ihrer Arbeit. Fry, der nur mit theoretischen Kenntnissen nach Marseille gekommen war, wurde sofort nach Aufnahme seiner Arbeit im *Splendide* mit den durchlebten Katastrophen und aktuellen Bedrohungen konfrontiert.

---

[183] Monacensia, Stadtbibliothek München. Archiv Hermann Kesten.

»Schon am nächsten Tag kamen die ersten Flüchtlinge auf mein Zimmer. Viele von ihnen waren durch die Hölle gegangen; sie waren nervlich am Ende und vollkommen mutlos. [...]

Vor allem in großen Städten, wo sich wechselnde Flüchtlingsströme sammelten, war die Lage überaus ernst. Die Polizei reagierte nervös und verhaftete von Zeit zu Zeit eine größere Zahl von Flüchtlingen einfach von der Straße weg. Diese plötzlichen Massenverhaftungen hießen ›rafles‹, und man wußte nie, wann und wo sie stattfanden. Es konnte am hellichten Tag auf der Cannebière sein oder nachts in einem Café oder Hotel. Nur eines war sicher: wurde man bei einer ›rafle‹ aufgegriffen, kam man für mehrere Tage ins Gefängnis, auch wenn sich hinterher herausstellte, daß man ›en règle‹ war. Wer jedoch nicht ›en règle‹ war, wanderte vom Gefängnis ins Internierungslager.«[184]

Die Mitarbeiter Varian Frys in konspirativer Runde. Von links nach rechts; hinten: Erich Lewinsky, Fritz Heine, Jacques Weisslitz; vorne: Marcel Verzeanu, Marcel Chaminade, Hans Sahl, Heinz Ernst Oppenheimer, Daniel Bénédite

[184] Varian Fry, Auslieferung auf Verlangen, S. 23ff.

Schon nach wenigen Tagen fand sich um Fry ein erster enger Kreis von Mitarbeitern. Zu diesem gehörten der junge deutsche Sozialist Albert O. Hirschmann und der österreichische Katholik und Monarchist Franz von Hildebrand, die durch ihre gegenläufige politische Herkunft die Betreuung eines breiten Spektrums an Flüchtlingen ermöglichten.

Hirschmann, der später als Professor für Wirtschaftswissenschaften in Yale, Harvard und Princeton internationales Renommee erlangen sollte, von Fry aufgrund seines schelmischen Grinsens mit dem Spitznamen »Beamish« belegt, wurde zu Frys engstem Vertrauten und organisierte in den Folgemonaten nicht nur die Beschaffung von falschen Pässen und Papieren, sondern führte auch die unersetzlichen Transaktionen von Devisen auf dem Schwarzmarkt von Marseille durch.

Nach Unterzeichnung des Waffenstillstandsabkommens hatte die französische Regierung die Erteilung von Ausreisevisen für deutsche Emigranten gestoppt. Die Vichy-Regierung, die die Auslieferungslisten der deutschen Waffenstillstandskommission abwarten wollte, hinderte dadurch zahllose Emigranten, die bereits über die nötigen Emigrantenvisen für überseeische Länder verfügten, Frankreich auf legale Weise zu verlassen.[185]

Von einigen Flüchtlingen, die ihn um finanzielle Unterstützung baten, erfuhr Fry von der Möglichkeit, Frankreich zu Fuß über die Pyrenäen in Richtung Spanien zu verlassen.

»Einer von ihnen gab mir eine Karte, auf der eingezeichnet war, wo sie die Grenze überqueren wollten. Die Karte zeigte den Friedhof von Cerbère und einen Trampelpfad entlang der Friedhofsmauer. Die Staatsgrenze war durch Kreuze markiert und der Weg, der die französischen Grenzkontrollen umging, durch Pfeile gekennzeichnet. Ich verwahrte die Karte hinter dem Spiegel meiner Garderobe [...].«[186]

Dabei war es nach Auskunft der Flüchtlinge wichtig, »daß man sich, wenn man erst einmal über der Grenze war, den Grenzbeamten stellte und nicht eher weiter ins Land reiste, bis man den ›Entrada‹-Stempel im Paß hatte. Andernfalls lief man Gefahr, wegen illegaler Einreise verhaftet zu werden. Stellte man sich jedoch dem ersten Grenzposten, auf den man traf, und gab Devisen an, war alles in Ordnung. Die Spanier schienen überhaupt kein Interesse daran zu haben, ob man ein französisches Ausreisevisum im Paß hatte oder nicht. Sie interessierten sich nur für das spanische Transitvisum und vor allem für das mitgeführte Geld.«[187]

---

[185] Barbara Vormeier, Die Lage der deutschen Flüchtlinge in Frankreich. September 1939 bis Juli 1942. In: Grandjonc/Grundtner (Hrsg.), Zone der Ungewißheit, S. 220.
[186] Varian Fry, Auslieferung auf Verlangen, S. 25f.
[187] Ebd., S. 26.

Der Weg über die Pyrenäen wurde zur Hauptroute für die flüchtenden Emigranten. Obwohl wechselnde Bestimmungen in der Visafrage die Beschaffung der notwendigen Papiere erschwerten und es von Zeit zu Zeit zu einer kompletten Schließung der spanischen Grenze kam, war diese Route letztlich der sicherste Weg, Frankreich zu verlassen. Dennoch ist ein Fall bekannt, in dem die oben geschilderte Vorgehensweise zu einem tragischen Ende führte: die Verhaftung und der anschließende Selbstmord von Walter Benjamin.

Fry mußte die völlig aufgeriebenen und verunsicherten Flüchtlinge von der Notwendigkeit einer illegalen Flucht über die Grenze überzeugen. Er verschaffte ihnen Geld und stellte ihnen in vielen Fällen einen Mitarbeiter zur Seite, der sie bis zur Grenze begleitete. Voraussetzung für das Gelingen war allerdings ein gültiger Paß und die erforderlichen Transitvisen durch Spanien und Portugal. Der Wahnwitz der Beschaffung von Stempeln, der Wartezeiten und abgelaufenen Fristen wurde in verschiedenen Autobiographien geschildert. In wenigen Dokumenten wird er jedoch so dicht beschrieben wie im Fluchttagebuch Alfred Neumanns aus den Jahren 1940/41, das in diesem Buch erstmals veröffentlicht wird.

Über den Ablauf der Visabeantragung hält Varian Fry fest:
»Die spanischen Konsulate in Marseille, Toulouse und Perpignan stellten sämtlich bei Vorlage eines Passes mit gültigem portugiesischen Transitvisum ein spanisches Transitvisum aus. Und die portugiesischen Konsulate stellten Visa aus auf fast alles, was auch nur darauf hindeutete, daß der Antragssteller von Portugal aus weiterreiste. Flüchtlinge, die noch kein USA-Visum hatten, besorgten sich ein chinesisches oder siamesisches Visum und bekamen daraufhin das portugiesische Transitvisum. Auf ihr amerikanisches Visum warteten sie lieber in Lissabon als in Marseille.«[188]

Die Liste, mit der Fry nach Europa gekommen war, enthielt rund 200 Namen, deren Rettung höchste Priorität eingeräumt wurde; sie stellte sich allerdings bald als gänzlich überholungsbedürftig heraus. Neben der Tatsache, daß einige bereits geflohen waren und manche wie Ernst Weiss oder Walter Hasenclever Selbstmord begangen hatten, mußte die Liste fortwährend erweitert werden. Die Zahl der Hilfesuchenden stieg ins Unermeßliche.

Schon am Tag der Abreise von Varian Fry aus New York hatte Thomas Mann einen Brief an Hermann Kesten gesandt:

[188] Ebd.

Thomas Mann an Hermann Kesten[189]

Thomas Mann
441 North Rockingham
Brentwood Los Angeles

am 4. August 1940

Lieber Herr Kesten,–
das beifolgende Telegramm erhielt ich soeben aus Marseille. Mir ist nicht völlig klar, was es bedeutet,– keinesfalls bedeutet es viel Günstiges. Ich brauche Ihnen nicht zu sagen wie sehr ich mich darüber freue, dass Frauen wie Toni Kesten, Adrienne Thomas und Hilde Walter amerikanische Visitor-Visen zuerteilt bekommen haben. Dass aber,– auf der andern Seite, – Autoren wie Leonhard Frank, Walter Mehring und Hans Natonek »vergessen« worden zu sein scheinen, ist enttäuschend. Möchten Sie, bitte, die Freundlichkeit haben mit grösster Dringlichkeit bei Miss Adams vorstellig zu werden und darauf hinzuweisen, dass diese drei zu den besten und gefährdetsten deutschen Schriftstellern im Exil gehören und dass es von brennendster Wichtigkeit wäre, sie zu retten. Ich erwarte Ihr Telegramm, ehe ich meinerseits nach Marseille telegraphiere.
Mit den besten Grüssen und Wünschen

Ihr Thomas Mann

P.S. Für Leonhard Frank und Walter Mehring liegen hier Filmkontrakte vor.

Wie ein Lauffeuer verbreitete sich unter den Emigranten die Nachricht von der Ankunft eines Amerikaners, der sie außer Landes bringen würde.

Hertha Pauli erinnert sich: »Das Hotel Splendide lag ganz in der Nähe, Ecke Cannebière und Boulevard d'Athènes. Zu meinem Erstaunen fand ich die Halle ganz leer, nur zwei Flics lauerten links und rechts in den Ecken. Ich wagte mich an ihnen vorbei zum Portier. Zu spät fiel mir ein, daß ich den Namen des Amerikaners nicht wußte. Verlegen stammelte ich etwas herum, was tatsächlich genügte.

Der Portier nickte. ›Vorlassung nur unter Anmeldung.‹ Ängstlich flüsterte ich ihm meinen Namen zu, den er alsbald durchs Haustelephon schmetterte. Ich sah die Augen der Flics auf mich gerichtet und erstarrte wie unter dem Blick einer Schlange. Der Portier legte den Hörer hin und sagte ganz selbstverständlich: ›Vierter Stock, links, s'il vous plaît.‹

Die Halle mit den Flics drehte sich um mich, während ich dem Aufzug zustrebte. Im engen Kasten hochgezogen, fühlte ich, wie mir die Luft ausging. Gleich werden wir steckenbleiben, wußte ich. Da öffnete sich die Käfigtür – vierter Stock, links.

---

[189] Monacensia, Stadtbibliothek München. Archiv Hermann Kesten.

Durch einen dunklen Korridor strebte ich einem lichten Punkt zu, und als ich durch eine offene Tür trat, wehte mir vom Fenster her eine frische Brise entgegen. Im Fensterrahmen, hoch über dem Vieux Port, hing als verschwommenes Bild die Silhouette von Notre Dame de la Garde.

Die Wände waren ganz kahl; ein junger Mann in Hemdsärmeln, der vor einem leeren Tisch saß, studierte ein Blatt Papier in seiner Hand, statt mich zu beachten. Ich wartete verlegen und fragte mich, ob ich wohl am rechten Ort sei. Da hob der junge Mann wie zerstreut den Kopf und warf mir durch seine Hornbrille einen flüchtigen Blick zu.

›Miss Pauli‹, sagte er trocken, ›well – Sie stehen auf meiner Liste.‹ […]

Mein Name stand ganz oben, gleich zwischen ›Hans Natonek, a Czech humorist‹ und ›Ernst Weiss, a Czech novelist.‹ Natonek habe er schon gefunden, erklärte mir Fry. ›Was ist mit Ernst Weiss?‹ wollte er wissen.

Ich gab Bescheid. Fry nahm einen Bleistift zur Hand und strich ihn von der Liste […] Gleich unter dem Strich durch Ernst Weiss stand ›Walter Mehring, a German poet‹.

›Bar Mistral‹, notierte Fry an den Rand. Dann wandte sich das Buster-Keaton-Face abschließend an mich: ›Bringen Sie Mehring morgen mit. *Au revoir.*‹«[190]

Hertha Pauli gehörte zu den ersten, die mit Hilfe des *ERC* aus Frankreich fliehen konnten. Ende August ging sie gemeinsam mit Hans Natonek und der ehemaligen *Weltbühne*-Mitarbeiterin Hilde Walter den Weg über die Pyrenäen. Zu den ersten Flüchtlingen gehörten auch der Journalist Leo Lania, Toni Kesten, die Erfolgsautorin Adrienne Thomas, der Biochemiker und Nobelpreisträger Otto Meierhof und der Hitlerbiograph Konrad Heiden. Mit Leopold Schwarzschild, dem Herausgeber des *Tagebuch*, dem Pazifisten und Wissenschaftler Emil Julius Gumbel sowie dem ehemaligen *Vorwärts*-Herausgeber Friedrich Stampfer gelang es außerdem drei Personen zur Flucht zu verhelfen, die allesamt auf der ersten Ausbürgerungsliste des Deutschen Reiches gestanden hatten und wie Heiden zu den von der Gestapo meistgesuchten Emigranten gezählt werden mußten.

Katia Mann an Hermann Kesten Ende August:

Katia Mann an Hermann Kesten[191]

Brentwood, 28.VIII.40

Lieber Herr Kesten:

Anbei das Affidavit für Landshoff, das hoffentlich allen Anforderungen genügt. Den Sponsor-Brief wollte Lisel Frank liefern.

---

[190] Hertha Pauli, Riss der Zeit, S. 237ff.
[191] Hermann Kesten, Deutsche Literatur im Exil, S. 146.

Von Erika zwei Telegramme aus Lissabon. Sie scheint Aussichten zu haben, Golo und Heinrich illegal herauszubringen. Legal geht es im Augenblick ja auch für gänzlich Unbelastete nicht, wie ich eben wieder aus einem Brief meines Bruders, der politisch einwandfrei ist, entnehme. Wie sollen wir da all die Leute, die nun glücklich ihr amerikanisches Visum haben, herausbekommen. In manchen Fällen, wie etwa Speyer, Polgar und Alfred Neumann, würden die Nazis wahrscheinlich gegen die Ausreise nicht protestieren, aber solange das Verbot generell besteht, ist es doch hoffnungslos.

Meinen vorigen Brief, Cassirer, Giehse, Feist betreffend, haben Sie wohl erhalten.

Mit den besten Grüssen
Ihre

Katia Mann

Sollten Sie zufällig Landshoffs Geburtsdatum ermitteln können, tragen Sie es doch bitte in das Affidavit ein.

Die Schlangen vor Frys Hotelzimmer indessen wurden immer länger. »Gegen Ende der zweiten Woche war die Menschenmenge, die vor meiner Zimmertür wartete, so angewachsen, daß sich die Hotelleitung beschwerte. Ich mußte die Flüchtlinge nun unten in der Halle warten lassen [...]«[192] Auch die Polizei wurde aufmerksam auf die Aktivitäten im *Hotel Splendide*, so daß sich Fry kurzerhand entschloß, in der Stadt ein Wohltätigkeitsbüro zu eröffnen. Mit der Gründung des *Centre Américain de Secours* in der Rue Grignan gab Fry der Flüchtlingshilfe einen offiziellen Anstrich. Während er durch die Arbeit für eine Wohlfahrtsorganisation unverdächtig wirkte und durch die Ausgabe von Essensmarken und kleineren Geldbeträgen auch den Flüchtlingen helfen konnte, die aufgrund der Weisungen der amerikanischen Konsulate nicht für ein *Special Emergency Visa* in Frage kamen, erlaubte ihm dieser Deckmantel, seine illegale Arbeit unauffälliger fortzusetzen. Fry erweiterte seinen Mitarbeiterkreis erheblich, hinzu kamen u.a. die Amerikaner Miriam Davenport, Mary Jane Gold und Charles Fawcett.

»In den Anfangstagen des Büros, [...] hielten wir unsere Konferenzen weiterhin in meinem Zimmer im Hotel Splendide ab. Wer keinen Stuhl hatte, saß auf dem Bett oder auf dem Fußboden, während wir die Ereignisse des Tages durchsprachen und überlegten, was wir, wenn möglich, jeweils unternehmen konnten.

Als ich eines Abends nach Hause kam, lag Franzi in voller Kleidung in der

---

[192] Varian Fry, Auslieferung auf Verlangen, S. 47f.

Badewanne und diktierte Briefe. Lena hockte auf dem Fußboden, die Schreibmaschine vor sich auf dem Bidet. Oppy und Beamish saßen an den beiden Schreibtischen.«[193]

Walter Mehring II

»Bis Anfang September, als sich Walter Mehring auf den Weg zur Grenze machte, ging alles gut. Mehring gehört zu den großen deutschen Dichtern der Moderne, aber er war so unscheinbar, so klein, daß wir ihn meist Baby nannten. In seinen schmutzigen, zerknitterten Kleidern, die er bei seiner Ankunft in Marseille (nach einer Reihe haarsträubender Abenteuer) trug, erinnerte er mehr an einen Landstreicher als an einen Dichter – oder an ein Baby. Er hatte ein amerikanisches Visum und ein ›affidavit in lieu of passeport‹, aber er weigerte sich damit durch Spanien zu fahren, weil er Angst hatte, dort verhaftet zu werden. Als ich ihm einen tschechischen Paß auf einen anderen Namen besorgt hatte, machte er sich auf den Weg zur Grenze.

In Perpignan mußte er umsteigen. Zu seiner Überraschung und Freude fanden auf dem Bahnhof keine Polizeikontrollen statt. Er verließ, nur nach seiner Fahrkarte gefragt, das Bahnhofsgebäude von Perpignan und setzte sich in ein Café, um seine bevorstehende Rettung zu feiern.

Fünf Minuten später wurde er von einem Polizisten in Zivil aufgegriffen. Ich vermute, der arme Flic war der Meinung, er habe mit diesem Fang die Erklärung für alle Taschendiebe und kleinen Diebereien gefunden, die es in den vergangenen sechs Monaten in der Kriminalgeschichte von Perpignan gegeben hatte. Als die Polizei von Perpignan dann entdeckte, daß Mehring ein Ausländer war, der ohne ›sauf conduit‹ reiste, verschickten sie ihn in das nahegelegene Internierungslager von St. Cyprien, die ›Pestbeule Frankreichs‹.«[194]

Mehring hierzu: »Das *Camp de Saint Cyprien*, so getauft nach dem karthagischen Märtyrerbischof *Caecilius Thascius Cyprianus* (enthauptet 258 p. Chr. m. von der Heiligen Inquisition im Hexen-und-Ketzer-Zeitalter, das noch übertroffen werden sollte von den Judengaskammern und der deutschen Kristallnacht), war gewiß nicht eines der ärgsten dieser Gattung. Geprügelt wurde nur gelegentlich, wenn die Wächter, verbiesterte Bauernburschen, sich gerade langweilten. Gestorben wurde an Typhus. Erschossen bei fahrlässigen Fluchtversuchen.«[195]

---

[193] Ebd., S. 55.
[194] Ebd., S. 64.
[195] Walter Mehring, Wir müssen weiter, S. 85.

Varian Fry an Howard Kirschner[196]

Centre Américain de Secours
60, rue Grignan
Marseille

September 5, 1940

Mr. Howard Kirschner
American Friends Service Committee
American Quakers
29, Boulevard d'Athènes
Marseille

Dear Mr. Kirschner,

I have just had word from Mr. Walter Mehring that he has been arrested in Perpignan and has been taken to Camp St. Cyprien.

I do not know the cause of his arrest but it may have been that he went to Perpignan without a sauf-conduit, or that his ›permis de séjour‹ had expired. In any case I am very much concerned about it. He is a distinguished poet and one of the people Thomas Mann asked me particulary to look after. He is a very nervous and sensitive person and I am afraid the confinement in St. Cyprien may be very hard on him.

I understand that you have a representative in Perpignan, and I wonder whether you can wire her and ask her to find out why he was arrested and what can be done to secure his release. I shall be glad to assume any financial responsibility which is necessary both as regards your expenses and those of Mr. Mehring. If, for instance, his release depends upon guarantee of his financial situation, I shall be very glad to give such a guarentee.

Sincerely yours,

Varian M. Fry
President;

Der von Fry eingeschaltete korsische Anwalt Maître Murzi erwirkte schließlich die Freilassung Mehrings. Murzi stellte außerdem einen Kontakt zu Monsieur Barelet her, dem Chef des Ausländeramts in der Marseiller Polizeipräfektur. Barelet wurde gelegentlich zu einer wertvollen Informationsquelle über die Gefährdung einzelner Personen durch die Gestapo. Dennoch war Barelet der Typus des Vichy-hörigen Beamten, den Fry folgendermaßen umschrieb:

»Das Gespräch mit Barellet machte uns auch endgültig klar, daß wir uns auf die französischen Behörden nicht verlassen konnten. Sie standen unter Druck. Sie

[196] Deutsches Exilarchiv 1933–1945, Die Deutsche Bibliothek, Frankfurt a. M. EB 73/21.

hatten nichts gegen die Flüchtlinge, aber sie wollten auch nichts für sie tun. Nur wenige begriffen, daß die Ehre Frankreichs auf dem Spiel stand, wenn sie ihre früheren Gäste verhafteten und den Deutschen zur Hinrichtung übergaben.

Wenn sie aber, wie Barellet, erkannt hatten, daß es dabei auch um ihre Ehre ging, zogen sie die Unehrenhaftigkeit den Risiken des Widerstands vor. Deshalb durfte man sich nicht auf sie verlassen. Heute beteuerten sie auf jede erdenkliche Weise ihren guten Willen – und am nächsten Tag war alles vergessen. Sie klammerten sich an den Trugschluß, daß sie irgendwie die Lage Frankreichs verbessern konnten, wenn sie die Schmutzarbeit für die Nazis machten. Sie übersahen dabei, daß Hitlers Verachtung für einen besiegten Feind proportional zu dessen Unterwürfigkeit wuchs.«[197]

Im Falle von Mehrings abgelaufener Aufenthaltserlaubnis verhielt sich Barelet denkbar zuvorkommend. Er teilte Fry mit, daß er zur Verlängerung des *permis de séjour* lediglich ein ärztliches Attest benötige, das Mehring von der versäumten Verlängerung des *permis* enthob.

»Wir steckten Mehring im Splendide ins Bett. Der Arzt kam, sah ihn kurz an und schrieb dann ein sehr eindrucksvolles Attest. Es besagte nicht nur, daß Monsieur Mehring krank und somit unfähig war, wegen der Verlängerung seiner Aufenthaltserlaubnis auf der Präfektur vorzusprechen, es bestätigte auch noch, daß Mehring nicht vor Mitte November in der Lage sein würde, sein Zimmer zu verlassen.« In einem offiziellen Schreiben richtet sich Fry noch einmal an Barelet:

Varian Fry an Monsieur Barelet[198]

Centre Américain de Secours
60, rue Grignan
Marseille

le 9 Septembre 1940

Monsieur Barelet
Chef du Service des Etrangers
Préfecture de Police
Marseille

Monsieur,
Je soussigné, Varian M. Fry, Président du Centre Américain de Secours, 60, rue Grignan, me permets de solliciter de votre haute bienveillance la prolongation du permis de séjour de Monsieur Walter Mehring.

---

[197] Varian Fry, Auslieferung auf Verlangen, S. 67f.
[198] Deutsches Exilarchiv 1933–1945, Die Deutsche Bibliothek, Frankfurt a. M. EB 73/21.

Monsieur Mehring, qui est souffrant, est mon hôte à l'hotel Splendide. J'aimerais ajouter que je prendrai à ma charge toute responsabilité financière pour Monsieur Mehring.

Je vous serai extrêmement reconnaissant si vous vouliez bien donner suite à ma demande.

Veuillez agréer, Monsieur, l'expression de mes sentiments distingués.

Varian Fry
Président

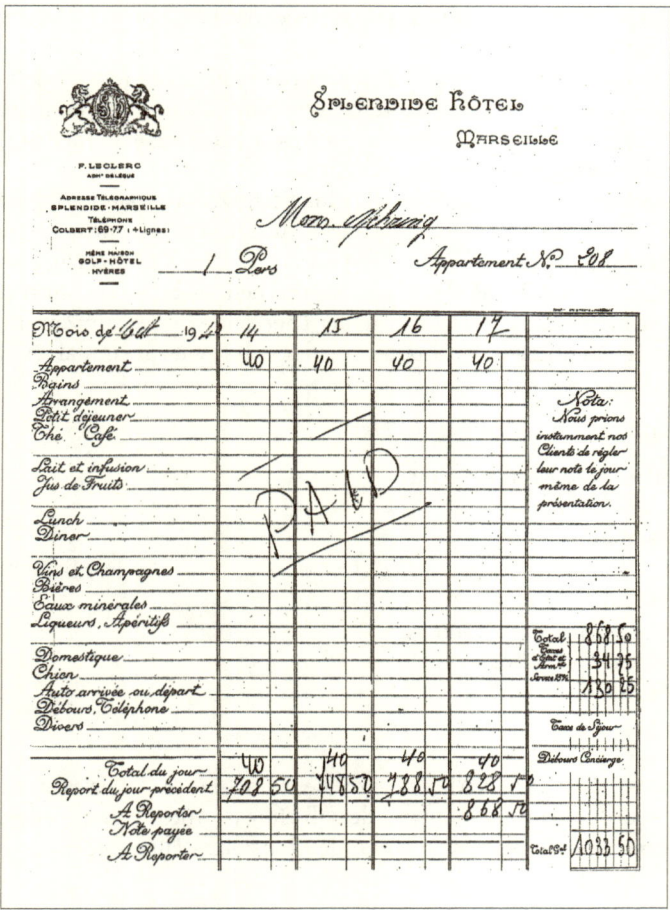

Splendide Hotel, Zimmerrechnung für Walter Mehring, Oktober 1940

Barelet verlängerte den *permis de séjour* unverzüglich um zwei Monate und Mehring blieb im Hotel Splendide. Hertha Pauli hierzu: »Und so blieb Baby bei Fry, als wir schon längst über alle Berge waren, und machte das Leben zum Problem.«[199] Die erhaltenen Hotelrechnungen sprechen ihre eigene Sprache.

Falsche Pässe, falsche Stempel

Fast alle Schützlinge Frys waren nicht in Besitz gültiger Papiere. Viele Emigranten waren Staatenlose. Auch wenn sie nicht zu den Ausgebürgerten gehörten, waren ihre Pässe meist im Laufe der 30er Jahre abgelaufen und von den deutschen Behörden nicht mehr verlängert worden. Ersatzausweise, wie der französische Flüchtlingsausweis *titre de voyage*, genügten nicht, um eine Staatsgrenze zu passieren. Außerdem verhafteten die Franzosen seit Kriegsausbruch jeden Ausländer, den sie, wie Mehring, ohne den sogenannten *sauf conduit* – eine Genehmigung der Militärbehörden, sich frei zwischen zwei Orten zu bewegen – antrafen. Zu Frys Arbeit gehörte deshalb nicht allein, sich um Verstecke und Unterschlupfe für einige Emigranten zu kümmern; er war vor allem damit beschäftigt, Ausweispapiere zu beschaffen, die eine Flucht überhaupt erst möglich machten.

War für die Flüchtlinge bereits ein amerikanisches Visum genehmigt, stellte das amerikanische Konsulat in der Regel auch ein *affidavit in lieu of passeport* aus, das durch seine amerikanische Provenienz eine Art gehobenen Ausweisersatz darstellte. Harry Bingham, der amerikanische Vizekonsul von Marseille, war für Fry eine wesentliche Stütze. Mehrmals half er Fry und seinen Mitarbeitern aus der Klemme, wenn diese mit französischen Behörden in Konflikt gekommen oder Flüchtlinge verhaftet worden waren. Doch Binghams Einfluß war begrenzt. Er handelte vielfach in eigener Verantwortung. Der Generalkonsul, der die guten Beziehungen zur Vichy-Regierung nicht gefährden wollte, entzog ihm schließlich die Zuständigkeit in Visafragen; im Mai 1941 wurde Bingham abberufen.

Für Emigranten, die noch auf ihr amerikanisches Visum warteten oder die aufgrund der Gefährdung nicht unter eigenem Namen reisen konnten, war es notwendig, falsche Pässe zu beschaffen. Als eine große Stütze erwies sich anfänglich der tschechische Konsul Vladimir Vochoč. Er stattete zahlreiche Nazigegner mit tschechischen Pässen aus, die er eigens für diesen Zweck nachdruckte. Doch schon im Oktober wurden die französischen Behörden auf ihn aufmerksam, so daß er diese Unterstützung wieder aufgeben mußte. Heinrich Mann hat Vochoč, der im März 1941 verhaftet wurde und anschließend

---

[199] Hertha Pauli, Riss der Zeit, S. 244f.

selbst nach Lissabon floh, in seinen Erinnerungen ein literarisches Denkmal gesetzt.[200]

Fry und seine Mitarbeiter waren fortwährend damit beschäftigt, sich nach neuen Quellen für falsche Papiere umzusehen. So fand sein Mitarbeiter Beamish in dem polnischen Konsul von Marseille und im litauischen Konsul von Aix-en-Provence nicht nur neue Paßlieferanten, er kaufte auch von einem Regimentskommandeur der französischen Armee falsche Entlassungspapiere, mit denen einige Flüchtlinge per Schiff nach Casablanca geschickt werden konnten. Nicht alle Kontakte dieser Art waren jedoch ohne Risiko. Dem österreichischen Karikaturisten Bil Spira wurde dies zum Verhängnis.

Der Zeichner Bil Spira, der in Frankreich den falschen Namen Bill Freier annahm, war 1938 aus Wien geflohen. In Paris arbeitete er gemeinsam mit Friedrich Torberg für die Exilzeitschrift *Österreichische Post.* Nach Internierung und Flucht traf er in Marseille auf Varian Fry, der ihn gegen Bezahlung Pässe fälschen ließ:

»Er gab mir Spezialtinten, mit denen ich die benötigten Stempel in ihren Originalfarben anfertigen sollte. Mit so einem Paß besaß dessen neuer Inhaber eine neue, beglaubigte Vergangenheit.

Auch Identitätskarten lernte ich fabrizieren. Normalerweise kaufte man so eine Karte, vorgedruckt, aber unbeschrieben, in der Tabaktrafik. Damit ging man aufs Polizeikommissariat und ließ sie dort ausfüllen und stempeln. Um den Schützlingen des Komitees zu einer neuen plausiblen Identität zu verhelfen, versah ich ihre Karten mit ihren Photos und einem elsässischen Stempel. Sie bekamen einen im Elsaß üblichen Namen und den dazugehörigen Geburts- und Wohnort sowie eine Wohnadresse. Doch wenn ich dann die eigenhändige Unterschrift des Kommissärs draufsetzte, war das Kunstwerk noch nicht vollendet. Denn je nach Ausstellungsdatum sollte der Ausweis mehr oder weniger alt und abgegriffen aussehen. Ein paar Kaffeeflecken, etwas Staub, Wassertropfen, einige Klopfer mit der Schuhsohle halfen da wirkungsvoll nach. Und schließlich trampelte ich noch mit nackten Füßen darauf herum.«[201]

Fry vermittelte Spira auch den Kontakt zu Frédéric Drach. Dieser verkaufte auf dem Schwarzmarkt zu hohen Preisen falsche holländische und dänische Pässe und benötigte für seine Leerformulare einen Fälscher. Drach stellte sich jedoch als zwielichtige Person heraus. Während er einerseits seine Geschäfte machte, lieferte er andererseits immer wieder Personennamen an die Polizei, um mit den Behörden auf gutem Fuße zu stehen. Ende November denunzierte

---

[200] Vgl. Heinrich Mann, Ein Zeitalter wird besichtigt, S. 470ff.
[201] Bil Spira, Die Legende vom Zeichner, S. 105f.

er Spira. Erst nach zwei Monaten erreichte Fry mit Hilfe des bereits erwähnten Anwalts Murzi die Freilassung Spiras. Dieser aber wurde kurz darauf erneut verhaftet und ins Lager von Vernet verschickt. Von hier gab es zu diesem Zeitpunkt kein Entrinnen mehr. Nach Zwischenstation im Auslieferungslager Drancy wurde Spira am 3. September 1942 nach Deutschland deportiert. Bil Spira überlebte die Konzentrationslager Groß-Rosen, Buchenwald und Theresienstadt. Nach dem Krieg kehrte er nach Paris zurück, wo er im Jahre 1999 starb. Seine Autobiographie ist 1997 unter dem Titel *Die Legende vom Zeichner* erschienen.

Die Flucht der Werfels, Feuchtwangers, Manns

Zeitgleich mit den Aufregungen um Mehrings Verhaftung beschloß Varian Fry, nach Lissabon zu reisen, um von dort dem *ERC* einen offenen und ausführlichen Lagebericht über seine bisherige Arbeit zu übermitteln. Da Frys Mission ursprünglich nur auf drei Wochen angelegt war, wurde es erforderlich, das Komitee von der Notwendigkeit einer Verlängerung seines Aufenthalts in Marseille zu überzeugen.

In Madrid wollte er zudem Kontakt mit der britischen Botschaft aufnehmen, um eine Zusammenarbeit mit dem britischen Militär anzuregen. Da die Route durch das faschistische Spanien für einige politische Flüchtlinge, wie die höchst gefährdeten sozialdemokratischen Politiker Rudolf Hilferding und Rudolf Breitscheid, als zu riskant erschien, sollten diese gemeinsam mit britischen Soldaten per Schiff nach Gibraltar gebracht werden.

In der Reise sah Fry die Möglichkeit, einige seiner prominentesten Schützlinge, Lion Feuchtwanger, Franz Werfel und Heinrich Mann, persönlich auf dem Transitweg durch Spanien nach Lissabon zu begleiten.

Während sich Lion Feuchtwanger unter strengster Geheimhaltung in der Villa des amerikanischen Vizekonsuls Bingham versteckt hielt, waren Franz Werfel und Alma Mahler-Werfel täglich in einem Café in der Marseiller Innenstadt anzutreffen, wo sie sich mit anderen Emigranten über Neuigkeiten austauschten. Seit ihrer Ankunft in Marseille Anfang August hatten sie sich wiederholt bemüht, eine offizielle Ausreisegenehmigung zu erhalten. Als auch ein weiterer Versuch gescheitert war, konnte Varian Fry sie schließlich überzeugen, gemeinsam mit ihm und den Feuchtwangers den Versuch zu unternehmen, Frankreich ohne *Visa de Sortie* zu verlassen. Heinrich und Nelly Mann, die erst seit wenigen Tagen in der Stadt waren, nahmen Frys Angebot ebenfalls an. Auf Heinrich Manns Bitte sollte auch Golo Mann aus Le Lavandou zu ihnen stoßen.

Kurz vor der Abfahrt aus Marseille erhielten sie die Meldung, daß die Spanier nach einer neuen Bestimmung keine Staatenlosen mehr über die Grenze ließen. Während die Werfels und die Manns im Besitz tschechischer Pässe waren, hatten Marta und Lion Feuchtwanger lediglich ein *affidavit in lieu of passeport*, Lion auf das Pseudonym Wetcheek, Marta auf ihren richtigen Namen. Fry beschloß deshalb, vorerst ohne die Feuchtwangers zu fahren, sich an der Grenze nach den Bestimmungen zu erkundigen und per Telegramm über die Bedingungen des Grenzübertritts Bescheid zu geben.

Am 12. September machte sich die verkleinerte Gruppe aus Franz Werfel, Alma Mahler-Werfel, Golo, Heinrich und Nelly Mann gemeinsam mit Varian Fry und seinem Mitarbeiter Richard Ball auf den Weg nach Cerbère, dem französischen Grenzort am Fuße der Pyrenäen.

Fry und Ball hatten gehofft, die Gruppe mit Hilfe ihrer amerikanischen Papiere durch die französische Grenzkontrolle zu bringen, um mit dem Zug weiter nach Spanien reisen zu können. Sie mußten jedoch feststellen, daß auf eine Ausreise ohne *Visa de Sortie* keine Aussicht bestand.

Um die Gruppe nicht durch einen längeren Grenzaufenthalt in Gefahr zu bringen, mußte eine schnelle Entscheidung getroffen werden. Trotz der ungünstigen Voraussetzungen – Heinrich Mann war zum Zeitpunkt der Flucht 69 Jahre, die etwas beleibteren Werfels 50 bzw. 61 Jahre alt – faßte man den Beschluß, den beschwerlichen Weg über die Berge zu nehmen. Während die fünf von Richard Ball bis zur Grenze begleitet wurden, fuhr Varian Fry, der als einziger eine Ausreisegenehmigung besaß, mitsamt dem Gepäck, das unter anderem aus zwölf Koffern der Werfels bestand, nach Port-Bou auf der spanischen Seite, um dort wieder mit der Gruppe zusammenzutreffen. Alma Mahler-Werfel erinnert sich:

»Man beschloß, es aufs Geratewohl und ohne Papiere zu versuchen. Man wollte sehr früh aufbrechen; die spanische Sonne brannte schon um sechs Uhr früh höllisch auf uns nieder. Golo, sonst ein äußerst verläßlicher Mensch, war unauffindbar. Er kam nach zwei Stunden sehr erfrischt von einem Meerbad, und nun endlich konnten wir an die Besteigung der Pyrenäen denken.

Im Dorf fiel es Nelly Mann plötzlich ein, daß es Freitag der dreizehnte sei, und sie wollte durchaus umkehren. Franz Werfel und ich gingen voraus, um der Diskussion und ihrem wahnwitzigen Geschrei ein Ende zu machen. Wir sollten ja als harmlose Spaziergänger gelten und nicht als Schmuggler. Gleich nach dem Ortsende bog der junge Amerikaner von der Straße ab und ging auf steinigem Pfade steil aufwärts. Bald kletterten wir weglos. Die Ziegen vor uns stolperten, die Schiefersteine flimmerten, sie waren spiegelglatt, und wir mußten hart an Abgründen vorbei. Zum Festhalten, wenn man ausglitt, gab es nur Disteln.«[202]

---

[202] Alma Mahler-Werfel, Mein Leben, S. 316f.

Auch Heinrich Mann beschreibt in seinen Erinnerungen den mühseligen Anstieg:

»Der Ziegensteig nach dem Exil überhob vieler peinlicher Eindrücke, er strengte körperlich an. Ich hatte seit Jahrzehnten keinen beträchtlichen Berg mehr bestiegen, war nunmehr ungeschickt und nicht jung: ich fiel recht oft auf die Dornen. In die Füße drangen sie ohnedies, fehlte noch, mit den Händen hineinzugreifen. Mehrmals unterstützte mein Neffe mich, dann überließ er es meiner Frau, die an sich selbst genug gehabt hätte. Er nahm die noch steileren Abkürzungen, kehrte aber zurück, wenn wir gescheitert auf einem Stein saßen.«[203]

[203] Heinrich Mann, Ein Zeitalter wird besichtigt, S. 479.

Bericht über die Ankunft von Lion Feuchtwanger, Franz Werfel, Heinrich Mann und Alfred Polgar in New York, Aufbau 18. Oktober 1940

Alma Mahler fährt fort: »So ging es zwei Stunden steilsten Klimmens. Dann empfahl sich der Jüngling und eilte zurück, um Heinrich Mann noch die Richtung zu zeigen. Wir aber standen am Bergesgipfel ganz allein. Von weitem sahen wir das Hüttchen des spanischen Grenzpostens, es leuchtete weiß auf den weißen Steinen. Dort hatten wir hinzugehen. Mühsam krochen wir den Berg hinab und klopften angstvoll an die Tür, die sich bald öffnete und einen sturblickenden katalanischen Soldaten zeigte, der nur Spanisch verstand. Das einzige, was ihm einging, waren die Zigarettenschachteln, die wir in seine Taschen gleiten ließen. Er wurde freundlicher und machte Zeichen, ihm zu folgen. [...] Ich hatte alte Sandalen an, schleppte eine Tasche mit dem restlichen Geld und Schmuck und mit der Partitur der 3. Symphonie von Bruckner.«[204]

Am 20. September vermerkt Klaus Mann handschriftlich auf einen Brief an seine Mutter: »Grade telephoniert mit Kesten die gute Nachricht, dass Heini – Golo in Lissabon sind. Ein Stein weniger auf unserer Brust!«[205]

Nach dem Telegramm Frys machten sich auch Lion und Marta Feuchtwanger auf den Weg nach Cerbère. Sie wurden begleitet von Waitstill Sharb, einem Pastor des *Unitarian Service Committee*. Auch sie wählten die beschriebene Route von Ball, querten Weinberge und Geröll, bestachen die spanischen Grenzer und konnten wie die fünf vor ihnen ungehindert in Port-Bou wieder mit ihrem Begleiter zusammentreffen.

An Bord der *Excalibur* erreichte Lion Feuchtwanger am 5. Oktober 1940 New York; Marta drei Wochen später mit der *Exeter*. Am 13. Oktober folgten Golo, Heinrich und Nelly Mann, Franz Werfel und Alma Mahler-Werfel mit dem griechischen Schiff *Nea Hellas*. Auf der *Nea Hellas* befanden sich außerdem der Verleger Kurt Enoch, der Herausgeber der *Neuen Weltbühne* Hermann Budzislawski, Friedrich Stampfer, Hilde Walter, Alfred Polgar und Friederike Zweig.

Winter 1940/41

Nach seiner Rückkehr erfuhr Fry, daß seine Schützlinge Rudolf Breitscheid, Rudolf Hilferding und Arthur Wolff auf Anweisung Vichys unter Arrest gestellt worden waren. Nur Mehring hatte sich der Verhaftung durch seine angebliche Krankheit entziehen können. Hinzu kam, daß sich nun auch der Druck auf Frys Aktivitäten erheblich erhöhte. Nicht nur die französischen Behörden, auch das

[204] Alma Mahler-Werfel, Mein Leben, S. 317.
[205] Klaus Mann an Katia Mann, 20. September 1940, Monacensia, Stadtbibliothek München. Klaus Mann Archiv.

amerikanische Außenministerium drängten ihn, von illegalen Betätigungen jeglicher Art Abstand zu nehmen und in die USA zurückzukehren. Frank Bohn gab diesem Druck nach.

Noch einmal kam es ab Mitte Oktober zu einer Neuorganisierung und Umstrukturierung des Marseiller Büros. Die neuen Mitarbeiter, die Franzosen Daniel Bénédite und Jean Gemähling und der Rumäne Marcel Verzeanu, wurden über Frys Aufenthalt hinaus zu den tragenden Organisatoren des *Centre Américain de Secours*. Im Herbst mietete man außerdem eine außerhalb der Stadt gelegene Villa, die *Villa Air Bel,* die sich zu einem Refugium für französische Intellektuelle und Künstler entwickelte (siehe Kapitel *Villa Air Bel, Château Espère Visa*).

Auf der Spanien-Transit-Route war es seit Anfang Oktober zu einer engen Kooperation mit den beiden deutschen Antifaschisten Lisa und Hans Fittko gekommen, die bis März 1941 einen Großteil der Flüchtlinge Frys, die diesen Weg wählen konnten, über die Grenze begleiteten.

Für die anderen versuchte man, zusätzliche Fluchtmöglichkeiten wie direkte Schiffspassagen zu erschließen. Noch immer waren einige der meistgesuchten deutschen Emigranten um Varian Fry versammelt. Georg Bernhard, langjähriger Chefredakteur der *Vossischen Zeitung* und Herausgeber der Exilzeitungen *Pariser Tageszeitung* und *Pariser Tageblatt*, der linkssozialistische Journalist Berthold Jacob und der berühmte Strafverteidiger Alfred Apfel gehörten zu den ersten, die 1933 ausgebürgert worden waren. Es ist erstaunlich, daß sich in den Jahren 1940/41 von der 33 Personen zählenden ersten Ausbürgerungsliste allein neun in Marseille einfanden und auf ihrer Flucht vor der Gestapo in Varian Frys Obhut begaben.[206] Von den zuletzt genannten sollten jedoch nur Arthur Wolff und Georg Bernhard ihren Verfolgern entkommen.

Der Druck von außen hielt an. Beamish entzog sich im Dezember einer drohenden Verhaftung durch seine Flucht über die Fittko-Route nach Lissabon. Als Fry im Januar auf das amerikanische Konsulat ging, um seinen abgelaufenen Paß zu verlängern, wurde dieser mit dem Hinweis eingezogen, daß eine Verlängerung nur für den Zweck der unverzüglichen Rückkehr in die Vereinigten Staaten erfolgen könnte. Fry lehnte dies ab und war fortan ohne den schützenden amerikanischen Paß der polizeilichen Willkür ausgeliefert.

Dennoch sollte sich die Lage im neuen Jahr für kurze Zeit etwas entspannen. Erstmals seit Unterzeichnung des Waffenstillstands wurden von der Vichy-Regierung Ausreisevisen genehmigt. Obwohl es für viele Flüchtlinge nicht ratsam war, diesen offiziellen Ausreiseweg zu gehen, konnten in den Folgemonaten, im

---

[206] Neben den drei hier genannten waren dies: Lion Feuchtwanger, Emil Julius Gumbel, Heinrich Mann, Rudolf Breitscheid, Leopold Schwarzschild und Friedrich Stampfer.

Frühjahr und Frühsommer 1941, einige prominente Emigranten wie Siegfried Kracauer, Marc Chagall, Max Ernst, Hans Sahl, Peter Pringsheim, Hans Siemsen und Franz Schoenberner das Land auf dem Weg über Spanien verlassen. Hinzu kam, daß sich gegen Ende Januar eine vollkommen neue Fluchtroute eröffnete – der Weg in die überseeischen Besitzungen Frankreichs, nach Martinique. Mit der *Winnipeg* am 24. Januar, der *Wyoming* am 4. Februar, der *Ipanema* am 18. Februar und der *Paul Lemerle* am 24. März 1941 konnte eine große Zahl von Flüchtlingen gerettet werden (s. ausführlicher: Kapitel *Schiffsgeschichten*).

Auch für Rudolf Hilferding und Rudolf Breitscheid waren bereits Schiffskarten für die Wyoming gelöst, als sie Anfang Februar 1941 verhaftet und an die Gestapo ausgeliefert wurden. Hilferding starb bereits am 12. Februar »auf ungeklärte Weise« im Pariser Gefängnis *La Santé*, Breitscheid wurde deportiert und kam am 28. August 1944 im Konzentrationslager Buchenwald ums Leben. Alfred Apfel erlag während einer Unterredung mit Varian Fry, bei der es um das Schicksal Hilferdings und Breitscheids ging, einem Herzinfarkt.

Berthold Jacob gelangte im Mai 1941 mit einem falschen Paß auf den Namen Marcel Rollin nach Lissabon. Jacob, radikaler Pazifist und Spezialist für militär-politische Fragen, war bereits 1935 zu einem der bekanntesten deutschen Emigranten geworden. Nachdem er von Gestapobeauftragten aus Basel entführt worden war, mußten ihn die Nationalsozialisten durch eine Intervention der Schweizer Regierung sowie auf internationalen Druck wieder freilassen – »ein einmaliges Vorkommnis in der Geschichte des *Dritten Reiches*.«[207]

Am 25. September 1941 wurde Jacob in Lissabon von Gestapoagenten auf offener Straße verhaftet und nach Deutschland entführt. Er starb am 26. Februar 1944 in Berlin.

Walter Mehring III

Mehring erhielt die Koje, die ursprünglich für Hilferding reserviert worden war. Am Tag vor der Abreise notierte Daniel Bénédite in einer internen Mitteilung des *Centre Américain de Secours* mit merklicher Erleichterung:

Daniel Bénédite[208]

D.B.
Mehring
Baby part enfin.

[207] Werner Berthold, Deutsche Intellektuelle im Exil, S. 511ff.
[208] Deutsches Exilarchiv 1935–1945, Die Deutsche Bibliothek, Frankfurt a. M. EB 73/21.

Il a tous ses papiers et visas pour passer par la Martinique et le bateau part demain matin (mardi) à 10 heures.

Il lui fallait 9000 francs:

4000 pour le voyage

5000 comme garantie (pour autoriser son départ, les autorités Françaises et la compagnie Transat lui demandaient de produire une somme de 5000 francs comme garantie qu'il ne serait à la charge d'aucun budget pendant son séjour à la Martinique en attendant l'autre départ pour N.Y.)

J'ai cru devoir lui consentir cette somme comme »loan«.

Qu'il parte vaut bien cela!

Ne pensez vous pas?

Deux fois!   D.B. 3.2.41

F

Bis dahin hatte sich Mehring über Monate in den Hotelzimmern des *Splendide* aufgehalten. »Tatsächlich zog er sich jeden Tag an und kam oft hinauf in mein Zimmer, wo wir ihn nach deutschen Flüchtlingen befragten, die uns um Hilfe gebeten hatten [...]

Zu den Mahlzeiten ging er immer wieder zurück auf sein Zimmer. Wenn er im Sessel sitzend von einem Klopfen an der Tür überrascht wurde, sprang er hastig ins Bett und zog sich seine Decke so weit über die Ohren, daß unten oft die Schuhe herausschauten – zum Erstaunen der Kellner und Zimmermädchen.«[209]

Im *Splendide* verfaßte Mehring fünf der zwölf an Hertha Pauli gerichteten *Briefe aus der Mitternacht*. Pauli erinnert sich: »Nicht lange nach Carlis Ankunft kam Post von Mehring aus Martinique. Ich riß den Briefumschlag auf, ungeduldig vor Neugierde und Erwartung, wie es ihm ergangen sei. Ein Paket Gedichte fiel heraus – die *Briefe aus der Mitternacht* – an mich gerichtet, in tausendundeiner Zeile.«[210]

An Sylvester 1940/41 hatte Mehring geschrieben[211]:

(Marseille, Silvester 1940/41, in memoriam)

An meine Kammer, wo ich welk,
Pocht zwölfmal an das neue Jahr,

---

[209] Varian Fry, Auslieferung auf Verlangen, S. 104.
[210] Hertha Pauli, Riss der Zeit, S. 264.
[211] Walter Mehring, Staatenlos im Nirgendwo, S. 129ff.

Spricht zugig hohl: Es war … es war …
Hängt seinen Jahrkranz ans Gebälk,
Verblüht – von Lügenluft erstickt –
Erschlagen – von der Not geknickt
Der beste Jahrgang deutscher Reben
Ließ vor der Ernte so sein Leben

Mühsam: Poet und Promethid,
Erdrosselt wie ein räudiger Hund –
Ossietzky, den man so zerschund,
Daß er voltairisch lächelnd schied …
Als man den Friedenspreis ihm bot,
Schloß er grad Frieden mit dem Tod …
Der beste Jahrgang deutscher Reben
Ließ vor der Ernte so sein Leben

Es weht ein Blatt – kaum leserlich:
»Die Dummheit, die wir persifliert …
Die macht Geschichte. Die regiert …
Herzlichst *Tucholsky* … Ohne mich! …«
In Schweden, krank, doch unbekehrt,
Hat er den Schierlingstrank gelehrt …
Der beste Jahrgang deutscher Reben
Ließ vor der Ernte so sein Leben

Ernst Toller, Freund aus Jugendland,
Bestimmt, um Bühnen, Meetings, Zelln,
Mit ernster Tollheit zu erhelln,
Löschte sich aus mit eigner Hand …
In Übersee, weitab der Schlacht –
Warum hat er sich umgebracht …?
Der beste Jahrgang deutscher Reben
Ließ vor der Ernte so sein Leben

Wo in der Welt wächst nun die Art
Von Stammtisch, nah dem Luxembourg,
Rechtspolitik und Linkskultur,
Die *Joseph Roth* um sich geschart …?
Von dessen Bart Weissagung troff,
Sich weise drum zu Tode soff …

Der beste Jahrgang deutscher Reben
Ließ vor der Ernte so sein Leben

Kurz vor dem Fall der Stadt Paris,
Wo ich nach langer Haft dich fand,
Besucht' uns oft der Emigrant
Ernst Weiss, der dort sein Leben ließ …
Arzt, Dichter: mischt er Giftarznei
Nahm sie beim ersten Hunnenschrei …
    Der beste Jahrgang deutscher Reben
    Ließ vor der Ernte so sein Leben …

Theodor Lessing, femgekillt …
Und *Hasenclever,* einst vernarrt
In den esprit – im Camp verscharrt
Von Frankreich … Welch Komödienbild!
Carl Einstein: auf der Flucht erhenkt …
Olden, Vor Kanada versenkt …
    Ein edler Jahrgang deutscher Reben,
    Nutzlos verschüttet, ließ sein Leben.

Doch *Horváth,* den ein Baum erschlug,
Damit solch Kleinod im Exil
Den Säuen nicht zum Fraße fiel,
Starb ganz er selbst: ein Satyr-Spuk …
Die Türe knarrt … zwölfmal pocht's an:
    Der beste Jahrgang deutscher Reben
    Ließ vor der Ernte so sein Leben …

In dieser Kammer, wo ich welk,
– ich in Marseille, Du in New York –
Wo ausgejätet und auf Borg
Und fruchtlos in Erinnrung schwelg,
Drauf wartend, daß die Freundes-Elf
Gelinde mir hinüberhelf …
    Der beste Jahrgang deutscher Reben
    Ließ vor der Ernte so sein Leben …

… wär mir ein Etwas noch vergönnt,
Weil Neu-Jahr ist, so sei's: ich könnt,

Sturmläutend jeden Nervenstrang,
Dich hautdicht, duftnah herbeschwörn,
Dich atmen, tasten, schauen, hörn
Dank einem rauschhaft heilenden Trank …
Aber der Wein, daß ich genese,
Reift nicht, zerstört längst vor der Lese …

F.B.

Lisa und Hans Fittko

Lisa und Hans Fittko in Marseille

Als Hans und Lisa Fittko im Herbst an der französisch-spanischen Grenze ihre Fluchthilfe begannen, hatten beide schon mehr als fünfzehn Jahre politischer Tätigkeit im Widerstand gegen die Nationalsozialisten hinter sich. Jahrelang hatten sie im Untergrund gelebt, zuerst in der Tschechoslowakei, später in der Schweiz und in Holland, immer an den Grenzen, wo es möglich war, antifaschistische Schriften nach Deutschland zu schmuggeln und Flüchtlingen zu helfen. Hans Fittko, der im Unterschied zu Lisa nicht jüdisch war, wurde von der Gestapo steckbrieflich gesucht. Ihr letztes Fluchtland war Frankreich, wo sie in Paris mit Lisas Familie zusammentrafen, die im selben Haus wie Walter Benjamin und Arthur Koestler wohnte: 10, rue Dombasle.

In Marseille Spätsommer 1940 beschließt Lisa Fittko, mit ihrer Schwester zusammen in die Nähe der Grenze nach Port Vendres zu fahren, um einen Weg über die Pyrenäen ausfindig zu machen, auf dem sie selbst fliehen könnten.

Wie sie diese Route, die nach ihr die F-Route genannt wurde, ausgekundschaftet hat und dann in den folgenden Monaten, zusammen mit Hans, mehr als hundert Flüchtlinge über die Berge begleitet hat, ist nachzulesen in ihrem Buch *Mein Weg über die Pyrenäen*; es ist ein unsentimentaler Bericht in dem Mut, Zivilcourage, Geistesgegenwart und Hilfsbereitschaft eine große Rolle spielen. Ein großer Teil ihres Erfolgs lag darin begründet, daß sie zu dem Bürgermeister von Banyuls, Monsieur Azéma, ein großes Vertrauensverhältnis aufbauen konnten, der sie tatsächlich, solange bis er selbst von der Pétain-Regierung verjagt wurde, mit allen Mitteln unterstützte. Das betraf ebenso eine Aufenthaltsgenehmigung für sie selbst wie Lebensmittelkarten für ihre Schützlinge und die Unterbringung in einem Haus, das er zum Centre d'acceuil erklärte; an dieser Hilfsbereitschaft war auch die Sekretärin des Bürgermeisters von Cassis, Marie-Ange Rodriguez beteiligt, die z.B. in einem entscheidenden Moment dafür gesorgt hat, daß Lisa Fittkos Eltern aus einem Gefängnis in Macon befreit wurden.

»Wenn man mich heute fragt, wie Frankreich damals die jüdischen und politischen Emigranten behandelt hat, wie die Franzosen sich uns gegenüber benommen haben, weiß ich keine Antwort. Frankreich – welches Frankreich? ›Die Franzosen‹ – wer ist das? […]

›Die Franzosen‹ – Pétain, Weygand, Laval – unterzeichneten den Artikel des Waffenstillstands, der uns Emigranten den Deutschen auslieferte, und die neue Regierung bemühte sich eifrig, die Nazis noch zu übertreffen.

Doch hätte keiner von uns überleben können ohne die Hilfe von Franzosen in jedem Winkel des Landes – Franzosen, deren Menschlichkeit ihnen den Mut gab, diese vertriebenen Fremden aufzunehmen, zu verstecken, zu ernähren. Menschen, wie der Kommandant des Bahnhofs in Lourdes, die in der finstersten Stunde ihrer eigenen Niederlage die Last des Schandartikels auf sich nahmen, der ihr Land des stolzen Namens *La France généreuse* beraubt hatte.«[212]

Nach dem Ende des Krieges, als Lisa und Hans Fittko in Cuba waren und sich um die Einreiseerlaubnis in die USA bemühten, stellte der Bürgermeister Azéma, nun wieder im Amt und rehabilitiert, ihr ein Leumundszeugnis aus, in dem er ihre clandestine Flüchtlingshilfe bestätigte.

Aus demselben Grund erstellte Varian Fry 1947 ebenfalls ein Gutachten »To whom it may concern« für Johannes [Hans] Fittko, dessen letzter Absatz heißt:

»Nach meiner Kenntnis ist Mr. Fittko ein hervorragender Demokrat und fest von den demokratischen Prinzipien überzeugt, auf denen unsere Verfassung beruht.«[213]

State of New York
County of New York

January, 21, 1947

TO WHOM IT MAY CONCERN:

I, the undersigned, Varian Fry, residing at 45 East 49th. Street, New York City, New York, being duly sworn, depose and say:

[212] Lisa Fittko, Mein Weg über die Pyrenäen. S. 99f.
[213] Deutsches Exilarchiv 1933–1945, Die Deutsche Bibliothek, Frankfurt a. M.

That I am the author of »Surrender on Demand«, published in 1945 by Random House, New York;

That I can testify on the basis of personal knowledge and experience that the facts contained in the following paragraphs, excerpts of my book, concerning Mr. Johannes Fittko, referred to by me in my book as Johannes F. and his wife, are true:

»Johannes F. was a German social democrat who had smuggled underground workers in and out of Germany across the Dutch Border before and during the war. At our request he and his wife went down to Banyuls, near Cerbere, and took rooms in a house on the outskirts of the town. They could do this because they had beautiful French identity cards, made for them by the little Austrian cartoonist, Bill Freier. The cards made F. and his wife French citizens from the forbidden zone, where no Frenchmen could go to check up on their credentials.

In Banyuls, in the center of the district where the sweet wine of that name is grown, F. and his wife established themselves as French refugees who could not return to their homes. They applied for and received the small weekly allowances the Petain government granted such persons. They became friendly with their neighbors. They worked in the vineyards. Often they took jobs in fields near the frontier. On weekends they walked in the hills, studied the trails and observed the habits of the frontier guards. When they knew every footpath intimately, they gave us a prearranged signal, and we began sending the clients down to them.

So that the clients might not risk arrest on the way, we usually provided them with Freier identity cards. So that no police agent could present himself to F. as a client and discover our system, we also gave each of our departing protegés half of a torn strip of colored paper. On the end of each strip there was a number. F. had the other half, with the same number on it. If the numbers agreed, and the two pieces of paper fitted each other perfectly, he knew that the person was what he represented himself to be.

F. had already explained to his neighbors in Banyuls that he had many French friends he intended to invite when he got settled. They were, he said, like him, refugees from the forbidden zone, and, like him, unable to rejoindre leurs foyers – rejoin their hearths – as the official phrase had it. They would enjoy a reunion with old friends from the same district or town. The neighbors were sympathetic and welcomed the refugees as they would have welcomed any French citizens driven from their homes by the Germans. They readily offered them work in their fields.

Dressed as farm laborers, or country people on a holiday, F. and the clients would go out in the early morning, carrying their few possessions in colored handkerchiefs or string bags, as though they were loaves of bread and bottles of wine for lunch. Sometimes they would work in the fields all day. At other times they would go straight to the hills for a picnic. After dark, F. would come back to Banyuls alone. If asked, he would explain that his friends had had to return unexpectedly to their temporary homes in other towns. Generally he wasn't even asked; he did his work so skillfully that no one was suspicious of him

In the course of about six month F. passed more than hundred people over the frontier this way. Not a single one of these was ever arrested, or even questioned by the police.

Because we were certain our days were now definitely numbered, we redoubled our efforts to get people out. All those with the necessary visas and the willingness to go we sent down to F. at Banyuls. On Fitch's insistence, we also sent the British into Spain. Fitch himself was among the first to go. He left another officer, an Irishman, Captain Treacy, of the R.A.F., in charge of evacuating the remaining men.

Fittko arrived from Banyuls with the news that he had decided to give up smuggling refugees over the frontier. He said that as the Spaniards had started to arrest all travellers from France who didn't have French exit visas, and the stamps showing they had left France in the legal way, it was useless for him to continue.«

To my knowledge, Mr. Fittko is an outstanding democrat and a firm believer in the democratic principles upon which our Constitution is based.

Varian Fry

Subscribed and sworn to before me
on the 21 st day of January, 1947
Benjamin Cole
Notary[214]

Walter Benjamin

Walter Benjamin, der seit 1933 in Paris lebte und bis 1939 an seinem großen ›Passagen-Werk‹ (*Paris, die Hauptstadt des XIX. Jahrhunderts*) gearbeitet hatte, konnte nach seiner Internierung in Nevers dank der Fürsprache von Saint-John Perse und Henri Hoppenot noch einmal 1940 nach Paris zurückkehren; im Mai floh er nach Lourdes, 60 km von Gurs entfernt, wo seine Schwester Dora in-

---

[214] Deutsches Exilarchiv 1933–1945, Die Deutsche Bibliothek, Frankfurt a. M.

terniert war. Sein *Passagen*-Manuskript hatte er noch vorher Georges Bataille übergeben, der es – als Bibliothekar – bis zum Kriegsende in der Pariser Bibliothèque Nationale versteckte.

Theodor W. Adorno und Max Horkheimer vom »Institut für Sozialforschung«, inzwischen in New York, bemühen sich um Visa für ihn und beschaffen ihm ein Affidavit.

Am 2. August 1940 schreibt Benjamin aus Lourdes den letzten Brief an Theodor W. Adorno:

> Mein lieber Teddie,
> [...]
> Die völlige Ungewißheit über das, was der nächste Tag, was die nächste Stunde bringt, beherrscht seit vielen Wochen meine Existenz. Ich bin verurteilt, jede Zeitung (sie erscheinen hier nur noch auf einem Blatt) wie eine an mich ergangene Zustellung zu lesen und aus jeder Radiosendung die Stimme des Unglücksboten herauszuhören. Mein Bestreben, Marseille zu erreichen, um dort beim Konsulat meine Sache zu plädieren, war umsonst. Für den Ausländer ist seit längerm keine Ortsveränderung zu erwirken. So bleibe ich darauf angewiesen, was Ihr von draußen bewirken könnt. [...]
> Ich hoffe, daß ich Ihnen bisher den Eindruck gegeben habe, auch in schwierigen Augenblicken gefaßt zu bleiben. Glauben Sie nicht, daß sich das geändert hat. Aber ich kann mich dem gefährlichen Charakter der Lage nicht verschließen. Ich fürchte, die, die sich aus ihr haben retten können, werden eines Tages zu zählen sein.«[215]

Mitte August 1940 kommt Walter Benjamin in Marseille an und trifft verschiedene Freunde wieder, wie zum Beispiel Hannah Arendt und Heinrich Blücher, denen er sein Manuskript der geschichtsphilosophischen Thesen (*Über den Begriff der Geschichte*) anvertraut, um es nach Amerika zu bringen für den Fall, daß er selbst es nicht schafft.

Auch Arthur Koestler begegnet er in Marseille:

»Walter Benjamin, Autor und Kritiker, mein Nachbar in der Rue Dombasle 10 in Paris, vierter Mann unserer samstäglichen Pokerpartien – er war eine der eigenartigsten und witzigsten Personen, die ich gekannt habe. Das letzte Mal hatte ich ihn in Marseille getroffen, zusammen mit H., am Tag vor meiner Abreise, und er hatte mich gefragt: ›Wenn etwas schief geht, haben Sie etwas, was Sie nehmen können?‹ Weil wir in jenen Tagen alle irgendeinen ›Stoff‹ in der

---

[215] Rolf Tiedemann, Walter Benjamin, S. 307.

Hosentasche hatten wie Verschwörer in einem schlechten Horror-Krimi; nur die Wirklichkeit war noch mehr Horror. Ich hatte keinen, und er teilte mit mir, was er hatte, zweiundsechzig Tabletten eines Beruhigungsmittels, das er sich in Berlin in der Woche nach dem Reichstagsbrand besorgt hatte. Er tat es nur zögernd, weil er nicht wußte, ob die restlichen einunddreißig Tabletten genügen würden. Sie waren genug.«[216]

In einer anderen Ausgabe dieser Erinnerungen spricht Koestler von fünfzig Morphiumtabletten, was auch Lisa Fittko später bestätigt hat.[217]

In Marseille trifft Walter Benjamin Hans Fittko wieder, mit dem er zusammen interniert war. Der rät ihm, zu seiner Frau Lisa an die spanische Grenze zu fahren, damit sie ihn illegal über die Berge begleite. Lisa Fittko hat seine Ankunft bei ihr in Port Vendres ausführlich beschrieben, die liebenswürdige Höflichkeit Benjamins auch unter diesen widrigen Umständen, seine Ungeschicklichkeit, die Herzbeschwerden. Die minutiöse Einteilung des Weges, um die Kräfte zu schonen, und die immer wieder betonte Sorge um die schwere Aktentasche, die er bei sich trug, und von der er nach Lisa Fittkos Aussage mehrfach erklärte, daß sie sein letztes Manuskript beinhalte.

Sie brauchten fast zehn Stunden, um über die Berge zu steigen, und als Lisa Fittko sie auf der spanischen Seite verließ (Benjamin war in Begleitung von Frau Gurland mit ihrem Sohn), konnte man das Grenzhäuschen von Port Bou schon sehen; Lisa Fittko war davon überzeugt, daß Benjamin und die Tasche gerettet wären. Erst Tage später erfuhr sie, daß Benjamin sich in der Nacht das Leben genommen hatte.

»Die spanische Grenzstelle hatte der Gruppe mitgeteilt, daß sie zurück nach Frankreich gebracht würde. Eine neue Verfügung war gerade aus Madrid eingetroffen: Ohne ein französisches Ausreisevisum darf niemand nach Spanien einreisen. (Es gibt verschiedene Versionen, warum Spanien diesmal die Grenze schloß; apatrides [Staatenlose] durften nicht durch Spanien reisen; oder: in Marseille ausgestellte spanische Transitvisen waren ungültig.) [...]

Die Flucht über die Grenze hatte ihn erschöpft, und er glaubte nicht, daß er imstande wäre, sie zu wiederholen, das hatte er bei unserem Aufstieg zu mir gesagt. Auch für diesen Fall hatte er alles im voraus berechnet: Er hatte genügend Morphium bei sich, um sich mit einer tödlichen Dosis das Leben zu nehmen.

Betroffen und erschüttert über seinen Tod ließen die spanischen Behörden die Gurlands weiterreisen.«[218]

---

[216] Arthur Koestler, Scum of the Earth, S. 244. Übersetzung Ulrike Voswinckel.
[217] Lisa Fittko, Mein Weg über die Pyrenäen, S. 143
[218] Ebd.

Es vergingen vierzig Jahre, bis Lisa Fittko zufällig mit Professor Abramsky aus London über Benjamin und die gerettete Tasche mit dem Manuskript sprach. Darauf setzte eine verspätete, fieberhafte Suche in Port Bou, Figueras und Barcelona nach dem Manuskript ein, das aber nicht gefunden wurde. Im Sterberegister war eine Ledertasche eingetragen mit »Papieren unbekannten Inhalts.« In Port Bou ist am 25. Juni 1994 ein Monument für Walter Benjamin errichtet worden, das der israelische Künstler Danny Karavan gestaltet hat.

U. V.

Villa Air Bel, Château Espère-Visa

Im Kontext der Rettungsarbeit von Varian Fry für die gefährdeten europäischen Intellektuellen nahmen die französischen Künstler einen besonderen Platz ein. Auf seiner Liste und auf der Liste der Fund Raising-Aktionen in Amerika standen ein paar der berühmtesten Künstler, die in Frankreich lebten: Picasso, Marc Chagall, Hans Arp, Jacques Lipchitz, Max Ernst. Das hatte einerseits damit zu tun, daß zum Beispiel der Direktor des Museum of Modern Art, Alfred H. Barr jr. diese Künstler gern in Amerika gesehen hätte, andererseits aber auch mit der ernüchternden Tatsache, daß nur mit den in Amerika berühmtesten Namen Geld für das Komitee aufzutreiben war. Varian Fry verfolgte eine Doppelstrategie – es war für ihn keine Frage, daß er den weltbekannten Künstlern helfen wollte; andererseits sah er auch, daß viele weniger bekannte und vor allem politisch engagierte Menschen sich in größerer Gefahr befanden, und setzte alles daran, mit den durch spektakuläre Aktionen gewonnenen Mitteln einer großen Zahl von Flüchtlingen über die Grenze zu verhelfen, ohne davon großes Aufheben zu machen.

Es stellte sich nach seiner Ankunft schnell heraus, daß Picasso und Matisse nicht ausreisen wollten. Marc Chagall, der in Gordes in der Provence wohnte, mußte er in langen Gesprächen erst von seiner realen Gefährdung als Jude überzeugen. Aber eine Reihe von Künstlern, die nicht auf der Liste gestanden hatten, flüchteten bei der deutschen Besetzung von Paris in den Süden, und auch sie wurden seine Schützlinge und Freunde: André Breton und eine ganze Gruppe von Surrealisten. André Breton schrieb später im Begleittext zum »Jeu de Marseille«, einem Kartenspiel, das sie erfunden hatten, während sie auf ihre Visa warteten:

»Ende 1940, Anfang 1941 trafen und kreuzten sich in Marseille die Wege verschiedener Persönlichkeiten, die mit der surrealistischen Bewegung in Beziehung standen oder dieser zumindest in irgendeiner Weise zuzuordnen sind. Es waren das Arthur Adamov, Victor Brauner, André Breton, René Char, René

Daumal, Robert de Langlade, Oscar Dominguez, Marcel Duchamp, Max Ernst, Jacques Hérold, Sylvain Itkine, Wilfredo Lam, André Masson, Benjamin Péret, Tristan Tzara. Viele von ihnen kamen regelmäßig im Schloß ›Air-Bel‹ zusammen, wo Victor Serge und ich selbst wohnten und wo Varian Fry, der Präsident des amerikanischen ›Emergency Rescue Committee‹ zur Unterstützung der Intellektuellen, sie in aller Herzlichkeit empfing. [...]«[219]

Im Herbst 1940 stellt Varian Fry fest, daß er ein Rückzugsquartier außerhalb von Marseille braucht, um sich manchmal von dem Daueransturm aller Hilfesuchenden zu erholen und um Unterbringungsmöglichkeiten für verschiedene Flüchtlinge zu schaffen. Er findet die heruntergekommene herrschaftliche Villa Air Bel, mit großem Garten, die ihm vorzüglich geeignet scheint. Aus seiner liebevollen Beschreibung des Interieurs sieht man auch, daß ihm die vergangene Pracht dieses »Château« gefällt, das an ein anderes Frankreich erinnert.

»Ich war begeistert von dem Haus. Es war vom Keller bis zum Dach solides neunzehntes Jahrhundert. Der Salon hatte einen kunstvollen Parkettfußboden, steife vergoldete Möbel, scheußliche Landschaftsbilder in schweren vergoldeten Rahmen, ein Klavier mit Messing-Leuchtern zu beiden Seiten der No-

Versteigerung von Bildern der Surrealisten in der Villa Air Bel

[219] André Breton zitiert nach Grandjonc/Grundtner (Hrsg.), Zone der Ungewißheit, S. 13.

Max Ernst, Jacqueline Lamba, André Masson, André Breton, Varian Fry

tenhalter, einen marmornen Kamin mit einem goldgerahmten Spiegel, einer Messinguhr und vielem kunstvollen Messinggeschirr.

[...] Im Parterre gab es außerdem ein Badezimmer mit einer Zinkbadewanne (wie die, in der Marat gestorben war) und Wasserhähnen, die wie Schwanenhälse geformt waren; eine Küche mit einem sechs Meter langen Kohleherd, einem Specksteinausguß mit fließend kaltem Wasser (sofern der Brunnen nicht ausgetrocknet war), aber keine Spur von modernen Annehmlichkeiten. [...]

Aber es war nicht nur das Haus, der Ausblick und der Garten: es war auch die Gesellschaft, die wir um uns versammelten. [...]

André Breton, ehemals ungezogener Dadaist, dann König des Surrealismus, hatte während des Krieges als Arzt in der französischen Armee gedient. [...] Er konnte großartig über alles und jeden reden. Sonntags nachmittags veranstaltete er Surrealisten-Treffen, zu denen die gesamte Deux-Magots-Meute erschien, verrückt wie eh und je. [...] Bei solchen Gelegenheiten holte Breton seine Sammlung alter Zeitschriften, Buntpapiere, Pastellkreide, Schere und Kleistertopf hervor, und wir entwarfen Collagen, zeichneten oder schnitten Puppen aus Papier. [...]

Serge nannte unsere Villa ›Château Espère Visa‹, weil die Hälfte seiner Bewohner auf Visa wartete, und wir hängten ein Schild mit diesem Namen ans Tor.

Zu jeder anderen Zeit wäre das Leben in diesem Haus vermutlich idyllisch gewesen. Im Winter 1940/41 aber war es alles andere als idyllisch. Wir schliefen in unseren Mänteln, und am Sonntag durchstöberten wir den Kiefernwald nach Holz.«[220]

[220] Varian Fry, Auslieferung auf Verlangen, S. 139f. und S. 146.

Hinzu kam, daß es auch nur spärlich zu essen gab, und daß es nicht lange dauerte, bis die Polizei ein Auge auf das verdächtige Treiben in der Villa geworfen hatte und in Abständen auftauchte, um das ganze Haus nach subversivem Material zu durchwühlen. Die Finanzprobleme für die Ausreisetickets entspannten sich etwas, als Peggy Guggenheim auf der Bildfläche erschien, Kunstwerke ankaufte und sich in Max Ernst verliebte. Sie erklärte sich bereit, seine Ausreise und die von André Breton, seiner Frau Jacqueline und seiner Tochter Aube zu bezahlen.

Max Ernst reiste mit dem Zug durch Spanien nach Lissabon. An der französisch-spanischen Grenze wurde er aufgehalten, weil seine Papiere verdächtig schienen und sein Visum abgelaufen war.

»Max begab sich trotzdem in den Saal der spanischen Zollkontrolle und packte seine Koffer aus. Die argwöhnischen Zollbeamten ließen ihn auch den Inhalt eines Paketes vorzeigen, das er sorgfältig gehütet hatte. Es waren Bilder in allen Größen, einige eingerollt, andere aufgespannt. Zum Glück waren sie in der Technik der sogenannten Décalcomanie gearbeitet. Da dies ziemlich sorgfältig wirkte, mit eher dunklen Farben gearbeitet, wurde sofort eine Ausstellung im Zollraum improvisiert: ›Bonito! Bonito!‹ Die Beamten waren begeistert. Die dreizehn anderen Zugreisenden ebenfalls. Blieb der französische Bahnhofsvorsteher. Er forderte Max auf, ihm in sein Büro zu folgen. Dort erklärte er ihm: ›Herr, ich bewundere das Talent. Herr, Sie haben viel Talent. Ich bewundere es.‹ Er händigte ihm seinen Paß aus und begleitete ihn auf den Bahnsteig, wo zwei Züge standen. ›Der erste‹, erklärte er ihm, ›fährt nach Spanien, der andere fährt nach Pau, zurück zur nächstgelegenen Präfektur.‹ Er fügte hinzu: ›Passen Sie auf, daß Sie nicht in den falschen Zug steigen!‹«[221]

U. V.

Max Ernsts Bilder im Garten der Villa Air Bel

[221] Max Ernst, Écritures, zitiert nach Grandjonc/Grundtner (Hrsg.), Zone der Ungewißheit, S. 293.

Nizza 1940. La Pagaille

Das gastliche Frankreich war vorübergehend zum ungastlichsten Land der westlichen Hemisphäre geworden. Wie im Hitlerdeutschland die Juden, so waren im Vichy-Frankreich die Ausländer zu Hauptfeinden erklärt worden.[222]

Kantorowicz, *Exil in Frankreich*

Thea Sternheim

Aus Thea Sternheims Tagebuch:

Nice, Sonntag, 25. August 1940
Nicht genug, dass ich den rührenden Bussys durch meine Krankheit zur Last falle, macht auch die Staub in der von Janie für sie gemieteten Wohnung schlapp. Am Freitag ist sie von Dr. Augier in das Krankenhaus Pasteur verbracht worden.

Inzwischen ist Hardekopf aus dem Konzentrationslager in Nimes befreit worden u. in Nizza eingetroffen. Selbst diese hilfsbereiten Bussys verlieren vor der hoffnungslosen Lage des Paars (kein Geld, die Papiere in Unordnung, er hat inzwischen seine Kleider verloren, sie besitzt ausschließlich Déshabillés) ihre Ruhe. Immerhin bleibt ihnen zwecks Entwirrung der äußerst verwickelten Situation nichts übrig als Hardekopf Janies Bett einzuräumen, Gide nach Nizza zu telefonieren.

Fast mit Rührung lese ich Mme. de Staels: »Vingt années d´exil.«

[222] Alfred Kantorowicz, Exil in Frankreich, S. 157.

Nice, Montag, 26. August 1940

Frühzeitig am Morgen tritt Gide in die Bussysche Wohnung u. kommt gleich an mein Bett. Umarmung. Gelächter u gleichzeitig die Gewissheit, dass er jeden meiner Gedanken errät. So wie ich das, was er denkt, wahrscheinlich errate. [...]

Wie jung doch der Siebzigjährige aussieht. Aber wie er gleichzeitig auch breit, fast robust geworden ist.

Sofort beginnt er seine Laufereien für den wie von Furien und wahrscheinlich von Abstinenzerscheinungen gepeitschten Hardekopf.

Hin u. wieder kommt er mir über den Stand der Demarchen Bericht geben: Es scheint zu gelingen, Hardekopf eine Aufenthaltserlaubnis bis zum Oktober zu verschaffen.

Bussys u. ich hatten uns vorgenommen, den Abend mit Gide zu verbringen, aber kaum hat sich Gide mit Bussys zum Nachtessen hingesetzt, steht Hardekopf bereits von neuem in der Tür, Gide um diese u jene Empfehlung zu bitten. Die so wohlwollenden Bussys sogar werden über solche Hartnäckigkeit unwillig.

Nice, Samstag, 14. September 1940

Am Morgen treffe ich Martin du Gard auf der Straße. »Ich komme zu Ihnen, um einige Auskünfte zu bekommen.«

Später, in Bussys Wohnzimmer, liest er den am Morgen erhaltenen Brief des Schriftstellers L. [Rudolf Leonhard] aus dem Konzentrationslager in V. vor. Aufschrei eines zu Tode Gehetzten, eine pathetische Anklage gegen Frankreich, deren Argumentation sich kein billig Denkender zu entziehen vermag. »Was tun?« ruft der durch den Brief aufgewühlte Du Gard. »So ein Brief brennt einem wie Feuer in der Tasche.«

Und was kann du Gard wirklich tun? Wer in der neuen Regierung kümmert sich um die Todesangst eines Kommunisten, der noch dazu Jude ist. [...]

Nice, Samstag, 28. September 1940

Zeitig mit Janie, die die Freundlichkeit hat, mich zu begleiten, zur Polizei. Da bekomme ich ein Zettelchen auf meine Identitätskarte geklebt, dass ich das Departement der Alpes maritimes in fünf Tagen zu verlassen hätte.

Ohne Existenzmittel, krank wie ich bin, erschreckt mich die Knappheit der bewilligten Frist, meine Angelegenheiten zu ordnen. An welche Behörde habe ich mich zu wenden? Wo vor allem finde ich die deutsche Stelle, die mir zur Rückkehr nach Paris verhilft? Dazu ist es Samstag, der Sonntag in jedem Fall für jede Demarche verloren.[223]

---

[223] Thea Sternheim, Tagebücher, Bd. 3, S. 196ff.

Nice 9. Oktober 1940

Ma chère Annette, je ne sais vraiment
pas ce que je dois faire. Mon permis de séjour dans les Alpes maritimes
est perimé, me voilà de nouveau ne sachant pas où aller. Il ne me reste
rien à faire que de retourner dans mon Appartement de Paris. J'ai le cœur
lourd comme si une grosse pierre serait posée dessus. Avec ça je ne sais
pas même si on me laisse entrer en zone occupée, quoique mon passeport
est en ordre etc. Il me faut un permis. Mais à Nice il n'y a personne, qui
le peut délivrer. Le consul de Suède vient d'écrire il y a 8 jours à Vichy
pour éclairer l'affaire. Jusqu'ici nous n'avons pas encore eu de réponse.
Avec ça mon argent diminue comme la neige dans le soleil. Impossibilité
absolue de m'en procurer dans la zone non occupée. Situation angois-
sante, d'autant que ma santé laisse vraiment à désirer. Le fameux camp
m'a donné le reste. Je ne serais pas fachée de quitter ce triste monde pour
le bon. Nous avons avec ces deux guerres eu trop peu de calme, de bon-
heur dans notre vie.
Ça ne me console pas de voir à droite et à gauche d'autres gens qui sont
encore bien plus traqués que moi.
Et toi, ma chère? Et toi?
Ton amie Charlotte est venue me voir. Très gentille. Nous avons longue-
ment causé de toi.
Avec ça ces 6 semaines auprès de ces gentils amis les Bussys ont été
bien réconfortant. Avons beaucoup vu Roger Martin du Gard, que je trouve
essentiellement sympathique et de bonne foi. C'est grâce à lui que je suis
parvenue d'avoir un délai de 15 jours, car en réalité j'aurais du quitter le
Département déjà le 5 Octobre. Maintenant je peux rester jusqu'au 18. On
est très stricte avec les étrangers qui n'y ont pas demeuré avant la guerre.
Le temps est splendide. Je n'en jouis pas. Je me trouve dans un état de mé-
lancolie noire comme jamais de ma vie. Je ne vois plus le sens dans tout ça.
Avec cette déchretienisation universelle je me sens déplacée et sans direc-
tion.
Je me sens terriblement d'une autre époque.

—

Je pense beaucoup à toi. Je m'imagine que tu n'es pas trop gaie non plus.

—

Sais tu que Hasenclever s'est suicidé dans Le Camp de Milles?

[224] Monacensia, Stadtbibliothek München. Archiv Annette Kolb.

Kurt W.[olff] et Hélène et leur fils se trouvent également à Nice. Ils demeurent à l'Hôtel Victoria.

—

J'ai vu parfois Gide en visite de Cabris où il demeure chez Mme Mayrisch! Il est magnifiquement en forme. Nous avons constaté dernièrement avec Valeriu et Eva M.[arcu] que ce pauvre Schickele n'est pas le plus malheureux de ne plus devoir vivre ce temps. Les deux ne désirent que partir pour l'Amérique. Espérons qu'ils parviendront à réaliser ce départ.

—

Je me demande quand on se reverra-t-on?

—

Si tu écris aux Ste. Suzannes dis leur bien des choses de ma part.

—

Mopsa se trouve en zone occupée. Elle s'est enfuie en Juin mais elle n'est pas parvenue à gagner la zone non occupée. Jusqu'ici elle va bien. Elle se trouve en Dordogne.

—

J'ai aussi hâte de retrouver mes enfants pour prendre des décisions. Quand ça se fera-t-il?

—

Si tu vas à Bâle ne manque pas à te laisser venir Nucki. Son adresse est Inez Loewen, chez Perbellini, Feierabendstrasse 71.

—

le soir.

Mme van Rysselberghe et Mme Mayrisch sont venues pour le thé, elle restent 2 jours à Nice. On a bien parlé de toi. La pauvre Mme M. est fort angoissée. Sa fille se trouve toujours au Maroque.

Au revoir ma bien chère. Je t'embrasse de toute ma vieille amitié

Stoisy

Annette Kolb – inzwischen hatte sie die französische Staatsbürgerschaft – war bis Anfang 1940 in Paris geblieben. In einem Text von 1960, *Memento*, schrieb sie über diese dritte Emigration:

»Waren es die letzten Tage des Mai oder Anfang Juni, daß mein ältester Pariser Freund, Fauchier Magnan, mich eines Morgens besuchte und mir sagte:

›Sie sind vielleicht nicht im Bilde. Die Deutschen rücken vor, sie sind nicht weit von Paris. Ich möchte Sie warnen.‹ Dann ging er. Er war die Rettung. Aber mit diesen Worten stürzte, wie vor sieben Jahren mein Haus im Schwarzwald, meine Pariser Wohnung, mein dortiges Leben zusammen. Fort, fort – die Flucht auch hier von allem, als sei es nie gewesen.«[225]

Sie fährt mit einem der letzten freien Züge nach Vichy, wo eine Freundin ein Zimmer für sie bestellt hat, aus dem sie aber gleich wieder ausgewiesen wird, weil sie den »heranziehenden Deutschen« Platz machen muß.

»Ich traf Giraudoux auf der Straße, er sah aus wie sein Schatten. Einer der Herren sagte zu mir: ›Nous ne pouvons pas vous protéger.‹ War ich denn nicht Französin? Auch andere unheimliche Bureaus hatten sich aufgetan – von ihnen aus erging da ein Verbot an alle französischen Staatsangehörigen, das Land zu verlassen. Der Schweizer Gesandte, Herr Stucki, den ich zum Glück, wenn auch nur flüchtig, kannte, erklärte mir: ›Sie müssen fort, Sie dürfen sich einer eventuellen Wiederkehr der Deutschen nicht aussetzen.‹ Mit scheinbar leichter Hand, mit Umgehung der Bureaus und mit Hilfe von Giraudoux, erwirkte er mir die Erlaubnis, einer Aufforderung aus der Schweiz folgen und nach Genf fahren zu können.«[226]

U. V.

[225] Annette Kolb, Zarastro. Memento, S. 137.
[226] Ebd. & S. 139.

Zufälle und Katastrophen

Ein anderer Blick. Ein Kind aus Spanien in Marseille

Als 1958 in Deutschland das Buch *Elegie der Nacht* von Michel del Castillo veröffentlicht wurde, war es eines der ersten Bücher, das über das Leben in einem deutschen Konzentrationslager in einer Art Romanform berichtete; der Erzähler war, als das Buch in Frankreich zuerst erschien, Mitte zwanzig, und er hatte Mauthausen überlebt. Der Erfolg des Buches hatte damals viel damit zu tun, daß es nicht nur gut geschrieben war, sondern auch eine Hoffnung verbreitete – ein Kind, das die Hölle gesehen und die Liebe nicht verloren hatte. Wie es dazu kam, daß dieses spanische Kind, im Buch heißt es Tanguy, mit neun Jahren allein und ohne Angehörige in ein deutsches KZ verschleppt worden war, ist damals nicht thematisiert worden. (Wenn man sich vergegenwärtigt, daß der französische Historiker Jacques Grandjonc aus Aix-en-Provence erst 1973 zufällig von der Existenz des Internierungs- und Auslieferungslagers Les Milles erfahren hat, und zwar durch einen deutschen Kollegen Karl Obermann, der selbst in Les Milles festgehalten worden war, kann man sich das Ausmaß des Verschweigens vorstellen.)

Michel del Castillos Mutter war leidenschaftlich engagierte Journalistin im Spanischen Bürgerkrieg; als Franco mit den Faschisten siegte, mußte sie nach Frankreich fliehen, zusammen mit ihrem kleinen Sohn, dessen Vater ein Franzose war und von dem sie schon lange getrennt war. Trotzdem nahm er sie und das Kind in Marseille widerwillig in Empfang, als sie über die Grenze gekommen waren, eine Zeitlang gewährte er ihnen Unterkunft, aber als es ihm zuviel wurde, denunzierte er sie und das Kind – als unerwünschte Ausländer. Das war möglich, weil alle Spanienkämpfer in Frankreich in Lagern interniert wurden, und so kamen Michel del Castillo und seine Mutter in ein Straflager für politische Häftlinge, nach Rieucros. Er nennt den Namen nicht in seinem Buch, aber aus den Erinnerungen des deutschen Fotografen Willy Maywald weiß man, daß er das Kind Michel del Castillo in Rieucros gesehen hat, als er seine Schwester Helene dort besuchte:

»Andere Frauen, die Helene uns vorstellte, kamen zu uns an den Tisch. Jede von ihnen hatte ihre Geschichte. Alle hofften, befreit zu werden, aber es ist nur wenigen gelungen, denn viele wurden später in das Lager von Gurs gebracht, von wo aus die Transporte dann weiter nach Auschwitz gingen. Alle Nationen waren im Lager vertreten. Eine Baracke war voll mit Spanierinnen. In den anderen waren Polinnen und Russinnen und sogar Französinnen, die als Kommunistinnen denunziert worden waren.

Ein kleiner Junge mit großen, dunklen Augen kam an unseren Tisch. ›Das ist Michel de Castille‹, sagte Helene, ›seine Mutter ist auch hier im Lager. Sie war während des Bürgerkrieges Sprecherin beim Rundfunk Madrid.‹ Michel de Castille wurde nach dem Krieg durch sein Buch ›Tanguy‹, in dem er auf erschütternde Weise seine Jugend- und Lagererlebnisse erzählte, berühmt.«[227]

Michels Mutter wird im Lager schwer krank, wird in ein Krankenhaus verlegt und kommt schließlich wieder mit dem Kind nach Marseille, von wo aus sie illegal über die Pyrenäen – genau wie die deutschen Emigranten, aber mit Hilfe von katalanischen Untergrundkämpfern – wieder nach Spanien und von da aus nach England zu den Forces libres oder nach Amerika gehen will.

»Sie erzählte ihm von Amerika, dem Land des Friedens. Aber Tanguy glaubte ihr nicht mehr. Man hatte ihm gesagt, Frankreich sei das Land der Freiheit, und dann hatte man ihn dort in ein Konzentrationslager gesperrt. Man hatte ihm erzählt, man bekomme in Frankreich gut zu essen, und er hatte dort mehr gehungert als mitten im Krieg in Madrid; man hatte ihm versichert, die Menschen seien höflich, und ein Hotelbesitzer hatte ihn ›dreckiger Spanier‹ genannt! Er war neun Jahre alt und glaubte nicht mehr an sehr viel.«[228]

Sie hinterläßt das Kind in einem Haus, in dem geflüchtete Juden versteckt sind, die alle mit Hilfe der Katalanen nach Spanien zu entkommen hoffen; ein paar Tage nach der erfolgreichen Flucht von Tanguys Mutter wird das Haus am 2. August 1942 gestürmt, und alle versteckten Juden und Tanguy, der übrigens kein Jude ist, werden festgenommen und in Viehwagen über Paris nach Mauthausen deportiert. –

Der versöhnliche Schluß des Buches war trügerisch; Michel del Castillo wird sein ganzes Leben lang an diesem Trauma weiterschreiben, wobei der Verrat des Vaters und die Tatsache, daß die Mutter ihn (aus welchen taktischen Gründen auch immer) in Marseille verlassen hat, immer mehr ins Zentrum seiner obsessiven Suche nach dem Warum rücken wird.

Schiffsgeschichten

»Worauf warten wir noch, fragte ich mich. Wir standen da, Wittlin, Mehring und ich, und schauten dem Schiff nach, bis es sich im Blau zwischen Himmel

---

[227] Willy Maywald, Die Splitter des Spiegels, S. 129f. *Elegie der Nacht* erschien in den nächsten Auflagen auch in Deutschland unter dem Titel *Tanguy*.
[228] Michel del Castillo, Elegie der Nacht, S. 40.

und Wasser aufzulösen schien – blau wie die Augen des britischen Kapitäns, die ich niemals vergessen werde.

Wann uns die Nachricht erreichte, weiß ich nicht mehr genau. Wir hatten uns in Bayonne Gift besorgen wollen, um uns vor dem Zugriff der Deutschen zu schützen. Aber es gab kein Gift zu kaufen ohne Rezept. Wir saßen wieder beim Wein in der Hafenkneipe, als ein paar Matrosen hereinkamen. Die wußten schon alles. Das britische Schiff, erzählten sie uns, war auf eine Mine gefahren; untergegangen mit Mann und Maus. Keiner gerettet.«[229]

Diejenigen Emigranten, die als Kommunisten oder Spanienkämpfer namentlich bekannt waren, konnten es nicht riskieren, mit der Bahn durch Spanien zu reisen; manche taten es trotzdem mit falschen Papieren, aber für die anderen wurden die immer seltener fahrenden Schiffe zur letzten Möglichkeit des Entkommens. Da waren die Zielhäfen der Schiffe schon fast gleichgültig geworden, wenn man nur überhaupt einen Schiffsplatz bekam. Über den Kampf um die letzten Tickets für ein Schiff, dessen Existenz bis zu seinem Auftauchen ebenso geisterhaft war wie viele andere, haben verschiedene Autoren geschrieben – Anna Seghers zum Beispiel in *Transit*, in dem die Hauptperson dann schließlich doch nicht mit der »Paul Lemerle« abfährt (im Gegensatz zu Anna Seghers selbst); für Alfred Kantorowicz sind die Stunden vor der endgültigen Abreise noch einmal ein Absturz ins Bodenlose:

»Dann kam der Tag, da wider Erwarten tatsächlich der etwa 6000 Tonnen fassende alte Frachter ›Paul Lemerle‹ mit einigen Hundert Flüchtlingen, die alle gültige Visen besaßen, nach Martinique auslaufen sollte. Nur eine letzte, eine allerletzte Formalität war am Vorabend noch zu erledigen: das Hafenamt mußte seine Stempel neben all die anderen Stempel auf das französische Ausreisevisum drücken. ›Wart Ihr schon beim Hafenamt?‹ fragte Anna Seghers Friedel und mich, als wir uns vormittags in der Pizzeria trafen. Sie und ihr Mann, der ungarische Gesellschaftswissenschaftler Dr. Radvany, hatten diesen allerletzten Stempel gerade zuvor abgeholt. Es war wirklich nur eine Formalität. Am besten, wir machten uns gleich auf den Weg. Es war nicht weit.

[…]

Wir legten am Hafenamt dem Beamten, der den allerletzten Stempel auf unsere Reisepapiere zu drücken hatte, die Belegstücke vor. Er warf einen Blick darauf, ergriff den Stempel und blätterte schläfrig in einer Kartei, die neben ihm auf dem Tisch stand. Er zog eine Karteikarte halb hervor, verglich den Namen, sein Blick wurde wachsam. ›Vous êtes Kantorowicz, Alfred, né le 12. Août 1899 à Berlin?‹ Ich bejahte. Er warf den im Wachraum anwesenden Gendarmen einen Blick zu, zog meine Karteikarte wie einen Steckbrief – es war ein Steckbrief! –

---

[229] Hertha Pauli, Riss der Zeit, S. 190.

aus dem Kasten und rief: ›Vous êtes arreté‹ Die Gendarmen umringten uns sogleich, tasteten mich nach Waffen ab und geboten uns, ihnen ohne Widerstand zu folgen. Also war es aus. Es war wirklich aus. In dieser Minute gab ich auf. Man würde mich in ein Auslieferungsgefängnis bringen und dort der Gestapo überstellen. Ich hatte verloren. Meine Kraft war verbraucht. Jeder weitere Kampf war unnütz. Selbst wenn das Wunder nochmals geschehen könnte, daß die lokalen französischen Behörden des Departements Var, meines letzten Wohngebietes, mich anforderten, würde die Buchung für den Frachter ›Paul Lemerle‹ verfallen sein, das Ausreisevisum und Durchreisevisum abgelaufen – nein, man mußte sich mit dem Unvermeidlichen abfinden. [...]

Noch prüfte der Kommandant den Haftbefehl gegen mich, da sagte ich leise, aber sehr eindringlich: ›Mon Colonel, le Colonel Riverdi vous a parlé de nous. Moi, je suis Alfred Kantorowicz.‹ Er sah auf, verglich unsere Paßfotos mit uns und sagte: ›Ah, c'est vous – alors [...]!‹ Dann nahm er den Stempel des Hafenamtes, drückte ihn auf die Visen, die somit die allerletzte Beglaubigung erhielten, riß den Haftbefehl gegen uns in kleine Fetzen und brüllte uns an: ›Fichez le camps!‹ Macht, daß Ihr rauskommt, so schnell wie möglich. Da ich nicht wußte, ob er meinen Händedruck annehmen würde und ich als Zivilist nicht salutieren konnte, nahm ich eine Sekunde lang Haltung an wie vor einem Vorgesetzten, machte dann kehrt und verließ mit Friedel die Kommandantur.«[230]

Auf diesem Schiff traf eine interessante Gesellschaft zusammen, denn auch André Breton mit seiner Familie, Tristan Tzara und einige der Surrealistenfreunde hatte Varian Fry auf der »Capitaine Paul Lemerle« untergebracht. (Kantorowicz schreibt bedauernd, daß er von dem »Cercle

Friedel und Alfred Kantorowicz

[230] Alfred Kantorowicz, Exil in Frankreich, S. 231 & 235.

198

ausgeschlossen war, den Breton bei ruhiger See mit seinen Anhängern und Bewunderern abhielt«, da Breton schon seit längerer Zeit dem Kommunismus abgeschworen hatte, im Gegensatz zu Kantorowicz, der es erst Jahrzehnte später tat.)

Der Ethnologe Claude Lévi-Strauss, der sich in den vorausgegangenen Jahren mehrfach in Marseille zu Forschungsreisen nach Südamerika eingeschifft hatte und den Hafenbüros bekannt war, fand sich auch auf der »Capitaine Paul Lemerle« wieder, allerdings unter ganz anderen Umständen als in den früheren Jahren; er erzählt von dieser Reise am Anfang seines Buches *Traurige Tropen*:

»Kurz nach dem Waffenstillstand hatte ich es der freundschaftlichen Aufmerksamkeit, mit der Robert H. Lowie und A. Métraux meine ethnographischen Arbeiten verfolgten, sowie der Wachsamkeit in Amerika lebender Verwandter zu verdanken, daß ich im Rahmen des Plans der Rockefeller-Stiftung zur Rettung europäischer Gelehrter, die von der deutschen Besatzung bedroht waren, eine Einladung in die *New School for Social Research* erhielt. Aber wie sollte ich ihr Folge leisten? Mein erster Gedanke war, eine Reise nach Brasilien vorzutäuschen, um dort meine vor dem Krieg begonnenen Studien fortzusetzen. In dem kleinen Erdgeschoß der brasilianischen Botschaft in Vichy spielte sich eine kurze, für mich tragische Szene ab, als ich die Verlängerung meines Visums beantragte. Der Botschafter Louis de Souza-Dantas, den ich gut kannte, der aber nicht anders gehandelt haben würde, hätte ich ihn nicht gekannt, hatte bereits den Stempel in der Hand und schickte sich an, ihn auf den Paß zu drücken, als ein willfähriger Botschaftsrat ihn kalt mit der Bemerkung unterbrach, daß er aufgrund einer neuen gesetzlichen Verfügung dazu nicht mehr befugt sei. Eine Sekunde lang blieb der Arm mit dem Stempel in der Luft hängen. Mit einem ängstlichen, fast flehenden Blick versuchte der Botschafter, seinen Mitarbeiter dazu zu bewegen, sich kurz abzuwenden, damit der Stempel sich auf das Papier senken könne, was es mir ermöglicht hätte, Frankreich zu verlassen und vielleicht in Brasilien einzureisen. Aber nichts geschah, das Auge des Botschaftsrats starrte unentwegt auf die Hand, die mechanisch neben das Dokument zurückfiel. Ich bekam kein Visum, und der Paß wurde mir mit einer bedauernden Geste zurückgegeben. [...]

Ich klapperte alle Docks und Werften ab und erfuhr schließlich, daß das fragliche Schiff derselben *Compagnie de Transports Maritimes* gehörte, der die Universitätsmission von Frankreich in Brasilien all die vorangegangenen Jahre eine treue und äußerst und exklusive Kundschaft beschert hatte. An einem stürmischen Wintertag im Februar 1941 fand ich in den ungeheizten und fast immer geschlossenen Büros endlich einen Beamten, der uns früher im Namen der Schiffahrtsgesellschaft begrüßt hatte. Ja, das Schiff existierte, ja, es sollte abfahren; aber es sei ausgeschlossen, daß ich es nehme. Warum? Ich hätte ja keinen Begriff davon, er könne es mir nicht erklären, es sei nicht wie früher. Aber wie denn? O, sehr langwierig, sehr beschwerlich, und ich auf einem solchen Schiff – das könne er sich nicht einmal im Traum vorstellen.

Der brave Mann sah in mir immer noch einen, wenn auch bescheidenen Botschafter der französischen Kultur; während ich mich bereits als gehetztes Wild fühlte, auf der Flucht vor dem Konzentrationslager. [...]

Schließlich erhielt ich meine Schiffskarte auf der *Capitaine Paul Lemerle*; aber erst am Tag der Abreise begann ich zu begreifen, nämlich als ich durch die Spaliere der mit Helmen und Maschinenpistolen ausgerüsteten Wachtposten ging, die den Kai absperrten und die Passagiere von jedem Kontakt mit ihren Angehörigen oder Freunden abschnitten, die sie begleiteten, wobei sie den Abschied durch Rippenstöße und wüste Beschimpfungen abkürzten; es war wahrhaftig kein einsames Abenteuer, vielmehr ein Auszug von Strafgefangenen. Mehr noch als von der Art und Weise, mit der man uns behandelte, war ich betäubt von unserer Vielzahl. Etwa dreihundertfünfzig Personen wurden in einen kleinen Dampfer gepfercht, der – wie ich sofort sah – nur zwei Kabinen mit insgesamt sieben Schlafplätzen enthielt. [...] Alle meine Reisegefährten, Männer, Frauen und Kinder, wurden in luft- und lichtlosen Frachträumen verstaut, in denen Schiffsschreiner notdürftig Betten übereinandergebaut und mit Strohsäcken bestückt hatten. [...]

Unter dem Gesindel, wie die Gendarmen zu sagen pflegten, befanden sich unter anderen André Breton und Victor Serge. André Breton, der sich auf dieser Galeere sehr unbehaglich fühlte, wanderte ruhelos auf den wenigen menschenleeren Teilen des Decks auf und ab; ganz in Plüsch gehüllt, ähnelte er einem

blauen Bären. Zwischen uns entspann sich eine dauerhafte Freundschaft durch einen Briefwechsel, den wir während dieser endlosen Reise ziemlich lange fortsetzten und in dem wir über das Verhältnis zwischen ästhetischer Schönheit und absoluter Originalität diskutierten.«[231]

»*Capitaine Paul Lemerle*«

[231] Claude Lévi-Strauss, Traurige Tropen, S. 16ff.

Die Ikone des Fluchtgepäcks:
La Boîte-en-valise. Marcel Duchamp

Auch wenn es vielleicht eine Art Zufall war (aber Zufall war für Duchamps Werk essentiell), daß Marcel Duchamp zwischen 1940 und Mai 1942 hauptsächlich in Sanary-sur-mer bei seiner Schwester gewohnt hat – so kann man sich doch fragen, ganz am Ende dieser langen Beschäftigung mit all den Biographien, die sich hier gekreuzt haben, und all den Werken, die hier und in der nächsten Umgebung entstanden sind, ob Sanary einer dieser Orte der Kraft war, die schöpferische Menschen angezogen und inspiriert haben, oder ob der Ort nur durch das Zusammentreffen günstiger materieller Bedingungen und gleichgesinnter Schicksalsgenossen zum Zentrum und zum Namen der literarischen und künstlerischen Emigration geworden ist.

Marcel Duchamp kam erst, als fast alle Deutschen Sanary schon wieder hatten verlassen müssen, aber auch er wartete auf seine Ausreisepapiere nach Amerika, und das Werk, an dem er in den Jahren zuvor und nun auch in Sanary arbeitete, war ganz konkret und ganz symbolisch eine Ikone des Fluchtgepäcks: Die

Marcel Duchamp 1942

»Boîte-en-valise«, ein Museum im Koffer, das 69 seiner Werke in miniaturisierter Form enthielt. In den Jahren zuvor, als die Kriegsgefahr immer bedrohlicher wurde, hatte er an ein Buch gedacht, in dem er seine Werke versammeln wollte, aber im Verlauf der sehr aufwendigen und neu zu erfindenden Reproduktionsverfahren hatte er sich für eine dreidimensionale Form entschieden, und daß es ein Koffer wurde, in dem die Wände ausklappbar waren und so nicht nur einen Museumsraum imitierten, sondern ihm auch die Möglichkeit gaben, das Verhältnis der einzelnen Werke untereinander neu festzulegen, war eine Standortbestimmung und ein Reiseutensil gleichzeitig.

Zum ersten Mal kombinierte er Visuelles mit 25 seiner erweiterten Wortspiele, und dazu gehörte auch der Titel und die Autorschaft: »Boîte-en-valise« de ou par Marcel Duchamp ou Rrose Selavy. Valise ist übrigens ein Anagramm von Sélavi.

In der Zeit, als Duchamp an der Côte d'Azur war, besuchte er nicht nur seine Freunde in der Villa Air Bel, sondern auch Henri-Pierre Roché, mit dem er mehr als zwanzig Jahre eng verbunden war. Roché, der seit der hochdramatischen Trennung von Helen Hessel auch Franz Hessel nicht wiedergesehen hatte und erst nach seinem Tod daran dachte, ihre Liebe zu dritt – *Jules und Jim* – aufzuschreiben, lebte in der Nähe von Grenoble, und wenn Duchamp kam, spielten sie Schach. Roché kaufte eine der ersten »Boîte-en-valise« mit einem handkolorierten Original der »Schachspieler« im Kofferdeckel.

Lissabon :
Waiting for the Lifeboat oder Metropole der Verfolgten

Leonhard Frank an Hermann Kesten[232]

1.10.40 (Lissabon)

Lieber Hermann Kesten,
ich bekam Ihr Telegramm. Soeben war ich auf dem Consulat. Nichts!!! Bitte, schreiben Sie mir, ob das Visum für mich schon in Marseille ist. Von hier aus ist das nicht zu ermitteln.

Ich bin überzeugt, dass nur eine *persönliche* Intervention in Washington meinen verzwickten Fall klären könnte, und da es um nichts weniger als um das Leben geht, sollte das sofort geschehen. *Ich bitte Sie!* Könnte denn nicht eine Extraanstrengung für mich gemacht werden? Ich bin ja tatsächlich der Einzige mit bekanntem Namen, der das Visa nicht hat. Sie müssten es sich schon zur *Aufgabe* machen, mich zu retten. Bitte schreiben Sie mir einen ausführlichen Brief, was eigentlich los ist. Und handeln Sie! Handeln Sie!

Ich fühle mich verpflichtet, Sie auf einen jungen höchst uneigennützigen Freund aufmerksam zu machen: Karl Frucht. Er, das sage ich Ihnen, verdient jede Hilfe. Ich bitte Sie von Herzen, alles nur Erdenkliche zu tun, damit er das Visum bekommt.

Ich erwarte voller Verzweiflung einen aufklärenden Brief von Ihnen.

Ihr Leonhard Frank

In seinem Roman *Links wo das Herz ist* von 1952 ist Lissabon nur ein kurzer Nachsatz zur langen Flucht durch Frankreich:

[232] Monacensia, Stadtbibliothek München. Archiv Hermann Kesten. Hermann Kesten, Deutsche Literatur im Exil, S. 153f., weicht vom Original ab.

»In Lissabon bekam Michael nach einigen Wochen das amerikanische Visum durch die Vermittlung des Emergency Rescue Comity, das Franklin Delano Roosevelt gegründet hatte zu dem Zweck, bekannte europäische Wissenschaftler und Künstler vor dem Zugriff der Nazis zu retten. Am 9. Oktober 1940 ging Michael an Bord, schweren Herzens. Was soll er, ein deutscher Schriftsteller, in Amerika.«[233]

Von Friedrich Torberg, der mit dem gleichen Schiff wie Frank nach New York reiste, erfahren wir noch etwas mehr:
»Auf der ›Exeter‹, einem der letzten Schiffe der ›American Express Company‹, trat ich gemeinsam mit Leonhard Frank die Überfahrt nach Amerika an. Wir schliefen auf Matratzen, die man in einem sonst als Musikzimmer dienenden Raum für uns installiert hatte, wurden jedoch im übrigen wie normale Passagiere behandelt und waren's hoch zufrieden.

Kurz vor der Abfahrt hatten wir von unserm amerikanischen Hilfskomitee eine wahrhaft erhebende Nachricht bekommen: Die zehn Anti-Nazi-Writers waren zur Hälfte von Metro-Goldwyn-Mayer und zur Hälfte von Warner Brothers unter Vertrag genommen worden, für 100 Dollar wöchentlich, die uns in Portugal wie eine Phantasiesumme vorkamen (und sich an Ort und Stelle als knapp bemessenes Taschengeld erwiesen).

Leonhard Frank ließ sich durch die frohe Botschaft in seiner permanenten Übellaune nicht beeinträchtigen und konzentrierte seine Gedanken auf die Befürchtung, man würde uns in New York ohne jedes Bargeld nicht an Land gehen lassen. Als er immer wieder darauf zu sprechen kam, was mir allmählich die Fahrt vergällte, setzte ich mich mit einer kühnen Vision zur Wehr:

›Seien Sie unbesorgt, Herr Frank. Bei unserer Ankunft wird ein Mann mit einem breitkrempigen Hut am Pier stehen, wird auf uns zutreten und sagen: „Mister Frank? Mister Torberg? Ich komme von Warner Brothers. Hier sind zweihundert Dollar für jeden von Ihnen. Sie können noch ein paar Tage in New York bleiben, dann erwarten wir Sie in Hollywood." So wird sich's abspielen, ich habe es im Gefühl.‹

›Erzählen Sie mir keine Märchen‹, knurrte Frank und wandte sich mißmutig ab.

Bei unserer Ankunft im Hafen von New Jersey stand ein Mann mit einem breitkrempigen Hut am Pier, trat auf uns zu und händigte jedem von uns im Auftrag der Warner Brothers zweihundert Dollar ein.

Es war das erste und das letzte Mal, daß ich in Amerika etwas Märchenhaftes erlebte.«[234]

---

[233] Leonhard Frank, Links wo das Herz ist, S. 142.
[234] Friedrich Torberg, Die Erben der Tante Jolesch, S. 169f.

Die »Nea Hellas« in Lissabon

Annette Kolb an Hermann Kesten[235]

Poste Restante Lisboa 14.II.41

Lieber Kesten

Nun bin ich eine Woche hier und zog schon 4 Mal um, von einem vorbe-
stellten Zimmer ins andere. Und weiss nicht wann und ob ich von diesen
Gestaden fortkomme. Schiffe alle überfüllt, Clippers die immerzu ausfal-

---

[235] Monacensia, Stadtbibliothek München. Archiv Hermann Kesten.

len oder für Post reserviert sind. Und nur die Ereignisse, die sich überstürzen. Vor dem 20. komme ich kaum fort vielleicht nicht vor Ende und so lange habe ich kein Geld natürlich. Denn für einen so langen Aufenthalt war ich nicht gewappnet, da mir versichert wurde, dass ich vor dem 1. März bestimmt nach N.Y. fahren könne. Ich habe an Katia Mann geschrieben, höre aber nun, Manns seien nicht mehr in Princeton. Das Leben ist im Grossen so furchtbar im Kleinen so aufreibend geworden, dass einem der Mut manchmal verzagt mit zu tun. Meine Reise durch Spanien ganz allein war etwas schreckliches das erzähle ich Ihnen lieber mündlich. Hoffentlich kommt es dazu! Grüssen Sie Ihre liebe Frau. Ja ich hoffe Euch zu sehen. Aber leider kann ich jetzt meine Reise, die ich bisher allein bestritt, nicht länger finanzieren. Schreiben Sie mir doch gleich wie es eigentlich um mich steht lieber Kesten. Den Schubert brachte ich in Barzelona fertig – wo habe *ich* schon einen Verleger im Stich gelassen. *Wo* ist Landauer? herzlichst Annette Kolb

Katia Mann an Hermann Kesten[236]

Frau Thomas Mann
65 Stockton Street

Princeton, N.J. 19.II.41

Lieber Herr Kesten:
Schönen Dank für die rasche Erledigung der finanziellen Transaktion. Es wäre wohl am einfachsten, wenn Sie mir einen Check schicken könnten.
Mein Bruder ist ja nun, zusammen mit Neumanns, heil eingetroffen, und wir sind natürlich sehr froh und erleichtert, obgleich es ja viele weitere Probleme zu lösen gibt.
Von Annette Kolb hatten wir auch schon ein Cabel aus Portugal. Dass sie uns um einen Clipperplatz bat, war allerdings allzu weltfremd. Aber jedenfalls kann man sie bald erwarten, hoffentlich noch vor unserem Aufbruch nach Californien. Franz Bley hingegen sitzt noch immer verzweifelt in Südfrankreich, wir hatten von seiner Tochter seinetwegen einen ungewöhnlich strengen Brief. Ich habe auch an Fräulein Warburg seinetwegen geschrieben, mache mir aber wenig Hoffnung auf Erfolg. Dagegen sollte doch wohl unbedingt etwas für Wilhelm Uhde geschehen. Ach, und Frey's Biographie! Sind Sie mit dem Gegenstand genügend vertraut und würden Sie eventuell behilflich sein wollen?

---

[236] Monacensia, Stadtbibliothek München. Archiv Hermann Kesten.

Schliesslich lege ich noch einen Brief von Wolfenstein bei, auch aus Carcassonne (wo Bley sich aufhält); ich weiss nicht, wie seine Angelegenheit steht.

Auf Wiedersehen!

Ihre Katia Mann

Lissabon, von Marseille aus als fernes Traumziel betrachtet, erwies sich bei Ankunft als nächste Variation eines überfüllten Wartesaals; für die, die Ausreisevisa und Schiffspassagen sicher hatten, stellte sich das neutrale Portugal im ersten Moment paradiesisch dar, mit freundlichen Grenzbeamten, hilfsbereiten Portugiesen, mit lange entbehrten Dingen wie Schokolade und Seife, regulären Hotelbetten – ein Land noch im Frieden. So erging es vor allem denen, die frühzeitig in Portugal ankamen; bis 1938 hatte Portugal deutschen und österreichischen Emigranten erlaubt, nur mit einem gültigen Reisepaß einzureisen und mit Aufenthaltsgenehmigung im Land zu bleiben; es war den Flüchtlingen sogar gestattet zu arbeiten, sofern es sich um selbständige Tätigkeit handelte.

Nach der Kapitulation Frankreichs setzte die ungeahnte Massenflucht aus dem Norden ein, was zur Folge hatte, daß Portugal eine Visumspflicht einführte und nur noch einen Transitaufenthalt für 30 Tage gestattete. Lissabon war nach kürzester Zeit überfüllt von Fremden, die bald schon an der Grenze in die verschiedenen Städte des Landes dirigiert wurden, was oftmals den Kontakt zu den Konsulaten und Schiffsgesellschaften erschwerte. In Lissabon hielten sich im September 1940 14 000 Flüchtlinge auf, von denen nur die wenigsten die nötigen Papiere und Geldmittel besaßen, um weiterzukommen. Hilfskomitees, vor allem jüdische und amerikanische, sorgten für das Überleben der »Gestrandeten«, die sich wie vorher in Marseille nun in den Lissabonner Cafés wiedertrafen.

Erika Mann hat diese Situation in einer kurzen Erzählung beschrieben; sie war auf der Rückreise von London nach New York in Lissabon gelandet, war erfüllt von ihren Erfahrungen im »Blitzkrieg«, von dem sie berichtet hatte und beeindruckt war, auch davon, wie dort gegen Hitler gekämpft wurde. Aus der Ferne hatte sie sich wohl ein anderes Bild von den Zuständen in Lissabon gemacht.

»Hier, in diesem Flüchtlingslager in Lissabon wurde nicht gekämpft. Hier wartete man nur trübsinnig, hier herrschte nur hilflose Angst und bedrückende Schwüle; die Wolken hingen tief über der Stadt, und die Flüchtlinge liefen sinnlos durch die Straßen; sie konnten gar nichts tun und kaum etwas erhoffen. [...]

Kurz vor fünf betrat ich das kleine Café auf dem Hauptplatz.
Ich mußte auf den wichtigen und allmächtigen Konsul warten. Das Café war
zum Bersten voll. Um genau zu sein, war hier alles überlaufen. […] Die meisten
Flüchtlinge trugen dieselbe Kleidung, in der sie ihr Land verlassen hatten oder
das Land, das ihnen Aufnahme gewährt hatte; ihre Kleidung war abgetragen
und schmutzig, oft zerrissen. Der Geruch schmutziger Lumpen hing in der Luft.
Ich saß allein und hörte all den Unterhaltungen zu, die an den Tischen in jeder
denkbaren Sprache geführt wurden.«

Unter den Menschen im Café entdeckt die Erzählerin plötzlich eine junge
Frau, die in leicht verkleideter Form sehr an die Dichterin Paula Ludwig erinnert, die Erika Mann auch tatsächlich in Lissabon getroffen haben könnte. Sie
heißt hier Toni:

»Sie hatte sich sehr verändert. Ihr früher so sanftes Gesicht, das nach einem
Bild der Jungfrau Maria geschnitzt zu sein schien, war hart und schmal. Unter ihren hellen Augen waren dunkle Schatten, und ihr einst voller Kindermund schien
zum Strich geworden. Sie trug einen verwaschenen Regenmantel, der sich öffnete,
als sie sich setzte, und ich konnte sehen, daß sie kein Kleid darunter trug […]

›Toni‹, dachte ich, ›deine schönen, anmutigen Verse und Lieder, verloren und
verbrannt; dein kindliches, vom Typhus verwüstetes Madonnengesicht, kein
Kleid unter deinem ausgewaschenen Regenmantel, und dein Franz in Madrid
eingesperrt, um erschossen zu werden, dein Franz, weil sie uns keine Zeit geben. […] *Warum?*‹ dachte ich, ›warum muß das alles sein? Was hast du getan,
daß dein Leben so schrecklich vertan wird. Du bist unschuldig, Toni, und du
warst glücklich – früher einmal!‹«

Tonis plötzliches leichtes Lachen riß mich aus meinen Gedanken. ›Es ist
schrecklich hier‹, sagte sie, noch immer sanft lachend, ›es ist einfach so furchtbar, daß man lachen muß. Und das Erschreckendste am Ganzen, das undenkbar
Schreckliche an der Sache ist, daß dieser Platz hier, dieses verrückte Lissabon,
keine Ausnahme ist.‹« […] [237]

Die Ungewißheit und die Armut waren das eine; das andere, was die Wartenden
zunehmend in Panik versetzte, war das Auftauchen der Gestapo in der Stadt,
die z. B. Berthold Jacob, den linken militärpolitischen Journalisten, auf offener
Straße entführten und in ein Berliner Gefängnis transportierten, wo er an den
Folgen der Mißhandlungen starb. Und alle Emigranten hatten natürlich auch
von der Auslieferung Breitscheids und Hilferdings gehört, wie man aus Annette
Kolbs nächstem Brief sehen kann.

---

[237] Erika Mann, Waiting for the lifeboat. In: Schoppmann, Im Fluchtgepäck die Sprache,
S. 170ff. Original in Englisch, Übersetzung Claudia Schoppmann.

Annette Kolb an Hermann Kesten[238]

Poste Restante Central
Zwar ist meine Adresse jetzt endlich Avenida Duque
de Loulé 95 c/o Ferreira 5. Stock, aber P.R. folgt mir
und ist nicht so complicirt

3.III.41

Lieber Kesten
Ich danke Ihnen von Herzen für Ihren so freundlichen Brief. 44 Dollar von
Frank kamen mir sehr zu Statten; falls ich, wie mir heute *fast* versprochen
wurde (das ist der hiesige kleine Nervenkrieg) nächste Woche fahren kann
dann schaff ich es gerade noch mit meiner Scudi-pracht. Auf diese letzte
Klipper-Klippe war ich nicht vorbereitet und die jüngst ausgestandene Panik
hat einen bitteren Erdenrest in mir zurückgelassen Entsetzlich ist es mir
auch an den armen Hilferding zu denken, den »sie« auf freiem Felde so zu
sagen gefasst und nach Paris verschleppten. Zu lange hat er sich von dem
unheilvollen Breitscheit verleiten lassen zu warten. Beide wären besser tot.
Hilferding aber war ein alter Freund und ein wertvoller Mensch. Der Gedanke an ihn ist mir grässlich. – Statt an das rescue und emergency Comité
zu gehen ging ich heute ins Pan-American Air-Way-Office und machte Ihnen Vorstellungen, wie gesagt. Aber das hindert dass ich bei den beiden anderen Comités noch vorsprechen könnte, nur frage ich mich, ob der Eindruck
nicht stärker wäre, wenn die genannten Comités, die Panamerican air way
aufmerksam machten, dass nachdem ich seit November den Clipper bestellte,
es nicht angezeigt wäre mich ad infinitum hier zu lassen. *Schiff*splätze gibt
es nicht vor *Mai* und das Geld für den Clipper, das in Bern berappt bekomme
ich hier nicht zurück, sondern nur die hier erlegten, d.h. nachgezahlten
100 Dollar. Damit bekomme ich keine Cabine. Ich sparte und verdiente mir
in der Schweiz für den uns heftig angeratenen Clipper 425 Dollar, zahlte hier
noch 100 nach; unrecht wäre es mich dafür, wenn es zu spät geworden sein
könnte, hinzuhalten. So kämpfe ich um meinen Clipper; aber da ich Französin bin denkt niemand, dass *eventuell* es auch hier zu spät werden könnte.
Und wenn dies den Leuten klar gemacht würde, wären sie vielleicht nicht
so harthörig. In den Hotels blüht hier die Gestapo. Die Herren von der Luft-
hansa schlagen ihre Zelte auf, es gibt hier mehr Deutsche als in der Schweiz
– daher wohl der Ansturm auf die *Schiffe*. Wenn wir als gerettete Vene-
diger so Gott will zusammensitzen, erzähle ich Ihnen mehr. Sagen Sie doch
Bermann ich hätte von Stockholm kein Sterbenswort und liess 10. Februar

---

[238] Monacensia, Stadtbibliothek München. Archiv Hermann Kesten. Hermann Kersten,
Deutsche Literatur im Exil, S. 181f., enthält nur einen Auszug dieses Briefes.

den Schluss des Schubert an den Verlag gehen, so dass er ihn längst haben müsste. Ein Duplikat der letzten 12 Seiten behielt ich, den Rest hat der Verlag erhalten. Herzlichste Grüsse Ihrer lieben Frau und Ihnen hoffentlich auf Wiedersehen

Annette Kolb

Annette Kolb an Hermann Kesten[239]

15.III. [1941]

Lieber Kesten

Ich bin gewiss, die einzige Emigrantin für die nichts geschah, die nichts verlangte – aber nun wird es mir wie Hilferding ergehen, wenn ich dafür im Stich gelassen werde. Ich bekomme das Clipperbillet nicht zurück, da es in Bern erstand, die Schiffe sind überfüllt bis Juni, nur durch Agenten erhält man noch etwas, und die verlangen Geld. Wenn nun also keins gekabelt wird und zwar bräuchte ich wahrscheinlich mehr wie 44 $ dann ist mein Schicksal besiegelt. Ich kann das Geld natürlich zurückgeben, aber die Transactionen wären so lang, ich bedürfte eurer Hilfe dabei und ich habe Niemand.
Alle kommen fort, nur ich nicht […]
Ich bitte Sie reden Sie mit Thomas Mann
Herzliche Grüsse

Annette Kolb

Kurt Wolff fährt heute. Er wird Ihnen sagen wie es um mich steht. Meine Nerven haben lange gehalten. Aber jetzt wollen sie nicht mehr mittun.«

Zwanzig Jahre später hat Annette Kolb in ihrem Erinnerungsbuch *Memento* berichtet, wie sie dann doch noch wegfliegen konnte:
»Lissabon war nur eine Geduldprobe. Wohl flog fast allwöchentlich der Clipper über Bermuda in zwei Tagen und zwei Nächten nach New York, aber ohne mich. Denn er war wirklich stets überfüllt, konnte nur wenige Passagiere aufnehmen, und diese boten jetzt schon Riesensummen, um eine Bevorzugung zu erzwingen. Zwar fehlte es mir hier nicht an jeglicher Empfehlung, aber von Mal zu Mal vertröstet, fing ich an zu verzagen, als mir plötzlich ein Platz zufiel, der per sofort sozusagen benützt werden mußte. Und so kam, allein und denkbar unsportlich angetan, endlich auch ich nach New York.«[240]
Annette Kolb war bei ihrer Ankunft in New York 71 Jahre alt.

U. V.

---

[239] Monacensia, Stadtbibliothek München. Archiv Hermann Kesten.
[240] Annette Kolb, Zarastro, Memento, S. 148.

Das Ende einer Mission

Varian Frys Hilfskomitee in Marseille geriet zunehmend in Bedrängnis. »Obwohl wir in jenem Frühjahr mehr Erfolge als Fehlschläge zu verzeichnen hatten und Flüchtlinge en gros auf legalen, en detail auf illegalen Wegen aus Frankreich herausbrachten, ist die Zeit in meiner Erinnerung eine Phase ständig wachsender Schwierigkeiten, die sich schließlich zu einer ganzen Serie von Krisen und Unglücksfällen auswuchsen.«[241] Von den sich abspielenden Katastrophen wurde berichtet. Nachdem die *Winnipeg* auf ihrem Weg nach Martinique von der englischen Marine aufgebracht und mit sämtlichen Passagieren nach Trinidad verschleppt worden war – der Schriftsteller Wilhelm Herzog verbrachte dort vier Jahre, bis er 1945 nach New York weiterreisen konnte –, wurde die Martinique-Linie von der Vichy-Regierung eingestellt. Auch in Lissabon hatte sich die Flüchtlingssituation aufgrund des massenhaften Andrangs so zugespitzt, daß auch dieser Weg zeitweise nicht mehr zur Verfügung stand. Mitte Juli 1941 erhielt Varian Fry eine Vorladung des berüchtigten Polizeichefs von Marseille de Rodellec du Porzic. In enger Absprache mit dem amerikanischen Konsul forderte dieser ihn auf, Frankreich innerhalb eines Monats zu verlassen. Der Paß, den ihm das Konsulat bereits am darauffolgenden Tag aushändigte, sollte nur für Reisen in den Westen gültig sein und war mit allen notwendigen Durchreisevisa ausgestattet.

Über das Ende seiner Unterredung mit Porzic notiert Varian Fry: »Ich stand auf und wollte gehen. Dann drehte ich mich aber doch noch einmal um, um eine letzte Frage zu stellen.

›Sagen Sie mir offen, warum Sie mich so hartnäckig bekämpfen.‹

›Parce que vous avez trop protégé des juifs et des anti-Nazis‹, antwortete er. ›Weil Sie Juden und Nazigegner geschützt haben.‹«[242]

Fry tauchte unter und ließ das Ultimatum verstreichen. Nachdem er sich einige Wochen in Sanary-sur-mer, Cannes und Nizza aufgehalten hatte, kehrte er Ende August nach Marseille zurück. Dort wurde er umgehend unter Arrest gestellt und mit dem Abschiebungsbescheid von de Rodellec konfrontiert. In Begleitung eines Polizeiinspektors, der seine Ausreise überwachen sollte, und gemeinsam mit einigen seiner Mitarbeiter machte er sich auf den Weg zur spanischen Grenze. 6. September 1941:

[241] Varian Fry, Auslieferung auf Verlangen, S. 242.
[242] Ebd., S. 262.

»Der Sonnabend war ein grauer, regnerischer Tag. Wir nahmen den Elf-Uhr-Zug nach Cerbère und veranstalteten im Bahnhofsrestaurant unser zweites und diesmal endgültiges Abschiedsessen. Die Stimmung war gedrückt, und es gab lange Gesprächspausen.

Nach dem Essen gingen wir in den Wartesaal und dort – zwischen Reiseplakaten und Überseekoffern – verabschiedeten wir uns voneinander. Alle schienen sehr gerührt und küßten mich zum Abschied. Aber Danny [Bénédite] wirkte besonders betroffen. Er umarmte mich und drückte mich an sich, und ich konnte seine kräftigen Muskeln durch den dünnen Mantelstoff spüren.

›Du kannst uns doch nicht verlassen, mon vieux‹, flüsterte er. ›Du bist schon mehr Franzose als Amerikaner.‹

In diesem Moment pfiff der Schaffner.

›En voiture!‹ rief der Bahnhofsvorsteher.

Der Zug fuhr an. Ich blieb auf der untersten Stufe des Trittbretts stehen und winkte mit dem Taschentuch, als der Zug langsam aus dem Bahnhof rollte. Sie winkten zurück.

Als der Zug in den internationalen Tunnel einfuhr, standen sie noch an derselben Stelle […].«[243]

Varian Fry
am Bahnhof
von Cerbère

[243] Ebd., S. 269f.

Frys Mitarbeiter bei der Verabschiedung am Bahnhof von Cerbère, 1. v. l. Helen Hessel, 3. v. l. Daniel Bénédite, 4. v. l. Marcel Verzeanu (Photo Varian Fry)

Mit dem 1. Juli 1941 war die gesamte amerikanische Einwanderungspolitik verändert worden.

Die *Special Emergency Visitor's Visa* wurden abgeschafft, und auch über den normalen Weg, die Quotenvisa, war es nahezu unmöglich geworden, in die Vereinigten Staaten von Amerika einzureisen.

»Ende Juni erhielten die amerikanischen Konsulate in Frankreich die Anweisung, daß Visa nur noch auf ausdrückliche Anweisung des Außenministeriums ausgegeben werden durften. Selbst Durchreisevisa bedurften der Genehmigung durch das Außenministerium. Die Flüchtlinge, die mit viel Geduld ein Einwanderungs-Dossier auf den Konsulaten angesammelt hatten, mußten nun ganz von vorne beginnen, und zwar in Washington. Niemand, der einen Angehörigen ersten Grades in Italien, Deutschland oder einem der besetzten Länder, der besetzte Teil Frankreichs eingeschlossen, hatte, erhielt ein Visum.«[244] Ein Faktum, das auch bei den sich mühenden Helfern in Amerika spürbar werden mußte.

[244] Ebd., S. 253.

Katia Mann an Hermann Kesten[245]

> Pacific Palisades. 7.VIII.41
> 740 Amalfi Drive

Lieber Herr Kesten:
Anbei das ausgefüllte Document nebst Bestätigungen und den freund-
lichsten Grüssen des Bürgen und seiner spouse. Die Excesse, die sich die
amerikanische Burocratie gönnt, erregen mir physische Übelkeit; es wäre
wirklich decenter, wenn sie einfach erklärten, sie lassen niemanden mehr
herein, anstatt dass sich die unglücklichen Opfer in ihrem Netz unerfüll-
barer Bedingungen zu Tode zappeln. In Ihrem Fall wird es nun aber hoffentlich doch noch klappen.
Man könnte etwas aufatmen und es ist doch wirklich einiger Anlass zu
Optimismus; nur dass der sich immer länger hinziehende Prozess allmählich so entnervend wirkt und das allgemeine Elend so zunimmt, dass es zur
rechten Freudigkeit nicht kommen will. Hoffentlich überstehen Sie und
Ihre Gattin den unerträglich heissen New Yorker Sommer einigermassen.
Wegen Klaus bin ich auch etwas besorgt.
Im Herbst, etwa im November, denken wir nach New York zu kommen,
und hoffen Sie dann zu sehen. Mit herzlichen Grüssen von uns beiden
Ihre

> Katia Mann.

Die Einwanderung von Flüchtlingen in die Vereinigten Staaten kam damit prak-
tisch zum Erliegen. Im Gesamtjahr 1941 wurde die Einwanderungsquote von
deutschen Einwanderern nur zu 17,8 % ausgelastet, was einer Zahl von 4 800
bis 4 900 Personen entspricht – angesichts der Flüchtlingssituation in Europa ein
Skandal. Nachdem das von liberalen Kreisen unterstützte Notvisum nicht mehr
Teil der offiziellen amerikanischen Außenpolitik war, stellte Varian Fry nur noch
eine Person dar, die die Beziehungen zu Vichy-Frankreich belastete.[246]
   Nach einer Zwischenbilanz von Ende Mai 1941 hatten beim *Centre Américain
de Secours* bis dahin 15 000 Hilfesuchende vorgesprochen; ca. 1 800 Fälle waren
vom *Centre* selbst betreut worden. In 560 Fällen waren über einen kürzeren oder
längeren Zeitraum Unterstützungsgelder gezahlt worden; rund 1 200 Menschen
hatte das Komitee zur Flucht aus Frankreich verholfen.[247]

---

[245] Monacensia, Stadtbibliothek München. Archiv Hermann Kesten.
[246] Hans-Albert Walter, Deutsche Exilliteratur Bd. 2, S. 366.
[247] Ebd., S. 366.

Varian Fry blieb noch bis Ende Oktober in Lissabon und versuchte alles, um seine zurückgebliebene Mannschaft in ihrer Arbeit zu unterstützen. Aus Lissabon schrieb Fry auch mehrere Briefe an Helen Hessel. Beide kannten sich vermutlich seit dem Herbst 1940. In dieser Zeit war Helens Sohn Stéphane mehrmals mit Varian Fry zusammengetroffen. Im Februar 1941 hatte Helen Hessel Fry sogar angeboten, für das Komitee zu arbeiten; sie blieb aber schließlich in Sanary-sur-mer, nachdem ihr Fry zu verstehen gegeben hatte, daß sie sich einen dauerhaften Aufenthalt in Marseille aufgrund der hohen Lebenshaltungskosten nicht würde leisten können. Seit dieser Zeit bemühte sich Fry auch um amerikanische Einreisevisen für Helen und ihren anderen Sohn Ulrich.[248]

Varian Fry an Helen Hessel[249]

(Briefkopf)
Unitarian Service Committee
Comité Unitarien de Secours

Lisbon, October 17th, 1941.

Mrs. Helen Hessel,
c/o Mme. Richarme,
Sanary-sur-Mer

Dear Helen,
I have had three letters from you since I last wrote to you, and I am afraid that I must begin this letter of mine with the usual hackneyed apology. You know, I think, how easily I make myself busy wherever I am. I have been just as busy here as I ever was in Marseilles. That is why I have not answered your letters sooner.

I think it would be a mistake for you and Uli to come here until you have valid overseas visas. The cost of living here is several times what it is in France, and there is no Committee here which will help you. […]

My wife and I talked about you on the telephone the other night for several minutes. I am sorry to say that the Committee in New York has never received anything for you. […] In the circumstances, I do not see how I can possibly authorise Marseilles to pay you any more than you are already getting. If you feel you really must have more, I think you will have to write to your friends in the United States and ask them to make contributions on your behalf. […]

---

[248] Sammlung Helen Hessel, Ulrike Voswinckel.
[249] Sammlung Helen Hessel, Ulrike Voswinckel.

Eileen told me also that, so far, no one has made affidavits for you either. I am terribly sorry to have to tell you this, for I know it will be a blow to you. […] I did not have time to question her in turn about each of your references and their attitude. I'll find out about these as soon as I get back to New York, and I'll do my best to see that affidavits are found for you. […] I have just had another idea: do you think that Huldschinsky and Polgar have made their contributions to some other Committee? Perhaps they have found affidavits for you too, and sent those also to another Committee. Why don't you write to them and find out?

I am planning to go back to the States at the end of the month, and I shall be here until then, so you have time to catch me with one more letter before I leave. If there is anything I can do for you from here, let me know. I am sending you packages, perhaps you have already begun to receive them. Much love to you both.

Varian

Varian Fry an Helen Hessel[250]

(Briefkopf)
Unitarian Service Committee
Comité Unitarien de Secours

Lisbon, October 22nd, 1941.

Mrs. Helen Hessel,
c/o Mme. Richarme,
Sanary-sur-Mer (Var),
France.

Dear Helen,

I have just got your telegram, and am sending it to Marseilles right away, with a request that they help you in any way they can. I do not quite know what you mean by »situation désperée secours immédiat indispensable«, but I assume that there is some special reason which obliges you to ask for special help. I hope that neither you nor Uli is ill.

As soon as I reach New York I shall see what I can do to arrange to get you extra help regulary until your visas come and you are able to leave. From here, I am afraid there is nothing I can do which I have not already done.

Good luck, and my affectionate greetings to you both

Varian

---

[250] Sammlung Helen Hessel, Ulrike Voswinckel.

Varian Fry an Helen Hessel[251]

Fifty-six Irving Place
New York, N. Y.

July 6, 1942

Mrs. Hélène Hessel
Chez Madame Richarme
Sanary-sur-Mer, Var, France

Dear Hélène,
I have just had a letter from Huldschinsky. He says he got the cable you sent him four weeks ago in which you asked him to repeat the remittance he made last November, but he hasn't answered by cable because he feels that he would rather send you money if he could than pay cable bills. As a matter of fact, Speyer and Polgar have both lost their jobs and are now living on small allowances they receive from a fund. Huldschinsky has a job of sorts, but he and his family have to live on a very small income [...]
   But don't worry, I'll keep up my allowance as long as I can. Meanwhile I have been making strenuous efforts to get you and Ully Mexican visas. If this doesn't succeed, you may still eventually get U.S. visas. Try to be patient and cheerful meanwhile. None of your friends has abandonned you and none of them is going to. [...]
   Much love to you.

Varian

Es gelang nicht, rechtzeitig die erforderlichen Papiere und Geldmittel für eine Einreise in Amerika oder Mexiko zu beschaffen. Im Juni 1942 war das von Daniel Bénédite weitergeführte *Centre Américain de Secours* von der französischen Polizei aufgelöst worden. Im August 1942 begannen auch in der unbesetzten Zone – die Deutschen marschierten erst im November im Süden Frankreichs ein – die Deportationen von Juden und anderen Flüchtlingen in die deutschen Vernichtungslager. Die schlagartig veränderte Situation in Südfrankreich beschreibt Helen Hessel in einem unveröffentlichten, dreisprachigen »Memorandum«:
»Nearly simultaneous with the Brit. debarquement à Dieppe, end of August 42 the jew-hunting spread to our unoccupied zone. At Marseille and at the big towns on the Rhone there had already been razzias. All suspicious-looking men and women had been taken to ›postes de P.‹ most of them sent to work-camps.

[251] Sammlung Helen Hessel, Ulrike Voswinckel.

And a number had disappeared beforehand. Terror rumours all along our coast. Jews had long ago been forced to state their origine at the mairie. [...] Acute danger of being deported from one minute to the other. Tales of terror go round. Quite young jewgirls sent to brothels in Poland, for the soldiers amusement. Some trains have already left, unknown destination [...].«[252]

Helen Hessel versuchte gemeinsam mit ihrem Sohn Ulrich bei Thonon über den Genfersee in die Schweiz zu gelangen. Nachdem der illegale Grenzübertritt zunächst geglückt war, wurden sie aufgegriffen und sofort nach Frankreich zurückgeschickt. Beide überlebten versteckt in den Savoyer Alpen.

Der jüngere Sohn Stéphane floh 1941 auf abenteuerlichen Wegen nach London und schloß sich de Gaulle an. Als Résistance-Kämpfer nach Frankreich entsandt, wurde er im Juli 1944 in Paris von der Gestapo verhaftet und nach Buchenwald deportiert. Er überlebte mehrere Lager und Fluchtversuche. Nach Kriegsende begann er eine Karriere als französischer Diplomat bei der UNO in New York.

Nach seiner Rückkehr setzte sich Varian Fry in New York weiter publizistisch für die Flüchtlinge ein und prangerte die Einwanderungspolitik der USA ebenso an wie das Verhalten der Konsulate und Botschaften in Europa. Er war 1942 einer der ersten, die versuchten, die amerikanische Öffentlichkeit auf die deutschen Vernichtungslager aufmerksam zu machen. 1945 erschien sein Buch *Surrender on demand – Auslieferung auf Verlangen*. Varian Fry fand als Journalist keine feste Anstellung mehr. Anfang der fünfziger Jahre wurde er Opfer der McCarthy-Ära und aufgrund seiner politischen Angriffe auf die amerikanische Außenpolitik der kommunistischen Umtriebe bezichtigt. Varian Fry starb am 12. September 1967 im Alter von 59 Jahren.

Knapp fünf Monate zuvor hatte Fry eine späte Anerkennung erfahren. Auf Initiative von Stéphane Hessel wurde er von der französischen Regierung in die *Légion d'Honneur* aufgenommen. Es war die einzige Ehrung zu Lebzeiten. In seinen Erinnerungen schrieb Stéphane Hessel 1997 über Varian Fry und seine Mission in Marseille: »Es lag etwas Melancholisches in seiner Rolle des Hermes, der anderen das Tor zum Meer öffnet und sie davonziehen sieht, während er selbst auf diesem unwirtlichen Terrain zurückblieb, dessen Behörden den Deutschen Flüchtlinge auslieferten, die er zu retten versucht hatte.«[253]

F. B.

---

[252] Sammlung Helen Hessel, Ulrike Voswinckel.
[253] Stéphane Hessel, Tanz mit dem Jahrhundert. Erinnerungen, München 1998, S. 69.

Fluchtwege aus Marseille

ARENDT, HANNAH — Transit durch Spanien, Marseille-Lissabon, Ankunft NY 1941

AUFRICHT, ERNST JOSEF — Transit durch Spanien, Marseille-Lissabon, Ankunft NY 3. Juni 1941

BERNHARD, GEORG — Transit durch Spanien, Marseille-Lissabon, Ankunft NY Ende Mai 1941

BLEI, FRANZ — Transit durch Spanien, Marseille-Lissabon, Ankunft NY Juni 1941

BREITBACH, JOSEPH — Marseille-Martinique, 1941

BRETON, ANDRÉ — Marseille-Martinique, Schiff *Capitaine Paul Lemerle*, Abfahrt 24. März 1941

BUDZISLAWSKI, HERMANN — Transit durch Spanien, Marseille-Lissabon, Schiff *Nea Hellas*, Ankunft NY 13. Okt. 1941

CHAGALL, MARC — Transit durch Spanien, Marseille-Lissabon, Abfahrt Marseille 7. Mai 1941

DÖBLIN, ALFRED — Transit durch Spanien, Marseille-Lissabon, Schiff *Nea Hellas*, Ankunft NY 12. Sept. 1940

DOHRN, KLAUS — Transit durch Spanien, Marseille-Lissabon; 1941 in Spanien inhaftiert, Lissabon-New York, Dez. 1942

DUCHAMP, MARCEL — Marseille-Casablanca, von dort 7. Juni 1942, Schiff *Serpa Pinto* über Bermudas nach NY

ENOCH, KURT — Transit durch Spanien, Marseille-Lissabon, Schiff *Nea Hellas*, Ankunft NY 13. Okt. 1940

ERNST, MAX — Transit durch Spanien, Marseille-Lissabon, per Clipper Ankunft NY Juli 1941

FEUCHTWANGER, LION — Transit durch Spanien, Marseille-Lissabon, Schiff *S.S. Excalibur*, Ankunft NY 5. Okt. 1940

FEUCHTWANGER, MARTA — Transit durch Spanien, Marseille-Lissabon, Schiff *Exeter*, Ankunft NY 25. Okt. 1940

FITTKO, HANS — Transit durch Spanien, Schiff *SS Colonial*, Havanna 1941

FITTKO, LISA — Transit durch Spanien, Schiff *SS Colonial*, Havanna 1941

FRANK, LEONHARD — Transit durch Spanien, Marseille-Lissabon, Schiff *Exeter*, Ankunft NY 25. Okt. 1940

FREI, BRUNO — Marseille-Martinique, Schiff *Winnipeg*, Abfahrt 8. Mai 1941

FUCHS, MARTIN — Transit durch Spanien, Marseille-Lissabon, Ankunft NY Sept. 1940

GUMBEL, EMIL JULIUS — Transit durch Spanien, Marseille-Lissabon, 1940

HABE, HANS	Transit durch Spanien, Marseille-Lissabon, Ankunft NY 29. Nov. 1940
HEIDEN, KONRAD	Transit durch Spanien, Marseille-Lissabon, Ankunft NY Nov. 1940
HEILBUT, IWAN	Transit durch Spanien, Marseille-Lissabon, Ankunft NY 9. Jan. 1941
HERZOG, WILHELM	Marseille-Martinique, Schiff *Winnipeg*, Abfahrt Mai 1941, Ankunft NY 1945 nach vier Jahren Zwangsaufenthalt in Trinidad
HIRSCHMANN, ALBERT O.	Transit durch Spanien, Marseille-Lissabon, Abfahrt Marseille 15. Dez. 1940
JANKA, WALTER	Marseille-Oran, Schiff *GG Chanzky*, Abfahrt 20. Okt. 1941
KANTOROWICZ, ALFRED	Marseille-Martinique, Schiff *Capitaine Paul Lemerle*, Abfahrt 24. März 1941; Ankunft NY Juni 1941
KERSTEN, KURT	Marseille-Martinique [Datum nicht ermittelt]
KESTEN, TONI	Transit durch Spanien, Marseille-Lissabon, 1940 NY
KOLB, ANNETTE	Transit durch Spanien, Marseille-Lissabon, per Clipper Ankunft NY 10. April 1941
KOESTLER, ARTHUR	Marseille-Oran-Casablanca-Lissabon-Flugzeug nach England
KRACAUER, SIEGFRIED	Transit durch Spanien, Marseille-Lissabon, NY Mitte Mai 1941
LAM, WILFREDO	Marseille-Martinique, Schiff *Capitaine Paul Lemerle*, Abfahrt 24. März 1941
LANIA, LEO	Transit durch Spanien, Marseille-Lissabon, Ankunft NY 6. Sept. 1940
LÉVI-STRAUSS, CLAUDE	Marseille-Martinique, Schiff *Capitaine Paul Lemerle*, Abfahrt 24. März 1941
LIPCHITZ, JACQUES	Transit durch Spanien, Marseille-Lissabon, Frühjahr 1941
LUDWIG, PAULA	Transit durch Spanien, Marseille-Lissabon, Schiff *Cabo de Horno*, Ankunft Rio de Janeiro 19. Dez. 1940
LUSTIG, JAN	Transit durch Spanien, Marseille-Lissabon, Ankunft NY 25. Nov. 1940
MAHLER-WERFEL, ALMA	Transit durch Spanien, Marseille-Lissabon, Schiff *Nea Hellas*, Ankunft NY 13. Okt. 1940
MANN, GOLO	Transit durch Spanien, Marseille-Lissabon, Schiff *Nea Hellas*, Ankunft NY 13. Okt. 1940
MANN, HEINRICH	Transit durch Spanien, Marseille-Lissabon, Schiff *Nea Hellas*, Ankunft NY 13. Okt. 1940
MANN, NELLY	Transit durch Spanien, Marseille-Lissabon, Schiff *Nea Hellas*, Ankunft NY 13. Okt. 1940

MARCU, VALERIU	Transit durch Spanien, Marseille-Lissabon, Schiff *SS Guiné*, Abfahrt Lissabon 1. April 1941
MARCHWITZA, HANS	Marseille-Martinique, Schiff *Winnipeg*, Abfahrt 8. Mai 1941
MASSON, ANDRÉ	Marseille-Martinique, Schiff *Capitaine Paul Lemerle*, April 1941
MEHRING, WALTER	Marseille-Martinique, Schiff *Wyoming*, Abfahrt 4. Feb. 1941, Ankunft Miami März 1941
MEIERHOF, OTTO	Transit durch Spanien, Marseille-Lissabon, Herbst 1940
MORGENSTERN, SOMA	Marseille-Oran-Casablanca-Lissabon, Schiff *SS Guiné* Abfahrt Lissabon 1. April 1941
NATONEK, HANS	Transit durch Spanien, Marseille-Lissabon, Ankunft NY 20. Jan. 1941
NEUMANN, ALFRED	Transit durch Spanien, Marseille-Lissabon, Schiff *S.S. Excambion*, Ankunft NY 17. Febr. 1941
NOTH, ERNST ERICH	Transit durch Spanien, Marseille-Lissabon
OLLENHAUER, ERICH	Transit durch Spanien, Marseille-Lissabon
OPHÜLS, MAX	Transit durch Spanien, Marseille-Lissabon, Ankunft NY August 1941
PAULI, HERTHA	Transit durch Spanien, Marseille-Lissabon, Ankunft NY 12. Sept. 1940
PÉRET, BENJAMIN	Marseille-Casablanca-Martinique, November 1941
PFEMFERT, FRANZ	Transit durch Spanien, Marseille-Lissabon, Schiff *Exeter*, Abfahrt Lissabon 19. Nov. 1940
POLGAR, ALFRED	Transit durch Spanien, Marseille-Lissabon, Schiff *Nea Hellas*, Ankunft NY 13. Okt. 1940
PRINGSHEIM, PETER	Transit durch Spanien, Marseille-Lissabon, Schiff *S.S. Excambion*, Ankunft NY 17. Febr. 1941
RODA RODA, ALEXANDER	Transit durch Spanien, Marseille-Lissabon, Ankunft NY Januar 1941
SAHL, HANS	Transit durch Spanien, Marseille-Lissabon, Schiff *SS Guiné*, Abfahrt Lissabon 1. April 1941
SCHIFFRIN, JACQUES	Marseille-Martinique, 1941
SCHOENBERNER, FRANZ	Transit durch Spanien, Marseille-Lissabon, Ankunft NY Juni 1941
SCHRÖDER, MAX	Marseille-Casablanca-New York, Sommer 1941
SCHWARZSCHILD, LEOPOLD	Transit durch Spanien, Marseille-Lissabon, Schiff *Nea Hellas*, Ankunft NY Sept. 1940

SEGHERS, ANNA	Marseille-Martinique, Schiff *Capitaine Paul Lemerle*, Abfahrt 24. März 1941; Ankunft NY Juni 1941
SERGE, VICTOR	Marseille-Martinique, Schiff *Capitaine Paul Lemerle*, Abfahrt 24. März 1941
SIEMSEN, HANS	Transit durch Spanien, Marseille-Lissabon, Frühjahr 1941
SPEYER, WILHELM	Transit durch Spanien, Marseille-Lissabon, Schiff *SS Siboney*, Ankunft NY 24. Feb. 1941
STAMPFER, FRIEDRICH	Transit durch Spanien, Marseille-Lissabon, Schiff *Nea Hellas*, Ankunft NY 13. Okt. 1940
STEIN, FRED	Transit durch Spanien, Marseille-Lissabon, Ankunft NY 13. Juni 1941
STODOLSKY, CATHERINE	Marseille-Martinique, Schiff *Winnipeg*, Abfahrt Mai 1941
THOMAS, ADRIENNE	Transit durch Spanien, Marseille-Lissabon, Ende August 1940
TORBERG, FRIEDRICH	Transit durch Spanien, Marseille-Lissabon, Schiff *Exeter*, Ankunft 25. Okt. 1940
TZARA, TRISTAN	Marseille-Martinique, Schiff *Capitaine Paul Lemerle*, Abfahrt 24. März 1941
UNRUH, FRITZ VON	Transit durch Spanien, Marseille-Lissabon, Ankunft NY 10. Aug. 1940
WALTER, HILDE	Transit durch Spanien, Marseille-Lissabon, Schiff *Nea Hellas*, Ankunft NY 13. Okt. 1940
WERFEL, FRANZ	Transit durch Spanien, Marseille-Lissabon, Schiff *Nea Hellas*, Ankunft NY 13. Okt. 1940
WESTHEIM, PAUL	Transit durch Spanien, Marseille-Lissabon, November 1941 nach Mexiko
WOLFF, KURT	Transit durch Spanien, Marseille-Lissabon, Schiff *Serpa Pinto*, Ankunft NY 31. März 1941
ZOFF, OTTO	Transit durch Spanien, Marseille-Lissabon, Schiff *MS Siboney*, Ankunft NY 27. März 1941
ZWEIG, FRIEDERIKE	Transit durch Spanien, Marseille-Lissabon, Schiff *Nea Hellas*, Ankunft NY 13. Okt. 1940

Alfred Neumann, Tagebücher

15. Oktober 1940–15. Februar 1941

Alfred Neumann in Nizza, 1939

Nice, im Hotel Alberti,
15. Oktober 1940

An meinem 45. Geburtstag beginne ich das Tagebuch, das sich in vielem Beschränkungen und Andeutungen auferlegen muß, so lange ich noch im Lande bin. Der unentwegte und oft groteske Kampf, den ich nun schon seit dem Juni-Geschehen um Kittys und meine Ausreise führe und der im sonderbarsten Gegensatz zur Xenophobie einer fast mehr lächerlichen als gefährlichen Presse steht, wird noch später geschildert werden können, ebenso die Psychologie der Bobards und der Emigranten-Angst, die niemals und in keinem Augenblick von K[itty] und mir Besitz nahm.

Seit dem Abschluß der VOLKS-FREUNDE im März bin ich nicht mehr zur rechten Sammlung gekommen. Das ist die längste Arbeitspause seit rund 20 Jahren. Das ist gewiß mehr als eine Pause: wahrscheinlich die Fermate von einer neuem Schaffens-Entwicklung; denn ich fühle mich im Grunde geist-kräftig und unternehmungslustig wie kaum je. Als ich kürzlich wieder das 1938 angefangene und unterbrochene Ms. des TOLERANZ-Romans vornahm, fand ich an diesem Versuch der Nachkriegs-Gestaltung viel Gefallen. Seitdem beschäftige ich mich damit im Geiste. –

In der Früh die Burleske mit dem kleinen Juden und der Pol[izei] wegen s[auf]-c[onduit]. wird noch einmal verwertet. Abfahrt für den 18. geplant. Doch nachm[ittag] Sp[eyer] mit der neuen Modifikation des dt. Passes; nach Mars[eille], zum schwed[ischen] Kosul gesandt, dankbar der weitsichtigen K[itty], die den gehaßten Paß vor meiner Wut im Jahre 39 rettete.

Nachmittags eine Unmenge Menschen. Hilfe für Hardekopf und die arme Frau Staub.

Abends teuer und wenig im Café de Paris gegessen, dabei doch Geschmack am Tintenfisch gefunden. Danach mit der von Sp[eyer] geschenkten Pom[m]ery und einer Bock, Goldschm[idt]'s als Gäste.

16. Oktober

Spanische Grenze völlig gesperrt. Vorm[ittags] Herr Marx, um mir Grüße für seinen Neffen, dem Regisseur SIODMAC in Hollywood mitzugeben.

Radio meldet, daß Rußland dementiert, von der Besetzung Rumäniens durch D[eutschland] unterrichtet zu sein. Deutsche und Amerikaner melden bisher stärkstes Nacht-Bombardement von London, mit 1000 Flugzeugen. England meldet, noch relativ geringer Schaden. Ich begreife bei alledem immer stärker die englische Zuversicht.

17. Oktober

Schon in aller Frühe Pässe zurück, bis Jan./Feb. 41 verlängert, mit erquickend höflichem Begleitschreiben des schwed[ischen] Konsuls, daß Sortie-Regelung »incessamment« zu erwarten. Bei USA-Konsul Pässe visagestempelt, Gott sei Dank ohne für K[itty] neue Gebühren zu zahlen. Beim reizenden portugiesischen Vicekonsul (Brandanu) die Pässe zur Neu-Eintragung der Visa abgegeben (leider doppelte Gebühren neu zu zahlen). – Nachm[ittag] sauf-cond[uit] abgeholt (behandelt wie ein rohes Ei). – Was habe ich seit drei Monaten in Ämtern und Konsulaten herumgestanden! (Dabei das besondere Glück, das ich sogar bei Amtsmenschen habe!) Abends Ciniac, schlecht.

18. Oktober

In der Frühe Kabel von Lisel Fr[ank], ob Spey[er] Visa hat, ob krank: an Sp[eyer] gegeben. – Judengesetze, unappetitlich, pharisäerhaft, angekündigt. Qui mange du pape en meurt; und wer von den Naz[is] eine Spritze erhält, zuckt niederträchtig, auch wenn er noch die Sprache Jean Jacques lallt. Dabei fehlt mir jedes Mitleid, auch wenn ich durch die Gewehr tragend ins Quadrat erhobene Fassadenhaftigkeit, Schattenhaftigkeit und Mumifizierung dieser immer schon ungeliebten Hotelstadt und Croupierstadt und Ci-devant-[…]-Stadt spaziere, die nur im Kern ihrer ital[ienischen] Altstadt lebendig und erträglich ist, immer schon. – Gedenkenswert übrigens der stumme Haßblick der stummen Menge gestern nach[mittag] auf der Av[enue] de la Victoire, als aus dem kleinen Fiat zwei ital[ienische] Soldaten stiegen, der eine in einen Tabakladen ging, der andere sich mit zwei Mädchen unterhielt, pistolenumgürtet.

Das Judenstatut, in den Abendblättern erscheinend, tut humaner als jenes in Deutschland und auch in Italien. Es verlangt nur zwei nichtjüdische Großeltern, entfernt die Juden aus der hohen Administration (o großer Crémieux, Jules Simon, o größerer Gambetta, der sehr ungern von seinen Genueser Händler-Großeltern sprach!), vom Offizierskorps, Zeitungswesen, Bühne (o Rachel, o Sarah Bernhardt!), vom Film, geht vorsichtig um die Wissenschaft herum, um das Schrifttum und die freien Berufe, sonst aber durch Fußangeln wie die Surnombré-Klausel, daß jeder Rigorismus walten kann. Dies geschieht in einem Land, dessen Große Revolution der Menschheit die Menschenrechte geschenkt hat. –

Abend mit Felix Klein und Frau im Café de Paris zum Abschiedsessen, das für die Gastgeber zeitlich sehr knapp bemessen war, da sie um 8ᵘ zur letzten Cimiez-Tram aufbrechen mußten. Wir blieben bis nach 9ᵘ, weil die einst-pariserische Atmosphäre des Lokals wohltat, tranken den Pouilly aus, tranken herrlichen Fine's, und K[itty] äußerst genüßlich, aß noch 5 Austern. O doulce France, nur noch in der Auster […]

19. Oktober

Morgens Präfektur, Mme Aristide nicht oder nicht mehr da, ihr Kollege nett wie immer, doch gänzlich uninformiert: schwedischer und USA-Konsul mögen in V[ichy] intervenieren – das alte Lied! Daraufhin Beschluß übermorgen, Montag, wegzufahren. – Um ½ 11ᵘ kommt Hardekopf verängstigt und lebensmatt wie immer. So gern ich ihn habe: diese äußerste Kraftlosigkeit reizt mich und ich sagte ihm meine Meinung. Er gehört leider zu den ganz Schwachen, die umso hilfloser werden, je mehr man ihnen hilft. – Dann Sp[eyer], der mit uns am Montag noch nicht mitfährt.

Nach[mittag] zu Kurt Wolff ins Hotel Viktoria, Spedition Reboul angewiesen, das große Gepäck am Montag vorm[ittag] abzuholen. Während des Einpackens erschien Sp[eyer], wieder einmal auf dem Tiefpunkt mit Schreckensnachrichten über die Abweisung seiner Demande und mit spanischen bobards. Ich gebe nichts drauf. Der kleine Hönig triumphant, im Besitz des Sorties und verabschiedet sich. Zoff, mit Ariernachweisen

20. Oktober

Von früh an Besuche, Adieusager, Nachrichten – Bittsteller. Kurt W[olff] bringt

6 [...] Nachricht, daß span[isches] Visum nur noch von Madrid erhältlich. Nachm[ittag] u.a. Harts, Sp[eyer]'s mit gutaussehendem Bruder. Abends Zoffs.

21. *Oktober, Montag*

Vorm[ittag] das große Gepäck zu Reboul. Unmittelbar vor der Abfahrt noch [...] Herr Marx mit Blumen und der Bitte, für einen Schriftsteller B[...] Pate beim PEN-Club zu sein. Ich lehnte ab. – Am Bahnhof gegen [...], rechtzeitig Plätze im Zug reserviert. 1.47 $^{\underline{u}}$ Abfahrt. Ich verbot mir, viel zu bedenken, ob es nun wirklich die endgültige Abfahrt sei. Zug überfüllt, im Nebenabteil italienische Offiziere [...] und Soldaten. Gutes Verhalten der anwesenden Franzosen. Das artige platin blonde Filmmädchen. Zug immer voller. Der marin mit der gar nicht geflüsterten Hoffnung auf Amerika. Ankunft Marseille 6h nach[mittag]. Im Splendid trotz telegrafischer Bestellung, kein Zimmer. Erst in einem äußerst fragwürdigen Hotel am Bahnhof, dann in ein modernes aber höchst ungemütliches Hotel Paris-Nice, zwei Zimmerchen zu je 100 francs. Der Eindruck der verdunkelten und überfüllten Stadt ist häßlich.

22. *Oktober*

Vormittag im Centre Américain de Secours, in einem bresthaften Haus der Innenstadt; aber in dieser scheußlichen Emigranten-Atmosphäre nicht lange ausgehalten. Durch den netten Hans Sahl, der sich schämte, mich dort stehen zu sehen, meine Karte ins Büro gebracht. Zugleich im Splendid dem sagenhaften Mr. Fry meine Karte gegeben. Den äußerst schnieke gewordenen Furz Mehring, dem das nicht von ihm bezahlte Luxushotel ein wenig in den Kopf gestiegen zu sein scheint, um eine Unterredung mit Fry gebeten und bereits deutlich geworden, als er auf Schwierigkeiten hinwies. Während der Unterhaltung sah ich auf dem B[oulevard] d'Athènes einen gebrechlichen Greis am Stock: das war der liebe Dr. Haymann, der aus dem Spital entlassen – noch nicht einmal Rekonvaleszent! – wieder auf dem Weg ins Camp de Milles. Mehring malt mit Behagen dicke Spanien-Bobards, ein hämischer Zwerg. – Nachm[ittag] mit K[itty] durchs Hafenviertel: der Athlet am Quai, die Pagnol-Atmosphäre der Hafenschenken, die kreischenden Weiber, der hereinbrechende Abend in den ein wenig zu berühmten Lastergassen. K[itty] war entzückter und unternehmungslustiger wie ich. – Abends mit Dr. Haymann bei einem ehemaligen Redakteur Dispeker. Ich glaube doch, daß der alte kranke Mann in Le[s] Mill[e]s entlassen wird.

23. *Oktober*

Vor[mittag] bei dem sehr freundlichen M. Vassar, dem Géront von Edouard in einem im Juni-Bombardement getroffenen, sehr modernen Haus. Zurück an den Cours du Vieux-Port. Weder Mr. Fry noch der Furz Mehring melden sich.

Mittags ins Splendid umgezogen. Das Fazit ist bisher gleich Null. Nachm[ittag] kam der kleine Dr. Hönig ins Hotel mit allerlei Ausreise-Plänen, an die er selber nicht übermäßig glaubt. Nach dem Abendbrot – wie immer gut in einem 14-Frs.- Restaurant am B[oulevard] d'Athènes – mit Hönig zuerst in die Halle, dann in nettes kleines Weinbeisel gegenüber vom Hotel.

24. Oktober

Von Mr. Fry nichts. M. Vassar kommt gegen 2^{u} nachm[ittag) ins Hotel, er ist der einzige Bereitwillige und informatorische: span[ische] Grenze geöffnet, Transit nur auf dt. Pässe und mit span[ischen] Referenzen. Er nimmt alle meine Papiere und Referenzen an sich, um das Nötige durch den dän[ischen] Kons[ulats]-Kanzler, einen Freund des span[ischen] Vicekonsuls einzuleiten. Um 6^{u}, bei dem Rendez-vous im Café Glacier an der Cannebière, konnte er mir allerdings noch nichts sagen. Vorher, im Hotel, verabschiedete sich Dr. Hönig, der ziemlich ergebnislos nach Nizza zurückfährt. Brief von Eva L[andshoff], daß sie telegr[afisch] Autorisation von Madrid für das Transit erhalten habe. – Schwere Regenfälle. Ich denke an die katastrophalen Überschwemmungen in Perpignan, Grenzgebiet […] Und Hitler hat sich mit Franco getroffen und mit Laval: das werden die neuen Achsenpilze sein.

25. Oktober

Mehring kommt vorm[ittag] in der Halle zu mir und entschuldigte sich und Mr. Fry, der zu meiner Verfügung stünde, sowie er eine Stunde frei habe. – In Paris-Soir lese ich die hübsche Überschrift: »Le Führer a accompagné le Maréchal Pétain jusqu'à sa voiture«. Es gibt beinahe zu viel Höflichkeit auf dieser Welt. – Von Kurt W[olff] einen Brief, in dem die Vermutung ausgesprochen wird, daß Nice sehr bald italienisch sein könne. Ich glaube es nicht, weil eine solche Maßnahme zunächst einmal durch die Kündigung des Waffenstillstandsvertrages präludiert werden müßte, und das erscheint nach der Zusammenkunft Hitler-Pétain und der beginnenden »Collaboration« recht unwahrscheinlich. Gehen mit M. Vassar ins Café Riche: Transit-Agrément muß von Madrid erholt werden. Anschließend daran politisches Gespräch mit M. Vassar, der den Standpunkt des franz[ösischen] Großbürgertums und dessen hindenburgischen Glauben an den Marschall vertritt.

26. Oktober

Vorm[ittag] zuerst auf der Fremdenpolizei wegen ev[entueller] Aufenthaltsverlängerung, falls bis zum 1. Nov[ember] kein Bescheid aus Madrid vorliegt. Sie ist ohne weiteres möglich, wenn span[isches] Konsulat die Sachlage brieflich bestätigt. Dann 50-Worte-Nacht-Telegramm an K[uno] Kocherthaler-Madrid,

wegen Transit-Autorisation aufgegeben. M. Vassar wegen Konsulatsbrief angerufen. Nachm[ittag] Brief an Speyer, Telegramm wegen Geld an Wolfner. – Spaziergänge durch die wunderliche, menschenzerrüttelnde Stadt, immer wieder
über die Cannebière zum Hafen, der schön ist. Immer früh zur Ruhe, Freude an
Charles Dickens Weihnachtsgeschichten.

27. Oktober (Sonntag)

Briefe an Felix Klein, Zoff, Hardekopf, Dr. Hönig, energische Mahnung an Fry, den
Unsichtbaren. Nachm[ittag] den Schwarzschwätzer Mehring getroffen, der uns
sagte, daß Prof[essor] Pringsheim, der Physiker, Katia Manns Bruder, noch immer
im Lager, wie auch der erblindende Kritiker Paul Westheim. – Die Presse ist voll
von »Collaboration«-Optimismus. – Abends in […] mit den 5 Tanzenden […].

28. Oktober

Nach einem hübschen kleinen Grenzzwischenfall, dessen Kosten ich für Italien
auf 2-500 Lire schätze und nach einem »Ultimatum« 3ᵘ morgens, überzieht Italien
um 6ᵘ morgens Griechenland mit Krieg. Das ist augenscheinlich in dieser kom-
plizierten Welt das simpelste Geschäft. Die Franzosen nehmen es teils mürrisch,
teils mit Verachtung auf. – Es ist schön, aber außerordentlich kalt. – Vorm[ittag]
nach Montredon hinausgefahren, für Kurt W[olff], umsonst, da Konsulat jetzt
in der Stadt, nicht umsonst, da die Küste […] großartig. Im Stadtkonsulat nicht
einmal die Menschenmasse auf der Treppe überwunden. Bei AMEXCO für Speyer
nichts erreicht. – Briefe an Speyer und Hardekopf (daß Amerika-Hilfe ihn unterstützen wird) – Gegen Abend M. Vassar im Riche, der mir dänisch[en] Konsulatsbrief mit eigenem Kommentar für Verlängerung beschafft. – Nach dem
Abendbrot bei Dispeker, dort die himmelschreiende Behandlung des in Les Milles Zurückbehaltenen, halbwegs nach Gurs verschleppten und wieder zurückge-
brachten Dr. Haymann mit[ge]teilt.

29. Oktober

Um 8¹⁵ früh (!) – endlich – von Mr. Fry empfangen, einem jungen, sympathi-
schen faszinierenden Yankee. Mehring anwesend und später Herr Do[h]rn, ein
feister gescheiter, junger Mann, Sohn oder Enkel des großen Neapel-Do[h]rn.
Ich bat Fry, sich des Falles Haymann anzunehmen! – er versprach, ihn noch
heute dem Präfekten vorzulegen und ebenso dort die Exit-Frage im allgemeinen
und meine im besonderen zur Sprache zu bringen. Dann spricht Do[h]rn ein
paar wohlinformierte Meinungen über die Vichy-Regierung. Vorm[ittag] wegen Kurt Wolff auf dem USA-Konsulat: unmöglich durch die hunderte Wartenden auch nur bis zum Empfangsbeamten vorzudringen. – Nachm[ittag] Brief
an Speyer, für den für Donnerstag Zimmer bestellt. Dann harmloser Film mit

dem netten Préjean, K[itty]'s Liebling, der ihr neulich genau so nachlief und bei Erscheinen des Mannes kehrt machte wie im Film.

30. *Oktober*

Telegramm von Kocherthaler, Madrid, daß das spanische Transitvisa beim Konsulat in Marseille eingereicht werden muß. Daraufhin bei scheußlich kaltem Mistral zum Konsulat in die rue Langlade gelaufen, dort, in zugigem Hausgang, die übliche Prozedur des Anstehens gemacht und schließlich vor eine Art Postschalter und einen […]-barschen Beamten gekommen. Während er viele Vorgänger ablehnte, weil sie Polen und Tschechen waren, nahm er mein Gesuch immerhin an, wegen des deutschen Passes und gab mir drei spanische Fragebögen zum Ausfüllen, die ich nachm[ittag] zurückbrachte. Auf drahtliche Beschleunigung wollte er sich nicht einlassen und sprach gelassen von einer Zweimonatsdauer der Erledigung. An Kocherthaler wegen drahtlicher Erledigung telegraphiert und Rückreise nach Nizza für den nächsten Tag beschlossen.

31. *Oktober*

Unvorstellbarer Ansturm auf den aus Lyon kommenden Abendzug nach Nice – und wir mit 8 Gepäckstücken und Mänteln: und K[itty] war die dritte im Waggon, und das Wunder geschah, daß das Gepäck durch die Massen zu uns fand. Bemerkenswert bei alledem die ruhige und vernünftige Haltung der Franzosen, die den Miteingepferchten nicht geifernd hassen, sondern unterstützen. Bemerkenswert auch die kaum verhüllte Kritik in den politischen Gesprächen. – Der treue Zoff in Nice am Bahnhof. Abends schlechte Zimmer im Alberti, da der Direktor Angst vor unserem Liftgebrauch zu haben scheint. –

1. *November*

In der Früh Zimmerwechsel: Ich mein schönes Zimmer im 3. Stock, Kitty das große Nebenzimmer, Süden, Sonne, 30 frs. – Telegramm von Kocherthaler! Konsulat sei zur drahtlichen »réexpédition« der Demande zu veranlassen. Langes Telegramm ans Konsulat mit Bezug auf den »Präsidenten der ›Los Guindos‹ -Minen« und auf den Ablauf der portugies[ischen] Visa am 16. Nov[ember]. Gleichzeitig Brief an M. Vassar mit der Bitte, durch dän[ischen] Kons[ulats]-Kanzler meine Demande zu unterstützen. – Zoff, Riethoff, Hönig, Posener – nachm[ittags] Speyer. – Abends Konvokation zum Comm[isariat] spéc[ial] zwecks Belegung des Einkommens. – Langer Brief an Kocherthaler – Madrid.

2. *November*

Früh zu M. Marabuto, Konvokation unter Entschuldigung als irrtümlich zurückgezogen. Marabuto erkundigt sich bei der Police d'Etat wegen der Sortie-

Instruktionen, spricht mit M. Gallier von der Paßabt[eilung], meldet mich an, macht meine Ausreise so dringlich wie möglich. Ein Mann wie dieser kleine feine Kommissar, der mir so wohl will – wie denn überhaupt der vollkommene Respekt, den ich in dieser ganzen wahrlich respektlosen Zeit von Seiten der Behörden erfahre, machen es schwer, für die Schattenseiten und die vielen im Schatten vegetierenden Schicksale das scharfe Auge zu haben. Aber so falsch jede Verallgemeinerung der Kritik und der Animosität ist, so unrichtig ist es auch, die eigene Sonderstellung als Tarnkappe über das Mißliche zu ziehen. – Auf der Präfektur macht M. Garmin auf Grund meiner deutschen Pässe und meiner Visen eine dringliche Nach-Demande nach Vichy. – Nachm[ittag] der großartige Raimu in einem besonders guten Film gesehen, in einer ungenau (und dennoch graziös) menschenfreundlichen Handlung, die […] alle Beziehungen von dem sich taub stellenden Wahrheitssucher aufzeigt.

3. November

Otto Zoff sagt sehr richtig, die Tage jetzt seien aus lauter Viertelstunden zusammengesetzt. Man lebt sonderbar stückweise und zerbröckelt, lebt dabei durchaus nicht schlecht, die Côte d'Azur-Sonne scheint, »chez Jenny« oder im »Cyrano« ißt man noch ausgezeichnet und billig, im Café de Paris ausgezeichnet und teuer: aber es ist kein Wohlleben, sondern eine Interims-Existenz, und es ist unmöglich, sich zu sammeln oder gar an eine Arbeit zu denken.

4. November

Ich treffe Kurt Wolff beim Reisebüro Kuoni; er kämpft noch auf einer rückwärtigen Front, ohne Pass, ohne USA-Visum. Ich habe ihn sehr gerne, weil er eine erfreuliche Art des Gentleman ist, und dem nötigen Selbstbewußtsein und der unumgänglichen Angstlosigkeit. Ich schrieb ihm kürzlich, warum wir uns eigentlich nicht schon vor zwanzig Jahren getroffen haben. – Speyer kommt niedergeschmettert und von Marabuto um vieles kühler behandelt als ich. Er bemüht sich, herauszubekommen, ob er nun wirklich ein Sortie-Refus hat oder nicht. Außerdem ist es keine angenehme Aufgabe, selber nach USA zu streben und für seine Frau die »Konversion« nach Germany vorzubereiten – An Kesten wegen Schiffsdaten gekabelt.

5. November

Ich finde, nach einem freundlich belanglosen Tag, Sonnentag mit blauestem Meer, einen Brief von Hardekopf im Hotel: er bittet, nicht böse zu sein, wenn er und Frau Staub morgen unserer Einladung ins »Cyrano« nicht Folge leisten können – Frau Staub fühle sich nicht wohl und sie beide seien bei ihrem Gemütszustand keine annehmbaren Gäste. Der wahre Grund: Er schämt sich, mir gestehen zu müssen, daß er immer noch nicht die Eingabe um einen Paß nach Vichy an die schwedische Gesandtschaft gemacht habe – aus Angst, aus Angst vor jedem und allem. – Warum bekümmere ich mich eigentlich um Menschen, die weder leben wollen noch den Mut haben, nicht mehr leben zu wollen? Ich habe Sympathie für diese zwei Menschen und habe ihnen deshalb geholfen. Aber ich habe eine generelle Antipathie gegen Schwäche, und darunter wird die Neigung für zwei besonders zarte und liebenswerte Menschen leiden.

6. November

In der Früh kommt Zoff und bestätigt meine Voraussagen seiner Konvokation: er hat das Sortie bekommen. Ich ging mit ihm zu Kuoni, damit er seine Passage anmelde. – Nachricht, daß Roosevelt mit großer Majorität wieder gewählt sei. Ein glücklicher Tag, sagt Zoff. Übrigens freuen sich über die Nachricht auch die Franzosen. – Nachm[ittag] kommt Felix Klein zu mir, immer noch ohne […], aber sichtlich in der Sorge um mich: ich kann sie ihm nehmen. Derweilen sitzt draußen auf dem Gang eine Dame, die dann weinend zu mir ins Zimmer tritt: die Frau des Dr. Fuhr, Onkel Glaubers: der Mann sei vorgestern abgeholt und nach Gurs geschafft worden. Ich verspreche ihr, die amerik[anische] Hilfs-Organ[isation] zu unterrichten, sowie ich die Adr[esse] des Anwalts habe. Ich fürchte, es wird zunächst nicht viel zu helfen sein.

7. November

Schöner Tag bei Kurt Wolff in Cannes.

8. November

An Mr. Fry dringlich wegen Dr. Haymann im Lager Gurs geschrieben – Abends mit Zoffs im »Cyrano« – das Zöffchen, endlich einmal aus der Haussorge gerissen, war vergnügt wie selten.

9. November

Telegramm von M. Vassar aus Marseille: […] Formalität, ich müße sofort Pässe einsenden. Ich sandte sie abends 6ᵘ. – Hardekopf und Frau Staub. – Speyer hat neue Sortie-Eingabe gemacht.

10. November

Charles Frank weckt mich aus dem heiligen Mittagsschlaf, und wird von K[itty] in ihr Zimmer verbracht. Er meldet, daß nun mehr Sorties in 4 Tagen gegeben. – Regen. – Nach dem Abendbrot hab ich von den Durands, Bureau de Tabac in der rue de France schwungvollen Abschied genommen, – Madame Durand sofort mit tränenroten Augen, Monsieur in großer Redeform (als Typ des intelligent-geschwätzigen Français moyen ausgezeichnet). Dann bei Theodor Wolff, der mir innig leid tut, so würdig er seine Schwierigkeit und die unerfreuliche Atmosphäre zwischen Eltern und Kindern trägt.

11. November

Vormittag in der Präfectur. M. Gallier ratet dringend ab – um eine Komplikation zu verhüten – die neuen fiches rouges auszufüllen, die nur für Anträge nach dem 1. Nov[ember] dienen und denselben Weg gehen. Sowie die Vichy-Erlaubnis da sei, gebe er mir, am gleichen Tag, das Exit [...] Speyer verabschiedet sich, fährt nach Marseille. Nachm[ittag] Kurt Wolff. – Abends früh im Bett, da ein wenig erkältet. Jakob Burckhardts Briefe.

12. November

Telegramm von Kocherthaler-Madrid. Antrag sei noch nicht in Madrid Ministerium angekommen, Konsulat zu reklamieren Ich gebe es telegraphisch an M. Vassar weiter und bin auf das [...]kabel neugierig. Das Film-Treatment von Frau Helene Wolff gelesen! begabt geschrieben, mit sehr hübschen landschafts-lyrischen Momenten, auch filmisch ganz brauchbar, nur handlungsmäßig zu dünn. – Das Erdbeben in Rumänien beweist, daß der liebe Gott doch noch wirksamer zerstören kann als die lieben Stuckas. Wenn Er sich [...] nicht an Nebenschauplätze gebunden fühlt, hätte er noch ein gutes Betätigungsfeld [...] – Nach dem Abendbrot bei Zoff – Graphologisches, Handschrift Carossas mit aufgehißter Würde – [...] und stetem Kampf zwischen Imagination und Starre, ein Dichter doch. Zu Hause Telegramm vom braven Vassar: er hoffe, morgen Telegramm nach Madrid melden zu können.

13. November

Bei herrlichem Wetter Spaziergang zum Chateau hinauf, Nizza schön wie noch nie, skurriler Friedhof mit scheußlichen Denkmälern. Glücklicher Brief von Eva L[andshoff] aus Lissabon. – Abends Telegramm von M. Vassar, daß spanisches Konsulat heute von um 16ᵘ nach Madrid telegrafiert hat.

14. November

Um 9ᵘ Telegramm an Kocherthaler, Madrid, mit Meldung vom Abgang des Konsulartelegramms. Kurzer Besuch von Kurt und Helene Wolff. – Regen. Ich lese abwechselnd Burckhardt und, mit Respekt und einem noch zu definierenden Mißtrauen, Carossas »Geheimnisse des reifen Lebens.« – Nachm[ittag] kommt ein Brief von Vassar mit der Copie des Konsular-Telegramms von B. nach Madrid. Ich danke dem rührenden Mann, der etliche Vormittage geopfert hat, um bis zum »Guichet« vorzudringen und die Absendung des Telegramms zu erreichen, und schicke ihm mein »Coup d'Etat«, den ich endlich in der Librairie Lapoire auftrieb.

15. November

Vorm[ittag] beim portugies[ischen] Vizekonsul, der mir jederzeit die Verlänge-rung der Visas zusichert. Ich kann also die Pässe bei M. Vassar lassen, bis die Madrider Autorisation angelangt ist. Nachm[ittag] lese ich bei Carossa den Satz: »[...] und zarteres wetterbraunes Gesicht glühte von hochgemuter Werklust«. Ich habe recht mit meinem Mißtrauen. Dieser Edeling, der, als einziger von al-len neuen Bodenblütern, auch ein Dichter ist, darf er sich getrost ethos-schwer machen, den neuen Weg zu gehen: er geht ihn gerne, natürlich mit allem her-zenslauten chi-chi, der dazu nötig ist. Denn er ist im Grunde so wenig echt wie, auf anderem Niveau, jener [...] Über-Arzt von San Michele. – Und wie furcht-bar verlogen wird die »Versöhnung« mit Österreich verlegendisiert: die Versöh-nung! –
Mit der Abendpost bekomme ich von M. Vassar die Pässe zurück, »pour la proro-gation des visa portugais.« – Abends Telegramm von Kocherthaler aus Madrid: seit gestern seien spanische Konsulate wieder berechtigt, ohne Madrid-Autori-sation Transitvisen auszugeben. Und dazu der Aufwand an Zeit und Mühe! Ich gebe die Nachricht an M. Vassar weiter.

16. November

Telephonat von American Express Co Nice, hinzukommen. Ich erfahre, daß in Lissabon die voll bezahlten Schiffstickets für mich bereit liegen. Die Reserva-tion für den 1. Januar, S/S »Exeter«, die von Kuoni ausgeht, macht scheinbar Schwierigkeiten: schlimmstenfalls zahle ich die Anzahlung, die ja in Lissabon remboursiert werden muß. – Portugalvisa um 4 Wochen verlängert. – Ich lese in einem Brief des 24jährigen Burckhardt: »Was ich historisch aufbaue, ist nicht Resultat der Kritik und Spekulation, sondern der Phantasie, welche die Lücken der Anschauung ausfüllen will. Die Geschichte ist mir noch immer größtenteils POESIE, sie ist mir eine Reihe der schönsten merischen Kompositionen.«

17. November (Sonntag)

Nach einer diluvianischen Sturm- und Regennacht hat nun auch Nice seine Na-tur-Katastrophe. Die Av[enue] de la Victoire ist ein breiter schmutziger Strom, das Wasser ist in die Häuser gedrungen und hat überall großen Schaden an-gerichtet, die Strassen sind verschlammt und verwüstet, die Menschen riefen bedrückt: »La Mauvaise Année!« – Unser Wirt sogar spricht von der méchan-ceté des hommes, die den lieben Gott also heraus fordert. K[itty] natürlich auf großer Entdeckungsfahrt und in großer Form. Die Leute sagen: der Kanal de la Vésubie sei geborsten. Unsere Straße und unser Hotel sind gänzlich unbeschädigt. – Nach dem Abendbrot noch die Verwüstungen auf der Promenade des Anglais angesehen. Noch immer donnert das Meer und spritzt die Gischt meterhoch über die Quai-Brüstung.

18. November

Bei schönstem Sonnenschein in der Frühe über die verwüstete und zerschmetterte Promenade des Anglais gegangen. In der Stadt sind die Spuren der Überschwemmungen erstaunlich rasch beseitigt oder doch gemildert. Sehr bemerkenswert ist die Ruhe und stille Vernunft der Franzosen, die ohne viel Klagen an der Wiederherstellung ihrer Geschäfte arbeiten. – Abends bei Zoff, der mir aus seinem Tagebuch eine Entgegnung auf meine Carossa-Kritik vorliest: er behandelt ihn als Lyriker, dem sozusagen die zärtliche Charakterlosigkeit verstattet ist und zitiert das Benehmen Goethes nach 1813 und die Verachtung Humboldts für den Geheimrat, der nach rascher Ablehnung der Ehrenlegion-Rosette dringend nach einem preuß[ischen] Orden schreit. Ich finde, daß der Vergleich aus tausend Gründen hinkt; denn abgesehen davon, daß Goethe eine völlig andere Auffassung von der Wirklichkeit der gesellschaftlichen Ordnung hat als Carossa, der ja die nationale Revolution zu verstehen sich bemüht (Goethe, im Werk, wahrlich nie die nationale Erhebung), ist ja das Buch C[arossa]'s zeiterkennerisch und gerade deshalb unecht, nicht seine Lyrik.

19. November

Brief von M. Vassar, daß die neuen Instruktionen noch nicht beim Konsulat Marseille eingetroffen und daß bis Ende der Woche auf jeden Fall, sei es auf Grund der Umordnung, sei es auf Grund des Konsular-Telegramms, das Transitvisa zu erwarten. – Dr. Hönig kehrt von seinem letzten Ausreise-Schiffs-Abenteuer aus Marseille zurück – Neue Gerüchte vom Entrée en guerre Spaniens.

20. November

Früh auf der Préfectur, M. Gallier sehr liebenswürdig und durchaus dafür, daß ich Vertrauensperson nach Vichy schicke. – Um ½ 11ᵘ kommt M. Ribaud, sympathischer Journalist, und übernimmt die Recherche in Vichy. Ich schicke ihn zu Speyer. – Brief vom armen Dr. Haymann aus Gurs mit Copie seines Gesuchs um Rückkehr nach Nice. – Nachm[ittag] kam Kurt Wolff, Schuftans, USA-Franks etc. Kurt W[olff] nennt es: Wohltätigkeitsbüro [...] Abends [...].

21. November

Früh zu Marabuto. Für Dr. Haymann wenig erreicht, da Alp[es] Mar[itimes] sich grundsätzlich gegen seinesgleichen verschließt. M[arabuto] rät zu einem

anderen Departement und zur Intensivierung der Aktion des Centre Américain. – Nachm[ittag] ein zweiter Brief von Dr. Haymann, wieder auf diesem
trostlosen Gefangenen-Papier und mit Bleistift, bittet mich, keine Intervention
zu unternehmen, da überhaupt nur Gesuche von solchen, die vor Sept[ember] 37
in Frankreich ansässig waren, weitergegeben werden.

22. November

Ich fand bei den Bouquinisten am Brückenquai ein wie neues Exemplar (Insel)
von Carossas »Kindheit und Jugend« (Leinen, 8 Frs!). Man entgeht also seinem
Schicksal nicht und hat sich nicht umsonst über Edelinge geärgert. – Hardekopf
sandte mir vor paar Tagen, in seiner knabenhaft sauberen Handschrift, ein Gedicht in strengen Stanzen über Zacharias Werner, der dem verwegenen Unter-
fangen einer deutschen Literatur-Geschichte in Versen angehört. Das Gedicht
ist indessen ausnehmend gut, geistreich dichterisch dicht, kritisch florettierend
und auf sehr elegante Weise zeitüberspannend. Sind die anderen gleichwertig, so
möchte es ein skurriles, aber doch köstliches Vers-Kästlein werden. Ich schrieb
es ihm.

23. November

Überhaupt keine Post. Ich gebe zu, daß mich dieses stupide Warten zuweilen ir-
ritiert, ich bin nicht nervös, aber doch verärgert und zumal wenig fähig, so ekla-
tante Schwäche und Angst, wie sie z. B. mit dem gewiß bedauernswerten Hardekopf nun einmal unheilbar verbunden ist, sozusagen mit den Handschuhen der
Barmherzigkeit anzufassen. – Dagegen habe ich den tiefsten Eindruck von den
eindrucksvollen Erfolgen der Griechen, die Koritze und andere albanische Ort-
schaften genommen haben und keinen Feind mehr im Land wissen. Der damit
verbundene Prestige-Verlust für die Italiener ist auch nicht mit der Kollekte von
neuen Achsenanhängern mit Ungarn und Rumänien auszugleichen.

24. November

Es ist sehr fühlbar, mit welchem Interesse die Franzosen die griechischen Erfolge
verfolgen – ja, sie stehen mit einer stummen Freude vor den Affichen. Wie denn
überhaupt seit der Deportation der franz[ösischen] Lothringer das offenbar zu
werden scheint, was bisher nur im Herzensgrunde ruhte. – Abends mit Zoffs im
»Cyrano«.

25. November

K[itty]'s Catérinette-Tag – und leider entdeckte ich ihn erst auf dem Kalender,
nachdem ich ihr Guten Morgen sagte. Ihr Zorn war enflammé, ließ aber nach, als
wir auf den Marché einen Bund schöner dunkelroter Nelken kauften. – Ich lese

einen ausgezeichneten Roman von Georges Simenon »Les Gens d'en face«, eine sehr gehobene Art von roman policier, spielend in Batun, sehr scharf gezeichnet, sonderbar streng und voller markanter Psychologie. –

26. November

Ich beginne ein Buch von Barbusse, L'Élévation, eine etwas sehr literarische Flieger-Kosmologie, und blättere sie nur durch. Ich freue mich an Grillparzers naiver Spielmann-Novelle. Ich empfinde schmerzlich die Leere dieser Tage.

27. November

Bei Kurt Wolff in Cannes.

28. November

M. Ribaud teilt mir mit, daß in Vichy wohl die Demande vom 2. November, nicht aber mein Dossier zu finden sei. Ich gehe zu M. Gallier, der die Enquête ohne weiteres erneuern kann, dazu aber eine Aufforderung von Vichy haben muß. Ich bitte M. Ribaud, sofort zu veranlassen, daß Vichy die Enquête anfordert. – M. Vassar schreibt, daß das Consulat Mars[eille] fortfahre, die Autorisation in Madrid zu erholen und daß auf das Konsular-Telegramm vom 13. Nov[ember] noch kein Bescheid eingetroffen sei. Ich drahte es an Kocherthaler-Madrid. So dreht man sich im Kreise. Vollkommene Verfinsterung, man weiß nicht warum. Kalte Zimmer, kaum noch ein Frühstück – man tappt durch nächtige Schicksals-Landschaft.

29. November

Otto Zoff leiht mir eine sonst nicht mehr aufzutreibende Taschenlaterne. – Vorm[ittag] bei Frau Haymann, um ihr bei einer Eingabe zur Befreiung Dr. H[aymann]'s zu helfen. Doch erfahre ich, daß M. Grenon, der Chef des Fremdenamts, gestorben ist, ein schwer Kriegsverletzter mit gutem Kopf, der mir sehr gewogen war.

30. November

Felix Klein bringt mir 3000. – (37½). – Immer noch keine Antwort von Kocherthaler-Madrid. Raimu in »Dernière Jeunesse« gesehen, sehr stark und unheimlich, auch in seiner Gutmütigkeit.

1. Dezember

Wir haben in den letzten Tagen erfahren, daß Maria Sp[eyer] ihren Mann »jählings« (wie sich eine Übermittlerin ausdrückte) verlassen hat, um über Aix-en-Prov[ence], Sitz einer deutschen Kommission, repatriiert zu werden. Wir scheinen

235

die einzigen, die es nicht überrascht und die sich über diese höchst peinliche Zeitgenossin nie täuschten. K[itty] zumal feiert psychologischen Triumph. Sp[eyer] selber läßt sich seit Wochen nicht mehr sehn: er scheint sich – grundlos – zu schämen. Er soll außerordentlich deprimiert sein. Nachm[ittag] kommt der kleine Dr. Hönig von einer seiner desperaten Marseille-Touren zurück, mit neuen spanischen Bedingungen, zumal für Tschechen: über 50 Jahre und mit d[eutschem] Visum. – Ich hatte eine schlechte Nacht, doch stark enerviert von diesem monatelangen Windmühlenkampf, und lese Hauffs großartige Märchen vom Kalten Herzen.

2. Dezember

Ein sympathischer und wohlerzogener Hamburger namens E[...], von Kurt W[olff] empfohlen und warm interessiert für Eva L[andshoff], kommt nachm[ittag] und erzählt lebendig und glaubwürdig von seiner Zeit als Fremdenlegionär und der unwürdigen Behandlung, die ihm und allen sogenannten Freiwilligen widerfuhr. M. Ribaud kommt und meldet, daß Vichy bisher noch nicht das Duplikat der Enquête angefordert hat, aus übergroßer Ängstlichkeit des betreffenden Beamten. Er hat am Mittwoch wieder ein Telefonat.

3. Dezember

Nachm[ittag] von dem ausgezeichneten Film »Entrée des Artiste« heimkehrend, finde ich eine urgent-Depesche von Kocherthaler, Madrid, daß heute das Ministerium die Autorisation für das Transitvisa nach Marseille gedrahtet habe. Ich bin sehr froh und drahte die Nachricht am M. Vassar weiter. – Nach dem Abendbrot bei Zoff. Ab heute wieder, auch nachts, Straßenbeleuchtung.

4. Dezember

Ich informiere M. Ribaud schriftlich über das erhaltene Spanienvisa und nochmal über die Hauptpunkte, die für die dringlichste Erledigung des Sortie sprechen. Ich lese in der Zeitung von einem schweren Eisenbahnunglück zwischen Barcelona und Madrid (50 Tote). – Kurt Wolff kommt und gesteht mir etliche Befürchtungen hinsichtlich seiner und seiner Familie Existenz in USA, ich kann sie umso überzeugender widerlegen, als ich gerade für ihn wenig Sorge habe.

5. Dezember

M. Ribaud kommt nachm[ittag] zu mir. Wir beschließen, daß er sich Sonntag nach Vichy begibt. Ich gebe ihm die Pässe und alle notwendigen Unterlagen mit.

6. Dezember

Speyer besucht mich, äußerst deprimiert und ohne jede Initiative. Ich versuche, ihn aufzurütteln. Über seine Frau wird kein Wort gesprochen. Dagegen erscheint der kleine Dr. Hönig von seiner Hysterie befreit: er hat seinen Paß mit dem für Spanien notwendigen d[eutschen] Visum aus Vichy zurückerhalten – wie ich es ihm prophezeite. – Abends bei Zoff, der über diese auch für ihn maßgebende Nachricht gerechterweise zufrieden ist.

7. Dezember

Früh bei Frau Haymann, dort Telegramm für Dr. Haymann redigiert. Wir versuchen, ihn ins Transit-Lager bei Marseille zu schaffen. – Kurt Wolff kommt und bringt mir 5 Mille.

8. Dezember

Ich lese Flaubert »Madame Bovary«, ich las es bisher nur deutsch, ich finde das Werk jetzt viel unerbittlicher und trauriger. – Abends bei Posener, für die das bei einem Freund verlorene Geld eine etwas zu ausschließliche Rolle spielt.

9. Dezember

Da immer noch ohne Nachricht von M. Vassar drahte ich an das Spanische Konsulat Marseille, dass ich von der ministeriellen Draht-Autorisation vom 3.12. informiert bin und dringend um Bestätigung bitte.

10. Dezember (Dienstag)

Ein wichtiger Tag, ein guter Tag! In der Frühe Telegramm vom span[ischen] Konsul Marseille: »Autorisation visa transit pour vous est arrivée – pouvez vous présenter Consulat – Consul Espagne. – Und während ich mittags schlief, mit Ohropax, und wie schlief, rief M. Ribaud aus Vichy an; und K[itty] polterte an meine verschlossene Tür, daß das ganze Haus dröhnte – aber ich schlief und hörte nichts. K[itty] nahm dann das Telefonat ab: ich habe sofort das Telegramm und einen Brief des spanischen Konsuls nach Vichy zu schicken, mit der Bestätigung, daß ich das Spanientransit habe! dann WÜRDE ICH SOFORT DAS PERMIS DE SORTIE ERHALTEN. –

Aufwachend lese ich K[itty]'s Meldung und rase ins Café unter die Kolonnaden, wo – ausgerechnet – die rothaarige frühere Wirtin Speyers bei Kitty sitzt und unnütze Reden führt. Nachdem ich von K[itty] informiert bin, eile ich zum span[ischen] Konsulat Nice am B[oulevard] Victor-Hugo. Obgleich die Besuchszeit längst beendet, finde ich die Tür offen und gelange zum Büro des sehr netten C[h]ancelier, der sofort bereit ist, nach Marseille zu telefonieren. Ich komme nach ¾ Stunden wieder und empfange ohne weiteres die Visa-Bestätigungen, die ich zusammen mit dem Konsulartelegramm gegen 4^{u} nachm[ittag] express und eingeschrieben an M. Ribaud, Hotel Tourisme, Place de la Poste, Vichy, schickte. – Abends mit Zoffs im »Cyrano«.

11. *Dezember*

Vorm[ittag] mit Kurt Wolff Weiteres besprochen. Nachm[ittag] zum Abschied bei den Mädchen Ethel und Tanja die recht reizend improvisieren: die eine Schinkenbrötchen, die andere Musik. – Im Hotel warten Felix Klein und Papa Reinl, von dem wir Grüße und Küsse an den Jungen mitnehmen. – Intermezzo mit Hardekopf und Frau Staubs Konvokation, die sich, par l'intermédiaire de Martin du Gard, als Aufenthaltsverlängerung herausstellt, statt des befürchteten Refus[...].

12. *Dezember*

Expressbrief von Ribaud und Besuch seiner Frau, beide das Telefonat bestätigend. – Nach[mittag] bei Theodor W[olff] zum Abschied, die gute Mutter W[olff] weinte, dem Alten muß drüben geholfen werden: Ich könne seine Situation nicht schwarz genug schildern. Das ist ebenso traurig wie unverdient – Abends im Cyrano mit dem französischen Kino-Operateur und Bouquinist und seiner geschiedenen Frau. – Ja, und die Griechen siegen weiter, und die Engländer packen in Ägypten zu [...]

13. *Dezember*

Bei Reboul Frs. 2.250 für Gepäck nach Lissabon bezahlt. – Mittags Kurt W[olff]'s in Old Vienna eingeladen. – Nachm[ittag] kommt Frau Haymann zum Abschied, meldend, daß Dr. H[aymann] in Gurs zur Liberation konvokiert. –

14. *Dezember*

Von Felix 3 Mille 6 (36). – An Charles Frank Frs. 1300,- zurück (1000,- Rest, 300 Zinsen!) – Kurt W[olff] kommt und bringt noch zwölfeinhalb Mille, im Ganzen also siebzehneinhalb zu 7 gleich zweihundertfünfzig (Total plus hundert.) Ich faßte gesprächsweise den Gedanken, ihn oder Helene W[olff] bei Meyerhoff wegen Writer-Stelle vorzuschlagen. – Ein sehr lieber Brief vom armen Dr. Haymann. – Madame Rib[aud] besucht mich nachm[ittags] mit letztem Brief von R[ibaud], daß Sache très avancé und Telegramm folge. – Abends bei Cyrano mit Posener.

15. *Dezember*

Früh Expressbrief von M. Ribaud mit genauer Schilderung seiner efforts: Suche nach dem Dosier, Auffinden unter Aktenberg, demarche von einem Ministerium zum anderen, Äußeres, Inneres, Sureté, dessen Direktor sein Agrément geben muß, bis die Autorisation nach Nice gedrahtet werden kann. Um 8^{h} 30 Anruf R[ibaud]'s aus Lyon: Mitteilung, daß der gestern abgesetzte Laval verhaftet sei. Es ist möglich, daß dadurch eine gewisse Verzögerung meiner Angelegenheit entstehe. Ich bestimme ihn, unbedingt bis zum Schluß-Telegramm in Vichy zu bleiben, und drahte ihm durch seine Frau 500 frs. Er sagte zum Schluß, daß noch das Kriegsministerium sein Agrément zu geben habe und daß der ausführende Beamte noch mit 2–3 Tagen rechne. – Laval ist durch Flandin ersetzt. Die Gründe der Ereignisse sind dunkel, der engl[ische] Radio soll davon gesprochen haben, daß Laval den Deutschen ganz Frankreich in die Hände spielen wollte. Aber Flandin ist doch [...] noch lieber als Laval [...] Und die Engländer in Ägypten haben, nach rund 30 000 Gefangenen und einem Blitzkrieg zwischen Meer und Wüste á l'allemande, bereits die Grenze von Libyen erreicht [...] – In der Ruhl-Bar, 6^{h}, mit Mme Lorry, Spanierin, aus Zürich kommend, mit Marx-Grüßen.

16./17. Dezember

Nichts von M. Ribaud, auch seine Frau ist unruhig, selbst ich spüre die Nerven.

18. Dezember

Die F^{s} Reboul bittet mich zu kommen und teilt mir die unerfreuliche Nachricht mit, daß ein neuer Schutztarif in Spanien für das Transit meines großen Gepäcks Zusatzkosten in Höhe von über 1000 Frs erfordert. – Keine Nachricht von M. Ribaud: umso enervierender als das span[ische] Konsulat in Marseille nur Dienstags bis Freitags offen ist und die Feiertage vor der Tür stehen.

19. Dezember

In der Früh kommt Mme Ribaud mit Brief und Telegramm von ihrem Mann: er hat durch die Vorgänge in V[ichy] etliche Tage verloren, bis Dienstag einschließlich, Besuchssperre und sogar Telegrammsperre. Jetzt ist der Dossier beim 2. Büro – Nachm[ittag] mit Kurt Wolff, der sein USA-Visum bekommen hat. – Abends im Hotel Ruhl bei Frl. Lorry, die uns erzählte, daß ihr Vater, um dessentwillen sie hergekommen ist und den sie nicht auffand, am Tage ihres Eintreffens in einem kleinen Spital gestorben sei: sie las es zufällig in einer kleinen Zeitungsnotiz.

20. Dezember

Mme Ribaud kommt mit einem Expressbrief von R[ibaud]: Schilderung der unvorstellbaren Schwierigkeiten, wie er von Monsieur A zu B und von B zu C geschickt wird – er zählt mindestens 12 Namen auf und ein halbes Dutzend Ministerien und Amtsstellen. Er kann immer noch nicht sagen, wann er zum Ziel kommt – und allmählich wird die Zeit auch für den Dampfer vom 1. Jan[uar] knapp [...]

21. Dezember

Ich erhalte einen interessanten Brief von Ribaud: Schwierigkeitsursache, daß ich nicht im Camp gewesen sei; ich soll aber nicht verzweifeln, denn ich, bekäme das Sortie: es liegen assurencen für mich vor von: Directeur der Sûreté Nationale, M. Bernard, Servicechef im Intérieur, Gen[eral] Hully und Csd. Sonad von der Comm[ission] d'Armist[ice], wo im Augenblick mein Dossier liege. Ich könne versichert sein, daß ihn ausschließlich franz[ösische] Offiziere behandeln, die mir helfen wollen und daß der Dossier Vichy und das Hôtel Thermale, Sitz des Kriegsminist[eriums] nicht verlasse – Von Kuoni erfuhr ich gestern, daß die »Exeter« erst am 3. Jan[uar] abfährt – eine kleine Chance […] – Der portugies[ische] Vicekonsul, hilfsbereit wie immer, ist bereit, meine Pässe, wenn nötig, auch am Sonntag zu visieren. – Ich erfahre durch Kurt Wolff von einem Brief Dr. Haymanns an die alte Dame Wolff: daß er als Arzt und in völliger Objektivität die Selbstdiagnose gestellt hat: er sieht nach dem Befund der Operationswunden und der Bauchfellentzündung keine Chance mehr für sich, am Leben zu bleiben, falls er nicht sofort entlassen wird. Ich schrieb in einem Expressbrief an Mr. Fry vom Centre Américain einen äußersten Appell, in ihrem tragischen Wettlauf zwischen Lagerbefreiung und Tod nichts unversucht zu lassen, den Armen zu retten.

22. Dezember

Dumpfer Tag des Wartens. Ich schreibe an Kocherthaler, Madrid

23. Dezember

In der Früh kommen von Ribaud die Pässe an: ich soll alle Reise-Vorbereitungen treffen, da am Samstag abend der Dossier von der Commission d'armestice ans Intérieur zurückgelangt und zu hoffen sei, daß am Montag die Autorisation an die Prefectur gedrahtet werde. Er schrieb auch noch zwei kleine Grotesken: daß jetzt gar zwei Dossiers vorhanden sind: nämlich auch das […] von Anno 38 für die Promenade des Anglais; und daß, zur gänzlichen Verwirrung, auch noch ein deutscher Prof[essor] Henri N[eumann] dossiersmäßig herumspuke, der zu irgend einer wissenschaftlichen Unternehmung nach Frankreich zu kommen wünsche. – Ich bringe die Pässe zum portug[iesischen] Konsul. Sonst rührt sich noch nichts. – Ich gehe mit Kurt Wolff zu M. Marabuto, von dem ich mich gleichzeitig verabschiede. – Besuche, darunter Hardekopf, der sich den Tod wünscht, aber mich zugleich um Hilfsmaßnahmen löchert.

24. Dezember

In der Früh zum portug[iesischen] Konsul, der mir die neuvisierten Pässe gibt. Dann zur Prefectur, die noch keine Weisung hat. – Gegen 11^{h} kommt zu mir Dr. V[erzeanu], Mitarbeiter Mr. Frys aus Marseille, mit der Mission, mich zu einer möglichst unmittelbaren Reise nach Marseille zu veranlassen. Er macht einen ausgezeichneten Eindruck. Ich spreche zu ihm auch für Dr. H[aymann] (für den das USA-Visum die Voraussetzung für die Befreiung ist) und für Hardek[opf], dessen Unterstützung gesichert scheint. Dr. V[erzeanu] aber hat eben einen anderen Kernpunkt seines Besuchs. – Mittags rufe ich M. Ribaud an: er antwortet deprimiert, daß es noch eine Woche dauern könne, da mein überaus spezieller Fall, vom Auswärtigen noch nicht genehmigt, vom Min[ister] persönlich signiert werden muß. Ich sage ihm, daß er heimkehren solle. Mein Entschluß ist gefasst. Ich beantrage die sauf-conduits nach Marseille für Donnerstag abend. Telegramm an Dr. V[erzeanu] und Splendid-Hotel.

25. Décembre

Felix kommt (52½ (total NOVANTA) + 3½ Mille Frs). Die Schwierigkeit der Diskretion bei den Verabschiedungen. – Abends mit Kurt Wolff im Ruhl – wie im Frieden: das Essen, die Wärme, die Eleganz der Gäste.

26. Dezember

Abends 7ᵘ14 Uhr nach Marseille. Zug nicht überfüllt (Platzkarten). Stimmung gut, wenn auch merkwürdig indifferent, ganz ohne Kommentar des Endgültigen oder Nicht-Endgültigen. – Mitternacht Marseille: Bärenkälte, Schnee, Zimmer im Splendid fast ungeheizt. K[itty] hat vor Kälte eine schlechte Nacht.

27. Dezember

9ᵘ beim Docteur. Sehr geheimnisvoll und wortkarg. Er schickt mich sofort zum span[ischen] Konsulat und scheint mit der Visierung auch sine zu rechnen. Ich stehe in der froid de loup von ½ 10 bis ¾ 1ᵘ: völlige Desorganisation des Wartens – linker Flügel schmuggelt sich ständig vor – Kleine Frau rutscht still in den Vordergrund, ich halte sie auf und ermahne sie, sie verspricht de me ne pas surpasser, ist schon ganz vorne, Polizist, von Umstehenden aufmerksam gemacht, weigert sich einzuschreiten, aus tief französischer Galanterie. Endlich beim Chancelier, der ohne weiteres die Sonder-Autorisation bestätigt und mich für den nächsten Tag um 11ᵘ bestellt pour retirer les passeports. – Sehr guter Stimmung, wenn auch mit gefrorener Nase. Zu Tisch im Splendide. Um 3ᵘ nachm[ittag] beim Docteur: Geheimnis und Schweigen, Besprechungen mit verschiedenen Herren nicht in meiner Gegenwart: dann Entscheid – morgen nach Empfang des Visums das Nähere. Ich rechne damit, morgen abend fahren zu können. – Ich treffe natürlich, ja, ich stolpere allerorts über den gänzlich entnervten kleinen Hönig, der immer noch auf seine Spanien-Autorisation wartet. – Abend im »Rosbif«.

28. Dezember

Zu früh auf Span[ien]-Konsulat. Ich gehe in Café am Hafen, wo ich den Schelm Mehring treffe, der über Fry schimpft und Gottseidank nichts mehr mit der

Sache zu tun hat. Gegen 12$^{\underline{u}}$ mittags bekomme ich die Pässe mit dem unlimitierten Sonder-Visum. – Nachm[ittag] zum Docteur, der mich zu dem Betreffenden schickt. Jener nicht im Hotel, angeblich, auf Aussage der […] Wirtin. Ich laufe zum Docteur zurück, werde wieder ins Hotel geschickt, mit der Order zu warten. Ich warte – plötzlich steht X vor mir: er war immer auf seinem Zimmer. Er kommt zur Instruktion ins Hotel: gewisse Enttäuschung: denn der Plan ist nicht ohne große Schwierigkeit und Strapaze. Fünf Stunden Gebirgswanderung im Winter ist keine Kleinigkeit, von allem anderen abgesehen. Außerdem darf K[itty] nichts zu Gefährliches zugemutet werden. Wir berieten die ganze Nacht, zumal X ohne weiteres zugibt, daß die reguläre Möglichkeit abgewartet werden sollte und zumal Rib[aud], der uns Donnerstag nachts im Splendide erwartete, das reguläre Visa als absolut gewiß hinstellte.

29./30. Dezember

Beschluß, auf keinen Fall ohne S/C und also ohne Prorogation der carte d'ident[ité] zu fahren. – Vorm[ittag] bei Monsieur Mossé, der mir den großen und mit Sicherheit erfolgreichen Advokat für den negativen Fall vorschlägt; allerdings affaire von zwanzig Mille. – Bei B[…] – Export-Line eine alte Jungfer, die unbedingt die Passage vom 3.I. annullieren will. Ich werde erst mit Kuoni sprechen. Sonntag abends mit K[urt] W[olff] und Dr. Hardts in einem reizenden Restaurant um alten Hafen, und zwar in einem Chambre séparé, entdeckt von K[itty]. Montag abend zurück nach Nice, Cecile Hôtel, sehr gut.

31. Dezember

In der Früh Rib[aud], der nicht, wie ich ihm telegraphiert, am Tag vorher nach Vichy telephoniert hat und es nach Neujahr tun will. – Dann Präf[ektur] M. Gallier, der, ob ehrlich oder nicht, fest mit naher Entscheidung rechnet und die administrativen Changements de lettres, von denen Rib[aud] spreche, für übertrieben hält. – Bei Kuoni: er will nicht annullieren, um mir das Ticket zu erhalten, sondern nur telegraphieren, daß wir in letzter Sekunde an Abreise verhindert wurden doch die Export-Line für demnächste Passage sorge, da die Abfahrt nur für einige Tage verschoben. – Abends zuerst bei Zoff, die aus den Wolken fallen; dann Sylvester bei Riethofs, welche schon mehr […] haben. Wir sind lustig und trinken viel.

1. Januar 1941

Durch das neue Hotel und die Bahnhofslage verstärkt sich das Gefühl, in einer fremden Stadt zu sein. Wir bummeln durch die Strassen, essen gut. Abends mit K[urt] W[olff] im Café de Paris. Er ist gegen die Wanderung, ich auch. – Ich treffe im Bureau de Tabac M. Gallier, der mir gutes neues Jahr wünscht und: »Un de ces jours chez moi …«

Vorm[ittag] zur Verlängerung der Carte d'ident[ité] auf der Préfec[ture]. Dann Kuoni, dem ich 180 [...] für das RV-Telegramm nach Lisbonne zu zahlen habe und der mir eine gewisse Hoffnung macht, Ende Jan[uar] die »Manhatten« der Unit[ed] State-Line zu bekommen. – Rib[aud], der mir versprochen hat, nach Vichy zu telephonieren, meldet sich nicht. Es regnet in Strömen, ab Rhônetal schneit und friert es. Wanderung ...

Bemühe mich auf der Präfectur umsonst, zum Service der Carte d'identité zu gelangen, der dem Publikum nicht mehr zugänglich ist. – Nachm[ittag] Rib[aud] zerknirscht und voller Entschuldigungen: er habe erst vormittags das Gespräch bekommen: der Dossier sei nun »durch«, changement de lettres beendet und nur noch die Unterschrift des Direktors der Sureté nötig, der den Dossier heute bekomme. Dann seien nur noch die zweihundert Meter zum Innern zurückzulegen, damit die Exit-Anweisung gegeben werde, und wenn man für diese 200 Meter drei Tage rechne, eine administrativ genügende Zeit, könne man doch mit Dienstag oder Mittwoch rechnen [...] – Nachher kam Kurt W[olff], der ebenfalls nicht die Glaubhaftigkeit dieser Auskunft bestreitet. – Zoff kommt, von seinen Erfahrungen mit seinen »Finanziers« schwer mitgenommen. – Nach dem Abendbrot bei Posener: die übliche Staunerei.

Früh zu Marabuto, der mir eine Audienz bei M. Gatté, dem Präfekt-Stellvertreter verschaffen will. Stundenlanger Kampf mit dem Telephon, das keine Verbindung herstellt. Ich persönlich werde von Gatté, der nicht en courant sei, nicht empfangen. Um 12ᵘ gibt Marabuto den Kampf mit dem Telephon auf und bestellt mich auf 14½ᵘ. – Gegen 15ᵘ Uhr glückt es ihm: M. Gatté wird um 17ᵘ nach Vichy telefonieren und gleichzeitig den Dossier sichten. Marabuto bestellt mich auf 17.15ᵘ. – Ich gehe in die Kirche Notre Dame. – Dann auf die Police d'Etat, um die alte sauf-cond[uit] abzugeben. Bei dieser Gelegenheit wird mir die Verlängerung der Carte d'identité für Dienstag versprochen. Gott gebe, daß ich drauf pfeifen kann! – Um 17.15ᵘ bei Marabuto. Er telephoniert aufs neue mit M. Gatté und erfährt, daß Vichy unsere permis de sortie bewilligt habe. Er gibt mir den Rat, sofort durch meinen »Anwalt« in Vichy M. Derafour von der Sûreté zu ersuchen, die Bewilligung drahtlich nach Nice zu schicken. – Ich gehe abends zu Ribaud und setze mit ihm die Depesche an M. Derafour auf. Ich bin froh.

Besuche Zoff, Hardekopf, Kurt W[olff], Ribaud, der mir endgültiges Telegramm mitteilt und Quittung zeigt. Außerdem will er den »Teufel« für Gallimard zu übersetzen. Abends kam mit Kurt W[olff], der mir noch 150 gibt (10,5 Mille). Total an ihn Cinquecento.

6. Januar

In der Früh zu Kuoni, der die Passage-Änderung für portug[iesischen] Konsul vorbereitet. Dann zum portug[iesischen] Konsul, der über mein noch gültiges Visum sehr froh ist, da seit 1.I. die Autorisation Lisbonne verlangt wird. Bei ihm treffe ich Dr. Hönig, den Revenant, klein, unglücklich, immer noch ohne span[isches] Visum, mit abgelaufenem Portugal-Visum. Das gleiche Leid bei Speyer, der Sonntag nachm[ittag] zu mir kam, und den ich für alle Fälle instruierte. Vorm[ittag] noch bei Mr. Gallier, welcher noch kein Telegramm bekommen hat. – Nachm[ittag] von Kuoni die Briefe geholt. Vorher Felix Klein bei mir, der mir ebenfalls von der Wanderung abrät und über die einfachste Lösung froh ist. – Um 5ʰ nachm[ittag] auf der Prefectur: noch kein Telegramm. Dann zum portug[iesischen] Konsul, dem ich die Pässe zur Änderung der Passage übergebe. – Abends bei Zoff. Kopfschmerzen. Doch Bardia von den Engländern genommen!

7. Januar

In der Früh Telephonat von Kurt W[olff] aus Marseille: er hat von M. Mossé einen guten Eindruck. – Dann bei Ribaud, dem ich den Auftrag gebe, nach Vichy zu telephonieren. Gallier ohne Nachricht. Nervös.

8. Januar

DER GROSSE TAG! Ribaud kommt schon früh um ¾ 9ʰ, um nochmals nach Vichy zu telephonieren. Während wir in der Halle auf die Verbindung warten, kommt ohne Hast und fast wie im Gefühl, etwas Unangenehmes zu sagen: die Präfektur habe soeben angerufen, ich solle sofort aufs Paßamt kommen. Ich stürze hin, das Ehepaar Ribaud als Ballast. Sie bleiben im Regen vor dem Gebäude. Freudige Aufregung Paßbüro: soeben sei das Telegramm vom Innenminister gekommen, meldet Gallier, der sofort die Pässe visieren läßt und mir sogar den sonst notwendigen Weg auf die Post zur Einzahlung der 23 frs Gebühren erspart. Während der Abfertigung der Pässe entdeckt mir der Beamte seinen gaullistischen Hang und treibt vor seiner Europakarte wilde Strategien. Ich eile mit den Pässen zu Kuoni und lasse alles zur Abreise vorbereiten. Ribaud kommt um 12ʰ, ich gebe ihm seinen Lohn in Höhe von 2100 Frs. – Nach dem Essen bei der Comp. générale, die mir aber meine 100f erst am folgenden Vormittag geben kann. Abends kommt Speyer. Nach dem Abendbrot bei E[...].

Die letzte Nacht in Nice. Ich wache früh auf und bin mit mir zufrieden. Denn ich habe es eigentlich nie bezweifelt, daß ich es schaffen werde. Das Glücksgefühl ist dennoch groß. Ich weiß, daß ich in die Lebenswende eintrete. In der Früh erledige ich die Bank und Kuoni. Die Billets bis zur portug[iesischen] Grenze kosten 8000 Frs., die Dollars 5000 frs, ich bin knapp und muß noch den zum Abschied kommenden Zoff um 400 frs., die ich ihm durch Kurt W[olff] zurückgeben lasse, anpumpen, um die Rechnung zu zahlen. Ich weihe ihn auch ins Exil-Geheimnis ein. Zum Mittagessen kommt Speyer, sich zu verabschieden. Er ist trotz seiner Fahrt- und Ausreise-Schwierigkeiten gut in Form: die Abwesenheit seiner Frau trägt ihre Früchte. –

Abfahrt um 13.50. Kurz vorher kommt Felix Klein mit Frau: ich lasse mir noch 500 frs. geben. Ich schulde ihm also 90 $ und 4100 Frs. oder 41 weitere Dollars. In Marseille, trotz Brise und Kälte, erwartet uns der treue Vassar und bleibt bei uns im eisigen Abteil bis zum Abgang des Zuges kurz vor 8ᵘ. Die I. Kl[asse] hat ihre Vorteile, wir reisen sehr bequem und ohne Überfüllung.

10. *Januar*

Ankunft in Narbonne nachm[ittag] ½ 2ᵘ. Im Hotel Terminus wohlgeheiztes Zimmer und um 6ᵘ früh sogar Frühstück.

Dann mit der [...] voller Arbeiter – Einheitsklasse, wir hätten uns das I. Kl[asse]-Billett schenken können – im Morgendunkel hinaus, über Perpignon historischen Andenkens der Grenze zu. Sehr interessiert betrachten wir im Morgengrauen von Banyuls aus die Grenzberge, die wir hätten überklettern müssen. Obgleich sie sonderbarerweise schneefrei waren, sahen sie keineswegs sehr gemütlich aus, und wir beglückten uns nochmal, daß wir auf das Sortie gewartet haben. – Dann Cerbère, die Grenze. Wir gaben die Pässe ab und hatten dann Zeit, von morgens 9ᵘ bis nachm[ittag] 2ᵘ. Wir saßen im Bahnhofsbufett, draußen ein Hundewetter, (ein Hockklosett [...] wie in St. Paul), wir tranken schlechten Kaffee und aßen mittags ein schlechtes Essen. Am Nachbartisch eine ungarische Familie, er ein hübscher Kerl, Hotelier aus Fiume, Jude. Nach 2ᵘ zum -Commiss[ariat] Spécial. Der Ungar hat Schwierigkeiten, weil sein Visa de Sortie nicht von Vichy autorisiert und nicht terminlich begrenzt. Seine beiden kleinen Töchter retten davor, nach Perpignon zurückgeschickt zu werden. Mein Visa de Sortie wird von den Beamten als Muster-Sortie bezeichnet. Man nahm uns noch die Lebensmittelkarten und die Carte d'Identité fort, trotz Proteste von K[itty], die ihren Fetzen unbedingt als Andenken mitnehmen wollte. Dann zur Douane: kaum Untersuchung, man zählte nur mein Geld nach. Dann in den eiskalten Zug nach Port-Bou. Endloses Warten, ohne den Waggon verlassen zu können, denn rechtlich sind wir schon außerhalb Frankreichs. Je ein Zug aus Genf und Paris läuft ein. Schließlich werden wir in den vordersten III. Kl[asse]-Wagen getrieben, weil der Zug geteilt und diese Vorderwagen [...]ert werden. Wir fahren ab, wir gleiten in den Tunnel, wir haben Frankreich verlassen. Welche Zeit, die zwei Jahre und vier Monate!

Nach wenigen Minuten in Port-Bou, eine zerschossene Stadt, denn hier bombardierte Franco die nach Frankreich flutende Masse der Republikaner. – Durch die Halle des großen, modernen, doch sehr beschädigten Bahnhofs regnet es lustig. Der Kuoni-Marsans-Interpret hält mich mehr auf, als er nützlich ist. Es dauert ziemlich lange bis wir bei der Paß-Kontrolle, die an sich rasch abgewickelt wurde – herankommen. Dann Gepäckkontrolle – sehr leicht – dann Geld-Eintragung, dann Geld-Wechsel – und schließlich, als wir wieder auf den Bahnsteig stürzten, war der 4-Uhr-Zug nach Barcelona gerade abgefahren, von den allerwenigsten Reisenden noch erreicht.

Wir bekommen in dem demolierten Bahnhofshotel ein demoliertes Zimmer, ohne Wasser, ohne Heizung. Es war sehr kalt und regnet in Strömen. Wir wagen ein paar Schritte in die Oednis vor dem Bahnhof – ein Schutthaufen, paar Häuserfassaden mit bleichen Fenstern, in der engen Bucht ein graues Meer-Teilchen. Wir gehen ins Restaurant zurück, dem einzig warmen Raum. Ich schreibe im Tagebuch, K[itty] schreibt viele Karten und Briefe. Wir essen bald zur Nacht, ein gutes Essen war gut, doch fast kein Brot. Wir trinken sehr guten Wein, wir trinken sehr viel. Wir sind tiefglücklich und recht betrunken. So merkten wir von der gespenstischen Sturmnacht im unfertigen Zimmer, wo bei alledem noch um 9^{u} das Licht ausgig, wenig. Wir schliefen in den Kleidern, ich zumal schlief köstlich. Um 3^{u} morgens weckte ich mich selber. Anziehen und Einpacken bei Kerzenlicht, das ein Sturm des Korridors u[nd] der Treppe zu verlöschen drohte. Im Restaurant bei Kerzenlicht und furchtbarem Kaffee, erzählte uns eine alte Französin ihr nächtliches Abenteuer auf dem Klosett, wo der Sturm die Kerze verlöschte. Um 4^{u} tappen wir uns auf den Bahnsteig ohne Licht, K[itty] tastet an der Waggonwand die Klasse ab, wir tasten in den Waggon, beim Einschichten des Gepäcks wird es Licht. – Neben uns im Waggon, in den es stellenweise hineinregnet, Madame Dupuy und Söhnchen, reizende Amerikanerin, verheiratet mit dem früheren Schiffsarzt der »Normandie«, der als Franzose über Tanger fahren muß. Wir fahren um 4.20 ab.

11. Januar 1941

Ankunft in Barcelona gegen 10^{u} vorm[ittag]. Es regnet in Strömen, es regnet auch durch die gänzlich demolierte Bahnhofsstraße. Unser Handgepäck steht im Wasser. Die fürchterliche Verarmung des Landes und der Stadt, die durch keine Uniformenfülle aufgewogen werden kann, zeigte sich schon vor dem Bahnhof, wo uns eine Horde zerlumpter Halbwüchsiger anfällt. Es gibt natürlich kein

Taxi. Endlich rattert ein vorsintflutlicher Miniatur-Omnibus heran, der knapp unser Gepäck und uns selber faßt. Wir fahren zum Hotel Victoria an der Plaza Cataluna. Man sieht allerorts noch die Zerstörungen des Bürgerkrieges, wenn auch durch hohe Bretterwände getarnt. Der Platz selber hat seine schönen Proportionen erhalten. Das Hotel ist ausgezeichnet, warm und wohleingerichtet (Zimmer mit Bad 35 PS.) Wir sind sehr hungrig und essen recht gut im Hotel (33 Ps.), nur Brot ist knapp und schlecht. Schon in unserem Nachmittagsschlaf brüllen unentwegt Lautsprecher, und als wir ausgehen, sehen wir noch viel mehr Schutzleute und karabinertragende Soldaten und eine Unmenge Phalangisten und andere Uniform-Träger. Wir erfahren, daß der Außenminister Suner in Barcelona sei, der bestgehaßte Mann Spaniens. Wir hören auch überall seine ziemlich unangenehme Stimme. Das Volk, mit dem gleichen verdrossenen oder unglücklichen Gesicht wie in allen Diktaturländern, kümmert sich wenig um das Geschrei. – Beim Reisebüro Marsans muß ich noch 70 Ps. Zuschläge für den »Luxuszug« und die Platzkarten nach Madrid zahlen. Am Spätnachmittag, bei strömendem Regen, auf der Plaza Cataluna vergebliche Suche nach einem Taxi, um zu Edouard H[eusch] zu fahren, der telephonisch nicht zu erreichen. Wir kehren ins Hotel zurück und schicken einen chasseur, essen gut in einem Restaurant in der Nähe und bekommen abends einen Anruf von Edouard, mit dem wir uns für den nächsten Mittag verabreden.

12. Januar (Sonntag)

Wir gehen vorm[ittag] den Paseo de Gràcia hinauf spazieren. Die schöne Strasse wirkt friedlich und wohlhabend, die Geschäfte sind voll schöner Dinge. Doch, wie uns der Barmann vom […]café gegenüber dem Hotel sagt und Eduardo später bestätigt, das Volk ist so unendlich arm, daß es nichts kaufen kann. Man sieht auch alle Geschäfte leer. (Es ist also genau umgekehrt wie in Frankreich.) – Gegen Mittag kommt Edouard, der uns in seinem Wagen abholt und den schönen Tag benutzt, um uns ein wenig spazieren zu fahren. Wir gelangen zur schloßartigen Besitzung des verstorbenen Edi Heusch, bei dem wir vor 12 Jahren zu Gast waren. Jetzt sind rings um den Park Hochhäuser gebaut, alle aus der Glückszeit Spaniens, aus der Zeit Primo de Riveras. Dann fahren wir zu Edouards sehr schöner und eleganter Wohnung, wo wir Renée, den spanischen Freund, die beiden an kindesstatt angenommenen Mädel und den süßen Hund, Barry in weiß, begrüßen. Wir fahren in ein äußerst pittoreskes Restaurant in der Altstadt, nahe der Rambla, wo es über enge Treppen in lauter Einzelzimmer geht, und genießen ein wahrhaft zyklopisches Mahl, das uns in Schlangenfieber versetzt. Das dauert bis nach 4$^\text{u}$, Edouard setzt vor dem Hotel K[itty] ab, die einpacken will, dann seine Familie und fährt mit mir zur Fabrik, um mir Empfehlungsbriefe und einen Auftrag für New York zu geben. Dann fährt er mich ins

Hotel zurück. Wir sind frühzeitig an der Bahn und haben im »Luxus«-Zug, der ein gewöhnlicher I Kl[asse]-Wagen ist, eine recht charmante Gesellschaft: den Polyglott Keller aus Triest, der faktisch alle Hauptsprachen spricht, seine sehr schöne, leider durch Kinderlähmung an den Beinen verunstaltete englische Frau, eine andere, sehr komische Engländerin und eine kleine, unendlich gutmütige und kindliche Ungarin, ferner, besuchsweise, eine süße schwarze Musikerin. Die Ungarin füttert uns aus ihrem riesigen Koffer mit ungarischen Lebensmitteln, Wurst, Brot, Butter, Schinken, Obst – und fragt nebenbei meine Frau, ob jener Schriftsteller Schiller, von dem gerade zwischen mir und Polyglott Keller die Rede ist, noch in Wien lebt: und so vergehen die Stunden. K[itty] schläft wenig und hält sich zumeist auf dem Korridor auf. Gegen 11ᵘ nachts beginnt Polyglott als Gemütsmensch von der höchst gefährlichen Strecke zu sprechen, die wir durchfahren und bei der Unglücksfälle die Regel sind. Und um Mitternacht, Gottseidank bergaufwärts und bei langsamstem Tempo, gibt es dann auch ein Gestoße und […] und man hält. Stunde um Stunde vergeht, man erfährt schließlich, daß ein Rad der Lokomotive aus den Schienen gesprungen sei. Man ist zu müde, um es weiter tragisch zu nehmen. Gegen 4ᵘ morgens geht es dann auch weiter. Man rechnet mit 7 Stunden Verspätung. (Fahrplanmäßig soll man gegen 10h vorm[ittag] in Madrid ankommen.

13. Januar

Vorm[ittag] notdürftige Toilette – ich bin natürlich unrasiert und fühle mich deshalb degradiert.

Die Damen gehen in den Speisewagen, der so schlecht wie teuer ist. Ich begnüge mich mit einer Tasse Tee, die wie schlechte Bouillon schmeckt.

Ankunft in Madrid 5ᵘ nachmittag. Es regnet in Strömen. Gewimmel von halbwüchsigen Bettlern. Glücksfall eines Taxi. Kaum saßen wir drin, als ein Elegant erscheint, seine Geheimpolizeimarke zeigt und um die Pässe fragt. Wir hatten sie im Zug schon mindestens drei Mal gezeigt. Endlich kommt das aufgegebene Gepäck, wir fahren ins sehr schöne Hotel Florida, nahe der Gran Via, wo wir Zimmer bestellt hatten. (Elegante Zimmer mit Bad 40 Ps.) Am Spätnachmittag gelingt es uns, mit Kuno K[ocherthaler] telephon[ische] Verbindung zu bekommen. Bald darauf kommt er ins Hotel und zeigt innige und ehrliche Freude. Wir fahren zuerst zu Marsans-Madrid für die Billets nach Lissabon (resp. port[ugiesische] Grenze) – Platzkarten für morgen abend –, dann in einen fabelhaft eleganten Tearoom und schließlich zu seiner Wohnung, die ungewöhnlich gut und geschmackvoll eingerichtet ist. Frau Else K[ocherthaler] empfängt uns mit Herzlichkeit, wir lernen den gut aussehenden Sohn Polo kennen, einen sehr intelligenten jungen Mann mit klarer Orientierung über die span[ische] Situation. Nach dem reichen Essen kommt unser alter Freund Ernstle K[ocherthaler], jetzt Carlos genannt, ein lieber treuer Junge, immer noch ein bißchen in K[itty] verliebt, und wir erinnern uns an München und Brannenburg. – Nach Ansicht von Polo K[ocherthaler] und nach allem, was ich sehe und fühle, drückt die span[ische] Diktatur auf einen so schwachen und entnervten Körper, daß an irgendeine Aktivität des Landes im Achsendienst gar nicht zu denken ist. Außerdem ist im Volke die innere Abneigung gegen Deutschland und Italien so groß wie die Bewunderung für England. Und der anarchistische und überindividualistische Trieb des Spaniers macht aus der völlig wesensfremden Partei-Diktatur eine Terror-Organisation ohne jede organische Wachsmöglichkeit.

14. Januar

Wir spazieren die Gran Via entlang, an reichen und menschenleeren Läden vorbei (mit Preisen, die selbst in Dollars umgerechnet exorbitant sind) und fahren dann zu Kunos Büro in der Alarcón. Der Gute sorgt sich zunächst für unser Unterkommen in Lissabon, durch Telegramm und Empfehlungsbrief an seinen Freund Correa, dann gehen wir die paar Minuten hinüber ins Prado-Museum. Man wundert sich fast, daß es [das] noch gibt, in aller seiner Pracht, und wenn man die üppigen Straßenzüge und großmächtigen Paläste sieht und an die drei Jahre denkt, drei Jahre Bürgerkrieg und Belagerung und Bombardement, dann möchte man doch glauben, daß die Welt einer großen Stadt nicht so leicht zerstört werden kann. (Allerdings sahen wir nicht die Zerstörungen der zumeist betroffenen Außenquartiere und vor allem der Universitätsstadt.) Kuno ist klug genug, uns nur ein paar Spitzen der Prado-Pracht zu zeigen! Greco, den wahrhaft schwindlig machenden Velasquez-Saal und Goya. Ich verliebe mich in eine taumelnd süß verzeichnete Greco-Madonna, bekomme aber keine Reproduktion. Außer dem Rijksmuseum in Amsterdam sah ich übrigens noch nie so wunderbar behängte und belichtete Räume wie im Prado. – Wir holten dann von Marsans die Karten, fuhren in Kunos Wohnung zum Mittagessen (wo auch der übrig gebliebene, merkwürdig negroide Zwilling war, ein erwachsener Mann – sein blonder Bruder starb als Soldat während des Bürgerkriegs, man darf davon bei Kuno nicht sprechen.) Bald nach dem Essen ins Hotel zurück, eingepackt, die Rechnung bezahlt. Gegen Abend setzte wieder Kunos Organisation ein. Einer seiner Hausdiener (der anderes heißt Jesus) übernahm das Gepäck und die Sicherung unserer Zugplätze, während wir in Kunos schönem Amerikaner zum Abendessen fuhren. Dort war ein deutsches Ehepaar, er Halbnazi, sie Ganz-Jüdin (immerhin soll er auf das Nazi-Verlangen, sich von seiner Frau zu trennen, mit seiner Weigerung gesagt haben: Dann hättet ihr je nur einen Schweinehund mehr [...]!) Nach dem viel zu großartigen Essen, bereits gegen ½ 11ᵘ, Abschied, der Kuno sichtlich schwer fiel. Ernstle brachte uns im Wagen zur Bahn, wo wir zehn Minuten vor Abgang des Zuges ankamen und den wackeren Diener ablösten. Ernstle übergab uns noch schüchtern ein riesiges Freßpaket und eine große Schachtel Konfekt, und dann fuhr der Zug ab. Höchst schmutziges Abteil angeblich I. Kl[asse], eine sehr hübsche Javanerin und sonst Spanier im Abteil. Viele Soldaten im Gang. Unbeschreiblich dreckige Toilette. Später vollgekotzter Korridor. K[itty] kämpft mit Übelkeit. Ich schlafe gut.

15. Januar

Gegen 8$^\underline{u}$ morgens span[ische] Grenze. Stundenlanges Warten am Zoll, ohne daß übermäßig streng untersucht wird. Meine Aktenmappe z. B., die ich unter dem Arm trage, wird überhaupt übersehen. Am strengsten wird darauf gesehen, daß man keine Pesete bei sich hat. Wir nehmen ein schon mit Butter und Weißbrot und anständigem Kaffee gesegnetes Frühstück im Bufett, und die restlichen 5 Ps. überreicht K[itty] einem halbnackten Bettelweib mit Kind. Kurze Fahrt zu port[ugiesischen] Grenzstation, kaum Paßkontrolle, keine Gepäckkontrolle. Jähe Verwandlung des Bilds von faschistischer Armut und Verwahrlosung zur demokratischen Sauberkeit, weißgetünchte Häuser, hübsche Gärtchen, wohlgeordnete Felder. Die Fahrt wird landschaftlich immer hübscher, zumal als der Tejo erreicht ist, und der Zugs längs des riesigen (und zum Tal überschwemmten) Flusses fährt. Wunderhübsch sind die blitzweißen Städtchen auf den Flußhügeln. Da wir noch genügend Kocherthalersche Lebensmittel haben, brauchen wir nicht den berühmten port[ugiesischen] Speisewagen frequentieren.

Ankunft in Lissabon gegen 3$^\underline{u}$. Ein Ambassadeur von einem Hotelportier empfängt uns mit der Meldung, daß für uns im Hotel Tivoli von Sen. Correa Zimmer reserviert seien. Wir fahren durch ungeheuer belebte, autovolle, lebensfrohe, elegante, blitzsaubere Straßen, dann durch die Prachtarme der Liberdade ins überaus elegante und moderne Tivoli. Das Zimmer mit Bad ist sehr schön, kostet aber auch mit voller Pension 180 Sc. Während es zurechtgemacht wird, fahre ich zu der Export-Line, wo ich anderthalb Stunden warten muß, bis ich drankomme und mir der weißhaarige und vor Übermüdung unfreundliche Beamte sagt, daß wir erst für den Dampfer vom 7. Februar gebucht werden können. Auf der Straße treffe ich dann den netten Amerikaner Wittelhofer, Freund von Mr. Frank. Abends essen wir großartig und wittern schon die Gefahr des sich Überfressens. Nachher spazieren wir noch bis zum Praça Restauradores die Avenida entlang und freuen uns an dem reichen Leben der Stadt.

16. Januar

Herumbummeln, Essen, Rauchen, Kaffee trinken. Vergebliche Besuche bei der Export-Line. Besuch bei Sen. Correa, einem noblen Spanier. Abends bei Franks im Hotel Americaine. Mr. Wittelhofer erhärtet einen kürzlichen Verdacht: daß uns nämlich Kuoni-Nice mit seinen Spanien-Bons furchtbar übers Ohr gehauen hat; denn die span[ischen] Billets kosten insgesamt 400 Pes., für die ich bei Kuoni mehr als 6000 Frs. (statt 2000 frs!) gezahlt habe – Ferner erfahre ich bei dem Reboul-Korrespondenten, daß das große Gepäck wohl angekommen ist, aber noch Fracht von der Grenze bis Lisbonne kostet (obgleich ich die Gesamtfracht bezahlt habe.). Ich schreibe Reklamationen.

Woche 17.–24. Januar

Die Zeit wird mit Müßiggang und gutem, zu gutem Leben vertan. Das Wetter war zumeist regnerisch, wie im April. Meine Bemühungen bei der Export-Line zur Buchung für den 24. sind erfolglos, trotz Interventionen der netten Mme Dupuy, deren Mann, Schiffsarzt, ein übersensibler, überfeiner Franzose aus Tanger angeflogen kommt, und des amer[ikanischen] Komitees, das von Kesten ein Telegramm bekam, mir zu helfen. Ich lasse mir aber kein Geld geben, weil der Betrag mir wenig nutzt und weil ich die armen Teufel, die ihn nötig haben, nicht kürzen will.

Auf meinen Kabel an die Leagewriter New York erhalte ich am 22. T. den Betrag von 50$, – Am 22. fahren wir nach Cascais zu Mme Levi, eine Bekannte von Julius Marx, eine feine Frau in einem entzückend gepflegten Herrenhaus und die beiden Dackel!) Am Freitag, den 24. fahren wir zum Hafen und begleiten zum Abschied die netten Dupuys auf die Exeter. Dabei entdecken wir Viktoria Wolf an Bord und das […] von ihrem Mann am Quai. – Ich beginne, mich nicht wohl zu fühlen. Übersättigung oder Müdigkeit.

25. Januar

In der Früh, auf mein Kabel vom 18., Überweisung von Meyerhofs, […]: 100 $. – Abends die schöne, wenn auch nicht überragende span[ische] Tänzerin Carmen Salazar in einem reichlich provinziellen Variété-Theater. (Ein paar Tage vorher, auf Empfehlung des reizenden Sen. Correa Besprechungen mit zwei port[ugiesischen] Verlegern, B[…] und T[…]) ohne besonderes Resultat. Ich werde an T[…] von USA aus den Patriot und den Teufel schicken.

26.–31. Januar

Am Sonntag (26.) bei schönstem Wetter mit einem elektr[ischen] Zug nach Estoril. Auf dem Bahnhof einen Herrn Scharff aus München getroffen, Freund des verstorbenen Ludw[ig] Erlanger, der uns erzählte, daß seine Frau hier vor acht Tagen an Typhus gestorben sei, nach allen Mühen und Sorgen einer Flucht aus Belgien – Nachm[ittag] in Estoril, reizend an der meerähnlichen Bucht gelegen, die die Tejomündung bildet. Schön, sehr gepflegter Park, riesige Hotels, Villen, in jenem sonderbaren portugiesischen Gemisch von Kolonialstil und modernster Glas-Stahl-Konstruktion, ein spielgefährliches Kasino, an dem wir weise vorbeigehn.

Auf der Rückfahrt gibt uns ein Mitreisender die Abendz[eitun]g, die die Meldung von Unruhen in Italien (Mailand und Turin) und ihre Niederschlagung durch deutsche Truppen enthält. Das ist beinahe zu schön, um wahr zu sein. Und die Engländer – das aber ist wahr, erobern in Libyen einen Hafen nach dem anderen, Tobruk, Derna, rücken in ital[ienisch] Somali und Eritrea und Abessinien vor.

Die Woche verläuft im Müßiggang. Am Mittwoch erfahre ich endgültig, daß ich vor dem 7. Febr[uar] nicht fahren kann. Ich habe ein paar schlechte Tage durch Magenbeschwerden und heftige Schmerzen im rechten Arm, die ich [...] dort bekomme. Am Donnerstag zahle ich die restlichen Gepäckspesen. Freitag Telegramm von K[urt] W[olff], daß er alles habe außer Sortie.

1./2. Februar

Am Sonntag nachm[ittag] mit der Tram etwa 12 km nach San Zeronimos, auf der Strecke nach Estoril, neben dem Ausstellungsgelände. Schöne, etwas verwahrloste romanisch-gotische Kirche und Kloster aus dem 15. J[ahrhundert], mit wundervollem dreistöckigen Kreuzgang. – Auf der Rückfahrt temperamentvoller Ringkampf eines Mädchens (und seiner Begleiterin) und einem Policeman.

3. Februar

Vorm[ittag] auf dem Unitarian-Committee, dann mit neuformuliertem Brief auf brit[isches] Konsulat. Nachm[ittag] Exp[ort] Lines, 1 ½ stündiges Warten mit Protest K[itty]'s gegen einen sich vordrängenden Emigranten. Endlich Ausfüllung der Schiffspapiere für den 7. und, zur freudigsten Überraschung, Zusicherung einer Doppelkabine (A 5) auf der »Excambion«. – Bei der Rückkehr auf der Avenida de Liberdade wieder ein – noch viel handgreiflicheres – Duell zwischen einem Straßenmädchen und einem Policeman. – Sonst sieht man auffallend wenig Frauen auf den Straßen, in den Caféhäusern höchstens Ausländerinnen. Die portugiesische Dame scheint noch vorsintflutlicher zu leben wie die italienische. Das Schönheitsideal ist offenbar sehr voluminös. Ich sah selten so üppige Frauen mit so phantastisch [...].

4. Februar

In der Früh auf dem Unitarian Service Committee, die mir leihweise 50$ geben, rückzahlbar innerhalb 3 Monaten an die Bostoner Zentrale. Dann die Export-Line, die mir die Passage-Tickets aushändigten. Nachm[ittags] umsonst zum brit[ischen] Konsulat: Verifikation des Geleitbriefes noch nicht da.

5. Februar (Mittwoch)

Das brit[ische] Kons[ulat] findet den Brief nicht, zurück zum Comité, das einen 3. schrieb. Nachm[ittag] zu Correa, dann zum brit[ischen] Konsulat, das den

Brief gefunden hat und mir gegen Gebühr von 47 esc. verifizierte. Nachm[ittag] mit Legationsrat Wasserberger in einer »feudalen« Konditorei »Imperial«.

6. Februar (Donnerstag)

Vorm[ittag] ärztl[iche] Visitation auf der Export-Line. – Zu Mittag Sen[or] Correa als Gast. Er gibt mir 100$ in Esc. (2490 esc.). Spätnachm[ittag] Madame Leroi, sich verabschiedend. Packen. Früh ins Bett.

7. Februar (Freitag)

Vorm[ittag] in Kirche S. Rochus. Gegen 3ᵘ zum Hafen. Da wir sehr früh ans Boot kamen, kein Andrang bei der Anmeldung beim Kommissär. – Einrichtung in unserer Kabine A5. Klein, aber gemütlich. Wir reservieren uns hübschen Einzeltisch (N° 5) und zwei gutgelegene Bordstühle. Abfahrt pünktlich um 6ᵘ nachm[ittag]. Gerade als die Brücke eingezogen wird und die Ausfalltür zugeschraubt war, erschien ein trefflich aussehender Herr, der rumänischer Minister, der beim an Bord befindlichen poln[ischen] Botschafter war und das Signal überhörte. Mit vollkommener Ruhe vernimmt er, daß nichts mehr zu machen sei, und fährt mit. Gegen 7ᵘ Dinner, großartig und viel, wir sind vernünftig und essen wenig. Nachher an Deck. In der Nähe des Leuchtturms von Estoril kommt das Feuerschiff und holt den Minister von Bord, der mutig die Strickleiter hinunterklettert. – Das Meer ist ziemlich ruhig, das Schiff wiegt sich rhythmisch. Ich schlafe herrlich. Uhr um 1 Stunde zurück.

8. Februar (Samstag)

See noch ganz gemütlich. Frühstück schmeckt noch. K[itty] glaubt noch an ihre Sea-sick-Mittel. – Ich gebe dem Purser den Geleitbrief, er gibt mir dann das Papier zurück, much important for me. Ich glaubte es für wichtiger, daß es bei der Behörde bliebe, will ihn auch noch vor Bermudas sprechen. Er wechselt mir nur 500 Esc. und gibt mir dafür 158 (statt 208). Man verisst und verliegt den Tag. Abends fühlt sich K[itty] schlecht. Esse allein.

9. Februar, Sonntag

Nachts beginnt heftiges Gewackel. Ich merke im Bett nichts. K[itty] fühlt sich schlecht und steht nicht auf. Ich versuche es, rasiere mich heldenhaft, versage aber beim Schuhanziehen. Kurz seekrank, ins Bett zurück und sofort wieder gesund. K[itty] dagegen leidet heftig. Gegen 11ᵘ läßt mich der Arzt holen. Vor dem Arztraum ein langer, alle vollkotzender Indier. Die See ist sehr bewegt, das Boot tanzt ganz hübsch. Zurück in die Kabine, die auf mich stets schlecht wirkt. Bevor ich mich ausziehen kann, wieder kurz seekrank. K[itty] ist ziemlich übel dran. Gegen Mittag kommt zu ihr der Arzt und impft sie. Er gibt ihr Pillen, die sie scheinbar beruhigen. Wir schlafen – wachen gegen 5^{u} nachm[ittag] auf. Viel ruhigere See. Ich stehe auf und gehe an Deck. Wir passieren gerade die Azoren, Hügelketten mit weißen Häusern hie und da. K[itty], die ich darauf aufmerksam mache, kommt auf Deck. Ich treffe Prof[essor] Pringsheim, der mir viel von Familie Th[omas] M[ann] erzählt. Er bestätigt die Nachricht vom Tode Lanyis, der auf dem von den Nazi torpedierten kanad[ischen] Dampfer war und unterging (wie auch Rud[olf] Olden mit Fam[ilie]) Moni[ka] [Mann] wurde gerettet und ist jetzt ebenfalls in USA, [...] vollkommen apathisch. Mädi M[ann], 22 jährig, hat Prof[essor] Borgese, 57 jähr[ig], geheiratet und bereits ein Kind. Bibi von seiner kleinen Schweizerin ebenfalls. Pringsheim selber kommt aus Gurs, erzählt das üblich Schlimme. – Abends gehe ich essen. K[itty] bleibt in der Kabine. Uhr um 32 Min[uten] zurück.

10. Februar, Montag

Ziemlich bewegte See. K[itty] bleibt liegen. Ich gehe auf Deck, wo leider die Sicht durch Wetterplanen versperrt ist. Die ungarische Journalistin im Stuhl neben uns, sonst sympathisch, spricht etwas viel. Ich esse sehr wenig und liege viel. Es geht mir ganz gut. K[itty] fühlt sich nur im Bett wohl. Die Passagiere haben (Gottseidank) wenig Kontakt miteinander. Ich gehe früh in die Kabine, nach sehr kurzem Diner. Die See wird bewegter. Uhr um 30 Min[uten] zurück.

11. Februar, Dienstag

Sehr stürmische Nacht. Das Boot tanzt nach allen Regeln der Kunst. Wir bleiben liegen. Ich stehe nur auf, um mich zu rasieren, zugleich ein Kunststück und eine Bravourleistung. Das Gewackel hält den ganzen Tag an. Der Filippino-Steward, ein Scherzbold, prophezeit uns noch ganz andere Freuden zwischen Bermudas und New York. Außerdem liebt er Hitler, was K[itty] zu dem grandiosen englischen Satz veranlaßt: »I am more sea-sick, because you like Hitler.« Filippino schüttelt sich vor Lachen. Ich esse zum Lunch eine Kleinigkeit im Bett. K[itty] wird beinahe ohnmächtig, als sie von der Toilette zurückkommt. Sie leidet viel mehr an Schwindel als an Übelkeit. Nachm[ittag] gehe ich für ein Stündchen an Deck, lege mich wieder hin und nehme das Diner im Bett. Wir essen viel und wunderbares Obst. Die Nacht ist ruhiger als befürchtet. – Die tägliche Radio-Z[eitung] meldet stets Interessantes: Siegeszug der Engländer über Benghasi gegen Tripolis und in der Eritrea-Zange. Weigerung Lavals, den vorgeschlagenen Platz in der Pétain-Regierung einzunehmen. Deutsche Vorbereitung zum Durchmarsch durch Bulgarien und der Türkei, bei Versicherung Rußlands nicht zu intervenieren. Annahme der England-Hilfs-Bill durch USA-Kongreß. Abbruch der diplomatischen Beziehungen Englands mit Rumänien. Beschießung von Genua durch brit[ische] Flotte (weil sich dort d[eutsches] Expeditionskorps für Nord-Afrika einschiffen soll.) Die nächsten Wochen werden entscheidend. Uhr 30 Min[uten] zurück.

12. Febr[uar], Mittwoch

Ruhige Fahrt, teilweise schönes Wetter. Ich stehe auf und nehme die Mahlzeiten im Luncheon-Room. Nach dem Essen steht auch K[itty] auf und kommt auf Deck, wo sie bis zum Abend bleibt. Sie hat großartigen Appetit, aber einen schwindligen Kopf. Ich bekomme nachts plötzlich wieder neuralgische Schmerzen im rechten Arm und nehme das bewährte Togal. Abwechselnd schlafen wir und essen wir Obst. Abends Dancing ohne uns. Uhr 36 Min[uten zurück].

13. Februar, Donnerstag

Ganz ruhige See, den ganzen Tag an Deck, auch K[itty]. Schiffsarzt stellt negativen Ausgang der Pocken-Impfung fest und kassiert 6$. – Radiogramm an Kesten (11ᵘ vorm[ittag]) »arriving probably Monday inform Piscator.« – Abends im Musikraum: der »Kapitän«, ein franz[ösischer] Jude namens Urger, der schon mit uns im Hotel Tivoli wohnte, begleitete höchst begabt Grammophon-Musik auf dem Flügel.

14. Februar, Freitag

Wunderbares ruhiges Wetter. Wohlleben. Gegen Abend verlangsamt sich die Fahrt auf die Bermudas zu, weil die 1½ Stunden Verspätung, verursacht durch jenen Rumänen in Lissabon, just die Zeit ausmacht, die nötig gewesen wäre, vor den Abendstunden und Lotsendienstschluß einzulaufen. Wir fahren mit halber Fahrt. Ganz ruhige See.

15. Februar, Samstag

Wir wachen früh auf, gegen 6ᵘ, und sehen durch das Bullauge den Leuchtturm. Mit beginnendem Tag kommen wir der Insel nahe, langgestreckte, leicht hügelige Eilande mit […] flußartigen Meeres-Ei[…]. Wir gleiten an bewohnten Inselteilen vorbei, weiße Häuser mit weißen Dächern, die wie schneebedeckt in der Morgensonne glitzern. Wir halten ziemlich in der Mitte der Hafenbucht. Das Wasser hat das seltsamste Emeraud-Blau-Grün, das ich je sah, helles Jade. An der […] Kriegsschiffe. Ein Motorboot mit etwa sechs englischen Offizieren u[nd] Zollbeamten kommt auf uns zu, gleichzeitig ein Zollkutter. Die Engländer beginnen mit der Schiffsuntersuchung. Die Passagiere werden nach Nationalitäten gruppiert. Wir haben bis gegen 11ᵘ zu warten, bis ich, allein, aufgerufen werde. Im Musiksaal fragt ein engl[ischer] Offizier, ob der Paß in seiner Hand der meine wäre. Ich bejahe und werde wieder hinausgebeten. Nach kurzer Zeit von neuem hineingerufen, komme ich zu einem überaus intelligenten und gut aussehenden Beamten, der mit einer Sekretärin an einem Tischchen sitzt. Die Unterhaltung erfolgt auf meine Bitte französisch. Nach einigen Fragen über meinen Aufenthalt in Frankreich und Italien sagt der Beamte, daß ich ein sehr bekannter Schriftsteller sei, als Autor von Hutchinson auch britischer Autor und erkundigt sich nach meinem letzten Buch, den »Volksfreunden«. Nachdem er sich auch hinsichtlich meines Special-USA-Visum als informiert gezeigt hat, wünscht er mir gute Reise, ohne von mir, wie von allen anderen, eine Prüfung aller schriftlicher Dokumente zu fordern. Diese völlig auszeichnende Haltung ist, außer der verblüffenden Informiertheit der brit[ischen] Dienste, natürlich auch dem Geleitbrief des Amer[ikanischen] Konsuls zuzuschreiben, wohl auch dem britischen Konsular-Sichtvermerk, der nicht, wie bei allen anderen, die ausdrückliche Ablehnung einer Verantwortung für den Inhalt enthielt.

Unmittelbar nach dem Lunch Weiterfahrt und unmittelbar nach Verlassen der Bermudas bewegte See, die sich sehr rasch zu außerordentlich stürmischer Fahrt steigerte. K[itty] verzieht sich rechtzeitig, schon gegen 3ᵘ in die Kabine. Ich bleibe auf Deck und besuche sie nur alle Viertelstunden. Riesige Wellenberge, flüssige [...]gebirge. Ich esse im Dinner-Room und fühle mich als Seebär. K[itty] macht Atemtechnik. Sie leidet, aber kotzt nicht. – Die bewegteste aller Nächte. Bullaugen fest verriegelt. Sturz[...] in kurzen Abständen. Gegen Morgen über unseren Köpfen fürchterlich hämmerndes Ge[...] von schweren Gegenständen, die in Bewegung geraten sind. K[itty] [...] verlangt, daß der Steward den Lärm abstelle ...

Zur Edition

Die Tagebücher befinden sich im Nachlaß Alfred Neumanns in der Handschriftenabteilung der Monacensia, Literaturarchiv der Stadtbibliothek München. Es handelt sich um ein kleinformatiges Ringbuch und ein Schreibheft. Die hier erstmals vollständig veröffentlichten Aufzeichnungen sind die einzigen Tagebücher im Nachlaß von Alfred Neumann.

Zwei Tageseintragungen, der 11. und 12. Januar 1941, wurden 1979 in einem von Guy Stern herausgegebenen und kommentierten Auswahlband teilweise unveröffentlichter Texte von Neumann ediert.[254] Dabei handelt es sich jedoch um eine von Alfred Neumanns Frau Kitty umgearbeitete Fassung. Das Typoskript dieser Fassung mit dem Titel »Aus Alfred Neumanns Tagebüchern« befindet sich ebenfalls in Neumanns Nachlaß.

Kitty Neumann hat teilweise so stark in die Aufzeichnungen ihres Mannes eingegriffen, daß es sich in manchen Passagen um einen eigenständigen literarischen Text handelt.

[254] Guy Stern (Hrsg.), Verschollene und Vergessene. Alfred Neumann. Eine Auswahl aus seinem Werk. Wiesbaden 1979.

So hat sie nicht nur Kürzungen vorgenommen, sondern zahlreiche Stellen, die sich in ihren eigenen Erinnerungen anders abgespielt haben, großzügig ergänzt und umgeschrieben. Ihre eigenen Ergänzungen wurden dabei immer aus der Perspektive Alfred Neumanns formuliert.

Eine für den Leser interessante und aufschlußreiche Ergänzung Kitty Neumanns wurde in den Kommentar übernommen, ebenso ein Abschnitt aus ihren Aufzeichnungen zur Ankunft in New York. Da Alfred Neumanns Niederschrift zwei Tage vor dem Erreichen der USA endet, soll damit das Bild ihrer Flucht abgerundet werden.

Die Schreibweise und Zeichensetzung Neumanns wurde nicht angetastet. Durch seine Eigenheit, fremdsprachige Ausdrücke aus dem Englischen und Französischen durch Großschreibung und unter Weglassung von Akzenten einzudeutschen, entstanden bisweilen eigenwillige Wortschöpfungen. Eine Bearbeitung erschien nicht sinnvoll, da der mehrsprachige Charakter des Tagebuches dadurch beeinflußt worden wäre. Dazu gehört auch, daß Neumann in seiner Schreibung nicht konsequent verfahren ist, so daß es bei manchen Worten oder Eigennamen zu zwei bzw. drei verschiedenen Schreibweisen kam.

Offensichtliche Rechtschreibfehler sowie Schreibfehler wurden berichtigt. Abkürzungen von Wörtern, Personen- und Eigennamen wurden in eckigen Klammern ergänzt. Ebenso sind unleserliche Stellen in eckige Klammern gefaßt.

Frank Berninger

Kommentar

15. Oktober 1940
Kitty – Katharina Neumann (1903–1979), Frau Alfred Neumanns und Tochter des Verlegers Georg Müller, in dessen Verlag Alfred Neumann in den Jahren 1913 bis 1918 als Lektor arbeitete. Heirat 1924.

seit dem Abschluss der VOLKSFREUNDE im März – Der Roman *Volksfreunde* ist der abschließende Band einer Trilogie Neumanns über das 19. Jahrhundert in Frankreich. Der erste Band *Neuer Caesar* war 1934, der zweite Band *Kaiserreich* 1936 im Allert de Lange Verlag, Amsterdam erschienen. Die *Volksfreunde* befanden sich bereits in Druck, als die deutsche Wehrmacht im Mai 1940 die Niederlande überfiel. Zu einer deutschsprachigen Veröffentlichung kam es nicht mehr. Der Roman erschien erstmals unter dem Titel *The friends of the people* 1940 in London. Erst im Todesjahr Neumanns 1952 kam es unter dem neuen Titel *Das Kind von Paris* zu einer deutschen Ausgabe im Verlag Kiepenheuer & Witsch, Köln.

Ms. des TOLERANZ-Romans – gemeint ist vermutlich der Roman *Franziscus oder die Versöhnung*, den Neumann in seinem Domizil in Fiesole begonnen hatte und an dem er mit Unterbrechungen bis weit hinein in die vierziger Jahre immer wieder arbeitete. Der Roman blieb Fragment.

sauf-conduit – nach Kriegsausbruch für Ausländer erforderliche Genehmigung der französischen Militärbehörden, sich in Frankreich frei bewegen zu dürfen.

Sp[eyer] – Der Schriftsteller Wilhelm Speyer (1887–1952) emigrierte 1933 nach Österreich und im Mai 1938 weiter nach Südfrankreich; bis 1941 lebte er in Nizza; dann Flucht in die USA; erfolgreicher Schriftsteller der Weimarer Republik; bekanntes Jugendbuch *Der Kampf der Tertia*.

Hardekopf und die arme Frau Staub – Ferdinand Hardekopf (1876–1954), frühexpressionistischer Lyriker und Erzähler, Kontakt zum Aktionskreis und zu dadaistischen Kreisen; übersetzte aus dem Französischen zahlreiche Werke von André Gide, André Malraux, Jean Giono. Mit seiner Lebensgefährtin, der Schauspielerin Sita Staub, ging er ins Tessin und schließlich nach Frankreich, dort bei Kriegsausbruch Internierung, nach dem Krieg in der Schweiz.

16. Oktober 1940
dem Regisseur SIODMAC – Robert Siodmak (1900–1973), dt.-amerikanischer Filmregisseur. Seit 1929 bei der Ufa; emigrierte im April 1933 nach Paris, mehrere Regiearbeiten in Frankreich; die Zusammenarbeit mit Ödön von Horvath für eine Verfilmung von *Jugend ohne Gott*, wird durch dessen jähen Tod gestoppt; 1939 in die USA; Durchbruch in Hollywood ab 1943. Nach einer Idee Siodmaks schrieb Neumann 1942 das Drehbuch für den Film *Conflict* mit Humphrey Bogart und Alexis Smith in den Hauptrollen.

18. Oktober 1940
Lisel Fr[ank] – Liesl Frank (1903–1979), Frau des Schriftstellers Bruno Frank und Tochter von Fritzi Massary; Exil in Südfrankreich, dann USA; durch ihre Arbeit für das *Emergency Rescue Committee* in New York war Lisel Frank gemeinsam mit Erika Mann, Hermann Kesten und Thomas Mann maßgeblich an der Rettung zahlreicher deutscher Emigranten beteiligt.

Felix Klein – gehörte zum Kreis der deutschsprachigen Emigration in Nizza.

19. Oktober 1940
Kurt Wolff – Der Verleger Kurt Wolff (1887–1963) verbrachte die Zeit von Ende 1933 bis Anfang 1935 in Nizza; dann Exil in Italien; Rückkehr nach Frankreich im August 1938; nach der Internierung in mehreren Lagern in Frankreich bemühte er sich ab August 1940 von Nizza aus um seine Ausreise in die USA.

Der kleine Hönig – Dr. Hönig gehörte zum Kreis der deutschsprachigen Emigration in Nizza.

Zoff – Otto Zoff (1890–1963), Romanautor und Dramatiker, arbeitete als freier Schriftsteller, Lektor und Dramaturg, ging 1933 nach Italien und von dort 1938 nach Nizza. Seine 1968 posthum veröffentlichten *Tagebücher aus der Emigration (1939–1944)* sind ein aufschlußreiches Zeugnis des Exils. Aufgrund der teilweise identischen Orts- und Zeitumstände lesen sie sich abschnittsweise wie ein Pendant zu den Aufzeichnungen Alfred Neumanns.

22. Oktober 1940
Centre Américain de Secours – Büro Varian Frys in der Innenstadt von Marseille. Von hier aus koordinierte er zum Teil seine Rettungsaktionen für verfolgte Emigranten.

Hans Sahl – Der Schriftsteller Hans Sahl (1902–1993) emigrierte 1933 nach Prag und über Zürich schließlich nach Paris, dort nach Kriegsausbruch Internierung, Flucht nach Marseille; dort zeitweise Mitarbeiter Varian Frys, mit dessen Hilfe er im Frühjahr 1941 in die USA fliehen konnte. In seinem Roman *Die Wenigen und die Vielen* und im zweiten Teil seiner Memoiren *Das Exil im Exil* beschreibt er seine Exiljahre in prägnantem und anschaulichem Stil.

Mr. Fry – Varian Fry (1907–1967).

Mehring – Walter Mehring (1896–1981).

Redakteur Dispeker – vermutlich der Kasseler Journalist Sigmund Dispecker, der sich in dieser Zeit als Flüchtling in Marseille aufhielt.

23. Oktober 1940
M. Vassar, dem Géront von Edouard – M. Vassar wurde in Neumanns Bemühen um eine legale Ausreise aus Frankreich zu einem wichtigen Helfer. Aufgrund des Zusatzes »Géront« gehörte Vassar wohl zu einem älteren Mitarbeiterstamm des Industriellen Edouard Heusch (vgl. auch Einträge vom 11. und 12. Januar 1941).

24. Oktober 1940
Eva L[andshoff] – Eva Landshoff (1909–1979), geschiedene Frau des Verlegers Fritz H. Landshoff.

26. Oktober 1940
K[uno] Kocherthaler-Madrid – einflußreicher Freund Neumanns aus einer deutsch-jüdischen Industriellenfamilie in Madrid; er unterstützte nicht nur Alfred Neumann, sondern unter anderem auch Kurt Wolff maßgeblich bei der Beschaffung von Durchreisevisa durch Spanien und Portugal.

27. Oktober 1940
Professor Pringsheim – Der Physiker Peter Pringsheim (1881–1963), Bruder von Katia Mann.

Kritiker Paul Westheim – Paul Westheim (1886–1963), dt. Kunsthistoriker, vor 1933 Herausgeber der Zeitschrift *Das Kunstblatt*, Exil in Frankreich, ab 1941 in Mexiko.

29. Oktober 1940
später Herr Do[h]rn, ein feister, gescheiter, junger Mann, Sohn oder Enkel des großen Neapel-Do[h]rn – gemeint ist vermutlich Klaus Dohrn (1909–?). Der deutsche Journalist Dohrn ging 1933 ins Exil nach Österreich und schloß sich dort katholisch-konservativen und legitimistischen Kreisen an; Mitherausgeber der Zeitschriften *Der österreichische Ständestaat* und *Österreichische Post*; enge Verbindung zu Otto von Habsburg; verkehrte in Paris häufig mit Joseph Roth; 1941 mit Hilfe von Varian Fry Flucht über die Pyrenäen; in Spanien inhaftiert; durch die Intervention Otto von Habsburgs aus der Haft entlassen, konnte er im Dezember 1942 von Lissabon nach New York ausreisen. Eine verwandtschaftliche Beziehung zu Anton Dohrn (1840–1909), Gründer der Zoologischen Station Neapel, konnte nicht nachgewiesen werden.

Préjean – Albert Préjean (1898–1979), franz. Schauspieler.

2. November 1940
Raimu – eigentlich Jules Muraire (1883–1946), franz. Schauspieler.

5. November 1940
Kesten – Hermann Kesten (1900–1996); Schriftsteller und Verlagsleiter; von 1927–1933 Lektor im Gustav Kiepenheuer Verlag; 1933–1940 Leiter der deutschsprachigen Abteilung des Exilverlages Allert de Lange, Amsterdam; ab 1940 in den USA; dort Arbeit für das *Emergency Rescue Committee*; wichtige Integrationsfigur des deutschsprachigen Exils.

10. November 1940
Theodor Wolff – Theodor Wolff (1868–1943), bis 1933 Chefredakteur des *Berliner Tagblatt*, Exil in Nizza, wurde im Mai 1943 ins Konzentrationslager Oranienburg deportiert und starb an den Folgen einer Infektionskrankheit am 16. September 1943.

12. November 1940
Helene Wolff – Helen Wolff (1906–1994), Frau des Verlegers Kurt Wolff, Heirat 1933 in London, Verlegerin.

14. November 1940
mein Buch »Coup d'Etat« – *Le Roman d'un coup d'etat* erschienen 1934 bei Stock, Paris. Französische Ausgabe von Neumanns ebenfalls 1934 bei Allert de Lange erschienenem Buch *Neuer Caesar*.

15. November 1940
jener […] Über-Arzt von San Michele – Der schwedische Arzt Axel Munthe schrieb 1929 das *Buch von San Michele*, in dem er seine Erlebnisse auf der italienischen Insel Capri schildert.

18. November 1940
Zoff, der mir aus seinem Tagebuch eine Entgegnung auf meine Carossa-Kritik vorlas – die Eintragung in Otto Zoffs Tagebuch vom 14. November lautet:
»Gespräch mit Alfred Neumann über Carossa. Was er gegen Carossa sagt, ist richtig, aber rein rational gesehn – und geht daher wohl doch vorbei. Ehrlichkeit und Anständigkeit der Zeit gegenüber ist auch Goethes Stärke nicht: was er in Huldigungsgedichten an Monarchen ausspricht, ist glatt gelogen. Humboldt erzählt in den Briefen an seine Frau, wie Goethe, der eben noch nie ohne das Band der Ehrenlegion ausging, dieses sofort nach 1813 ablegte und sich bemühte, von Metternich einen österreichischen, von Humboldt einen preußischen Orden zu erhalten. Es ist das Schändlichste vom Schändlichen, was der alte Geheimrat da treibt, und Humboldt ist im vollen Recht – er als stets Gesinnungstreuer – Goethe zu mißtrauen. Auch Börne braucht man da bloß nachzulesen; und auch Börne hat mit jeder dieser prächtigen Zeilen seines Anti-Goethe recht. Und trotzdem. Es ist etwas an Goethe, das ihn zwar nicht unserm Mißtrauen enthebt, – das haben auch wir Nachfahren noch gegen ihn – aber trotzdem nicht unserer allergrößten Schätzung. Die unerhörte Treue den Geheimnissen des Lebens gegenüber macht es vielleicht begreiflich, daß der Sinn für die Anständigkeit der Zeit gegenüber schwach ist. Besonders der Lyriker ist nie ein anständiger Mensch; er gibt sich hin, das ist stets unmännlich, und daher bedenklich. Botticelli, der von den Mediceern wie ein Schoßhündchen verwöhnt wurde, malt

für die Savonarola-Regierung riesige Fresken an den Außenfassaden, die die Hinrichtung der Mediceer-Anhänger feiern und propagieren. Aber Botticelli hatte die Anständigkeit, seiner Vision vom Frühling und von der weiblichen Grazie unbedingt treu zu bleiben. Hätte man Schubert einer Gesinnungsprobe aussetzen dürfen? Hierin, daß Neumann also Carossa den großen Schriftsteller nennt, und keinen Dichter, bin ich rein entgegengesetzter Ansicht. Das Schriftstellertum, vom Gehirn kontrolliert, ist der Realität gegenüber zu strengster Gewissenhaftigkeit verpflichtet – und ist es ein großer Schriftsteller, eben wie jener Börne, oder wie Montaigne etc. – so ist diese selbstverständlich mit dem Talent da. Der Dichter? Er ist schwer zu fassen. Gar nicht zu messen. Entschieden war Verlaine ein Scheusal.« (Zoff, Tagebücher, S. 92f.)

21. November 1941
Alp[es] Mar[itimes] – französisches Département an der südostfranzösischen Küste.

15. Dezember 1940
Sureté – französische Geheimpolizei.

21. Dezember 1940
Schwierigkeitsursache, daß ich nicht im Camp gewesen sei – Alfred Neumann wurde von den Internierungen »feindlicher Ausländer« nach Kriegsausbruch 1939 und nach dem Angriff Deutschlands auf Frankreich im April 1940 verschont. Beide Male intervenierte zu seinen Gunsten M. Roland de Margerie, der verschiedene Stellen im französischen Verteidigungs- bzw. Kriegsministerium innehatte. Die Einflußnahme Margeries auf den Polizeipräfekten von Nizza ist in Briefen im Nachlaß Neumanns überliefert. Nach dem Waffenstillstand im Juni 1940 änderten sich noch einmal die politischen Vorzeichen. Jeder, der nicht in Besitz von Entlassungspapieren aus einem Internierungslager war, jedoch einer Nationalität angehörte, die von den Internierungen betroffen war, mußte als verdächtig erscheinen.

24. Dezember 1940
Dr. V[erzeanu], Mitarbeiter Mr. Frys aus Marseille – im Dezember 1941 suchten Varian Fry und Marcel Verzeanu einige Schriftsteller und Künstler im Raum Nizza auf, um mit ihnen über eine mögliche Flucht aus Frankreich zu beraten. Neben Neumann besuchten sie unter anderem Valeriu Marcu, Theodor Wolff, Henri Matisse, André Malraux und André Gide.

25. Dezember 1940
Schwierigkeit der Diskretion – der von Verzeanu näher gebrachte, konkrete Plan, illegal aus Frankreich auszureisen, durfte auf keinen Fall nach außen getragen. Alfred und Kitty Neumann wurden dazu angehalten, die Art ihrer möglicherweise bevorstehenden Ausreise, selbst gegenüber Freunden und Bekannten zu verschweigen.

28. Dezember 1940
der Plan ist nicht ohne große Schwierigkeit und Strapaze – Kitty Neumann schrieb in ihren Aufzeichnungen: »Der Plan des Schwarzübergangs war folgender: Wir sollen morgen früh mit dem Zug sofort an die französisch-spanische Grenze, (ein kleiner Ort Nähe

Cerbère) und da am Bahnhof aussteigen, links rausgehen (ja nicht auf der rechten Seite), Gepäck beim Spediteur weiterbefördern lassen, dann zurück zum Bahnhof, mit nächstem Zug eine Station zurückfahren. In diesem kleinen Ort ist nur ein kleines Gasthaus, dort sollen wir absteigen, (der Inhaber des Gasthauses ist der Bürgermeister vom Ort, er ist orientiert durch Mr. Fry) Wir dürfen weder mit ihm noch mit irgendeinem sprechen. Am selben Abend acht Uhr ans Meer (Plan lag bereit), kleines Haus dreimal klopfen, dann macht ein junger Mann auf, der wird Ihnen alles weitere sagen, und begleitet Sie am anderen Tag. Sie müssen früh um 5 Uhr aufstehen und in einfacher Kleidung, die Frau möglichst mit Kopftuch, ohne Handtasche oder Handtasche verstecken, Sie müssen so durchs Dorf wie Bewohner des Dorfes oder der Umgebung. Dann müssen Sie über einen Berg, der junge Mann begleitet Sie bis zum Kamm, Sie werden wohl 5 Stunden zu gehen haben. Am Kamm verlässt Sie der junge Mann und Sie müssen nun den Berg hinuntersteigen. (Ich muss Ihnen sagen, es ist nicht ungefährlich, es sind bereits einige abgestürzt, Sie dürfen ja nur zu zweit gehen und zur Zeit ist viel Schnee und Eis.) Nach ein paar Stunden sehen Sie ein kleines Häuschen mit Licht, das ist die spanische Kontrolle, da zeigen Sie Ihren Pass, den Sie ja wohl haben, ohne Pass werden Sie eingesperrt. Also Pass mitnehmen. Sie können dann ohne weiteres weiterfahren nach Barcelona. Diese Tour war für uns beide unmöglich.«

Bei der hier detailliert beschriebenen Fluchtroute handelt es sich um die sogenannte F-Route von Lisa und Hans Fittko.

31. Dezember 1940
Wir waren dann abends bei Zoffs – Otto Zoff schrieb über diesen Abend mit Neumann in sein Tagebuch: »Kurz, nachdem ich diese Zeilen geschrieben, läutete es, und Neumanns standen vor uns, die wir in der Eisenbahn quer durch Spanien dachten. Es ging ihnen wieder einmal alles schief. Zum ersten Mal sah ich ihn konsterniert.« (Zoff, Tagebücher, S. 103)

5. Januar 1941
Teufel – Der Roman *Der Teufel*, erschienen 1926, wurde in 23 Sprachen übersetzt und war einer der erfolgreichsten Romane der Weimarer Republik. Neumann erhielt für den Roman den Kleistpreis.

10. Januar 1941
Der Kuoni-Marsans-Interpret hält mich mehr auf – Kuoni und Marsans sind Reisebüros, die Neumann vor und während seiner Flucht aufsuchte. »Interpret« hier wohl im Sinne der französischen Wortbedeutung für Dolmetscher. Womöglich ein Wörterbuch oder eine Übersetzungshilfe.

11. Januar 1941
Edouard H[eusch] – Mitglied der Industriellenfamilie Heusch.

12. Januar 1941
des verstorbenen Edi Heusch – eigentlich Eduard Hugo Heusch, Firmengründer der Nadelfabrik »La Metalurgica Española« (LME) in Barcelona, er starb 1937.

Barry in weiß – Barry, der Hund Alfred Neumanns in Florenz, war ein schwarzer Mischling.

25. Januar 1941
Patriot – Mit dem Roman *Der Patriot* gelang Neumann 1925 der literarische Durchbruch.

26.–31. Januar 1941
Freitag Telegramm von K[urt] W[olff], daß er alles habe außer Sortie – Otto Zoff schrieb am 27. Januar in sein Tagebuch: Gestern kam Kurt Wolff an, um mir zu erzählen, daß ihm Kochertaler aus Madrid telegraphiert, sein Visum sei akkordiert. So sehr ich mich für ihn freue, so sehr frage ich mich, wieso dieselbe Kombination, Neumann und Kochertaler, am selben Tag geknüpft, bei mir nicht funktioniert hat, und ob Gründe dafür vorliegen, daß ich das Visum nicht bekomme. Sehr beunruhigt.« (Zoff, Tagebücher, S. 107). Zoff erreichte am 22. Februar 1941 Lissabon und am 27. März New York.

9. Februar 1941
Nachricht vom Tode Lanyis, der auf dem von den Nazi torpedierten kand]ischen] Dampfer war – Bereits im September 1940 war das kanadische Schiff *City of Benares* auf der Überfahrt nach Amerika von deutschen U-Booten torpediert und versenkt worden. Der ungarische Kunsthistoriker Jenö Lányi, der seit 1939 mit Thomas Manns Tochter Monika verheiratet war, kam dabei ums Leben.
Rud[olf] Olden mit Fam[ilie] – Rudolf Olden (1885–1940), vor 1933 Redakteur des *Berliner Tagblatts* und Hauptverteidiger im Hochverratsprozeß gegen Carl von Ossietzky, floh 1933 in die Tschechoslowakei, ab 1934 in Paris, dann London; Mitarbeiter zahlreicher Exilzeitschriften. Er starb gemeinsam mit seiner Frau auf der Überfahrt nach Amerika.
Moni[ka] [Mann] – Monika Mann (1910–1992), die die Katastrophe wie durch ein Wunder überlebte, litt in der Folgezeit unter schwersten Depressionen.

Mädi M[ann], 22 jährig, hat Prof[essor] Borgese, 57 jähr[ig], geheiratet und bereits ein Kind – Thomas Manns Tochter Elisabeth (1918-2002) und der Historiker Guiseppe Antonio Borgese (1882–1952) hatten am 23. November 1939 geheiratet. Ihre gemeinsame Tochter Angelica kam im November 1940 zur Welt.
Bibi von seiner kleinen Schweizerin ebenfalls. – Michael Mann (1919–1977), genannt Bibi, hatte im März 1939 die Schweizerin Gret Moser geheiratet. Ihr Sohn Frido Mann wurde am 31. Juli 1940 geboren.

15. Februar 1941
als Autor von Hutchinson auch britischer Autor – im Londoner Verlag *Hutchinson* veröffentlichte Neumann in den dreißiger Jahren mehrere Titel in englischer Übersetzung.
der Steward den Lärm abstelle … – hier endet das Tagebuch Alfred Neumanns, zwei Tage vor der Ankunft in Amerika. Vermutlich einige Tage oder Wochen nach dem Eintreffen in New York hat Kitty Neumann die Aufzeichnungen in Alfred Neumanns Schreibheft fortgeführt. Aus diesen Notizen gestaltete sie nach Neumanns Tod den Abschluß der oben bereits erwähnten Umarbeitung der Tagebücher, bei der es zu einer Vermischung ihrer eigenen Beobachtungen und Aufzeichnungen mit denen von Alfred Neumanns kam. Zum 17. Februar 1941 schrieb Kitty Neumann: »Nähern uns N[ew] Y[ork]. Es beginnt sehr kalt zu werden, Schnee u[nd] Regen. Meer ruhiger. Ich ziehe mich an, packe und gehe auf Deck,

eingehüllt in Wolle, was ich hatte. – Dort standen wir herum, denn alle Liegestühle waren zusammengelegt und zusammengebunden w[ie] die Sofas in den Salons und Räumen waren für ältere Leute und Kranke. So stand ich von 2 bis 7^{u}, bis wir in N[ew] Y[ork] ankamen, Es waren viel Notizen zu Vernehmungen und Schreibereien zu machen, die Amerikaner (Police etc.) waren am Schiff und machten Prüfungen auf Herz u[nd] Nieren. Man sah, daß man sich einem Hafen nähert, denn man sah da und dort ein Schiff. Auf einmal tauchte N[ew] Y[ork] auf, einige Lichter, je näher man kam u[nd] je später es wurde um so mehr Lichter sah man und da,- […] N[ew] Y[ork], die Wolkenkratzer – die tollste Stadt der Welt! Man vergaß alles, die Krankheit, das Müdesein, sogar die tolle Zeit in Frankreich. – Da, New York! – Alles war begeistert u[nd] bekam vor Glück, gerettet zu sein, Tränen in die Augen. Man umarmte sich und küßte sich zu, sprach kein Wort vor Glück. Jeder fühlte – ich bin aus der Hölle gerettet! – Da plötzlich war das Schiff ganz langsam, und langsamer, es stand fast, noch ein paar Rucke und es stand, man hörte Ketten rasseln, das Runterlassen der Brücken, schon das Geschreie der Ankommenden, die Vater, Mutter oder Bruder oder Schwester oder Kind oder sonst Verwandte und Freunde da sahen, die sie erwarteten. Es war ein Lachen, Weinen, Winken, – umarmen, halten, küssen, – Photographen stürzten rein ins Schiff – alles wollte zuerst aus dem Schiff. Wir dachten, wer soll auf uns warten! Ich wollte nur, meine Mutter könnte sehen, wie glücklich ich jetzt in Amerika lande. – Da plötzlich ein Schrei, Kitty, Alfred, ein Winken – Erwin Piscator und sagte, Alfred Erwin ist da. – Wir kamen vom Schiff und sahen, daß noch mehr da waren. Frau Zuckmayer und diverse (Frank, die mit in St. Paul de Feu. war etc. – eine Geschichte für sich). Gott war ich müde, aber in diesem Moment vergaß ich es, […]«

F. B.

Anhang

Editorische Notiz

Bis auf wenige Ausnahmen lagen die hier abgedruckten Briefe und Dokumente den Herausgebern im Original vor. Sie stammen zum größten Teil aus den Beständen der Monacensia, Stadtbibliothek München. Einen weiteren Kern bilden Materialien des Deutschen Exilarchivs der Deutschen Bibliothek, Frankfurt am Main, die den Bestand in einigen Themenbereichen maßgeblich ergänzten.

Der Nachweis des jeweiligen Aufbewahrungsorts befindet sich in den Fußnoten. Briefe, die bereits früher veröffentlicht wurden, sind – soweit bekannt – unter Angabe der entsprechenden Publikation verzeichnet. In Fällen, in denen eine vorhandene Transkription vom Original abweicht, wurde das Original verwendet.

Die Herausgeber haben sich entschieden, alle Briefe und Dokumente in ihrer Originalsprache zu veröffentlichen. Die besondere Situation des Exils, der Sprachverlust, das Schreiben in einer fremden Sprache, die Kontakte im jeweiligen Exilland, vor allem aber die Hilfsbemühungen von außen spiegeln in unvergleichlicher Weise die Lebensbedingungen der Emigranten wider.

Diesem Gedanken folgt auch die Darstellung der Briefe. Es wurden Anschriften der Briefempfänger und -absender ebenso übernommen wie Orts- und Institutionsangaben aus vorgedruckten Briefköpfen, da hier Ort und Ausgangspunkt des Schreibens besonders zum Ausdruck kommen.

Hervorhebungen der Briefschreiber (Unterstreichungen und Sperrungen) wurden einheitlich durch Kursive wiedergegeben. Erschlossene Daten und andere Zusätze der Herausgeber wurden in eckige Klammern gesetzt (zum Beispiel fehlende Unterschriften bei maschinenschriftlichen Durchschlägen). Wenn Bezüge zum erzählten Sujet nur schwer herstellbar waren und den Lesefluß empfindlich gestört hätten oder eine weitergehende Kommentierung erforderlich gewesen wäre, wurden die Briefe gekürzt. Die Kürzungen wurden durch eckige Klammern kenntlich gemacht.

Orthographie und Interpunktion der Originalbriefe wurde gewahrt. Lediglich offensichtliche Schreibversehen, wie vertauschte Buchstaben bei maschinenschriftlichen Durchschlägen, oder Flüchtigkeitsfehler, wie falsche Endungen oder vergessene Buchstaben, wurden durchgehend korrigiert. Nicht korrigiert wurden Eigenheiten der Briefschreiber, die als Charakteristika anzusehen sind. Die editorischen Richtlinien zum Tagebuch von Alfred Neumann sind im Anhang zu diesem Dokument angegeben.

Unser herzlicher Dank gilt:

CATHERINE STODOLSKY für die Photos von Lisa Fittko und für viele Hinweise, INGEBORG LÜSCHER und UNA SZEEMANN für die »Boîte-en-valise«, DETLEF GOS-SELCK für die Zeichnungen von Lou Albert-Lasard, GEORG P. SALZMANN für die großzügige Leihgabe zahlreicher Erstausgaben aus seinem Dokumentations- und Forschungsarchiv 10. Mai 1933, RETO FEURER für die Bereitstellung von Erstausgaben aus den Beständen seines Antiquariats, JÖRG BUNDSCHUH für die Varian Fry Photos und den Film »Villa Air Bel«, MECHTHILD BORRIES-KNOPP, Villa Aurora-Foundation for European-American Relations, Pacific Palisades, für die großzügige Überlassung der Materialien zu Sanary und Feuchtwanger, HEINZ J. KUZDAS für die Materialien der »Villa Aurora«-Ausstellung, GERHARD SCHUSTER für Ratschläge und Bücher, RAHEL FEILCHENFELDT für das Photo von Marianne Breslauer, VINCENT SCHNEEGANS für die Photos aus Sanary, CAMILLE BONDY für die Freigabe der Photos von Walter Bondy, NICOLA PIENING und TOBIAS WITTENBORN für die Gestaltung der Ausstellung, KATHARINA KUHL-MANN und OTTO DZEMLA für die graphische Umsetzung, URSULA HUMMEL und GABRIELE WEBER aus der Handschriftenabteilung der Monacensia, SYLVIA AS-MUS vom Deutschen Exilarchiv, Die Deutsche Bibliothek Frankfurt am Main, HERBERT WOYKE für wertvolle Hinweise, SYLVIA SCHÜTZ für Organisatorisches, STEFANIE SEILER für konkrete Hilfe, VERENA VON ESSEN für aktivste Anteilnahme und Unterstützung, ESTHER VOSWINCKEL für kompetente Mithilfe.

Bildnachweis

Aus: Billy Klüver / Julie Martin, Kiki's Paris, New York 1994: S. 14
Monacensia Literaturarchiv, Stadtbibliothek München: S. 15, 20, 36, 39, 51, 77, 92, 132, 222
Aus: Sybille Bedford, Aldous Huxley, New York 1974: S. 16
Deutsches Literaturarchiv, Marbach a. N.: S. 17, 66 unten, 69, 70, 116
Aus: Lew Hohmann, Friedrich Wolf, Berlin 1988: S. 61, 122
Aus: Sur les pas des Allemands et des Autrichiens en exil à Sanary, Sanary 2004: S. 66 oben
Feuchtwanger Memorial Library, University of Southern California: S. 68
Villa Aurora, Pacific Palisades: S. 71, 74 (Rechte Camille Bondy), 114, 138, 198,
Deutsches Exilarchiv 1933-1945, Die Deutsche Bibliothek Frankfurt a. M.: S. 99, 107, 168
Aus: Jürgen Serke, Böhmische Dörfer, Wien 1987: S. 103
Aus: Oliver Hilmes, Witwe im Wahn, München 2004: S. 115
Rahel Feilchenfeldt, München: S. 121 oben
Aus: S. und Ph. Reliquet, Henri-Pierre Roché, Paris 1999: S. 121 Mitte
Aus: Manfred Flügge, Letzte Heimkehr nach Paris, Berlin 1989: S. 121 unten
Stadtarchiv Mannheim: S. 125
Aus: Gabriele Mittag, Gurs, Berlin 1990/91: S. 129
Aus: Doris Obschernitzki, Letzte Hoffnung - Ausreise, Teetz 1999: S. 134
Aus: Emmerich/Radvanyi/Wagner, Anna Seghers,
Berlin und Weimar 1994: S. 140
Catherine Stodolsky, München: S. 151, 180
Jörg Bundschuh, München: Umschlagbild, S. 153, 154, 159, 187, 188, 211, 212
Bayerische Staatsbibliothek, München: S. 173
Aus: Varian Fry. Mission américaine de sauvetage des intellectuels anti-nazi.
Marseille 1940-1942, Arles 1999: S. 189, 200, 204
Aus: Thea Sternheim, Tagebücher, Band 2: 1925-1936, Göttingen 2002: S. 190
Aus: Ecke Bonk, Marcel Duchamp: Die große Schachtel, München 1989: S. 201

Quellen und Literatur

I. Unveröffentlichte Quellen

1. Archive und Dokumentationszentren

Deutsche Bibliothek, Frankfurt am Main
American Guild for German Cultural Freedom
Emergency Rescue Committee

Stadtbibliothek München. Monacensia
Archiv Hermann Kesten
Archiv Annette Kolb
Archiv Erika Mann
Archiv Klaus Mann
Archiv Alfred Neumann

2. Private Nachlaßsammlungen

Sammlung Helen Hessel, Ulrike Voswinckel

II. Veröffentlichte Quellen

1. Buchveröffentlichungen des deutschsprachigen Exils in Südfrankreich. Eine Auswahl an Werken, die teilweise im südfranzösischen Exil entstanden oder aus diesem hervorgegangen sind

Asch, Schalom
- Kinder in der Fremde. Deutsch von Siegfried Schmitz. Amsterdam, Verlag Allert de Lange, 1935.
- Der Krieg geht weiter. Deutsch von Siegfried Schmitz. Amsterdam, Verlag Allert de Lange, 1936.
- Gesang des Tales. Deutsch von Siegfried Schmitz. Amsterdam, Verlag Allert de Lange, 1938.
- Der Nazarener. Aus dem Englischen von Paul Baudisch. Stockholm, Bermann-Fischer Verlag, 1940.

Blei, Franz
- Zeitgenössische Bildnisse. Essays. Amsterdam, Verlag Allert de Lange, 1939.

Bruckner, Ferdinand
- Mussia. Erzählung eines frühen Lebens. Amsterdam, Verlag Allert de Lange, 1935.

Brügel, Fritz
- Die Gedichte des Ephistenes. Zürich, Europa Verlag, 1940.

Drach, Albert
- Das große Protokoll gegen Zwetschkenbaum. München/Wien, Langen-Müller Verlag, 1964.

Feuchtwanger, Lion
- & Zweig, Arnold: Die Aufgabe des Judentums. Paris, Europäischer Merkur, 1933.
- Die Geschwister Oppenheim. Roman. Amsterdam, Querido Verlag, 1933
- Marianne in Indien und andere Erzählungen. Paris, Europäischer Merkur, 1934.
- Die Söhne. Amsterdam, Querido Verlag, 1935.
- Der falsche Nero. Roman. Amsterdam, Querido Verlag, 1936.
- Stücke in Prosa. Amsterdam, Querido Verlag, 1936.
- Moskau 1937. Ein Reisebericht für meine Freunde. Amsterdam, Querido Verlag, 1937.
- Zwei Erzählungen. Moskau, Meshdunarodnaja Kniga – Das internationale Buch, 1938.
- Exil. Roman. Amsterdam, Querido Verlag, 1940.
- Unholdes Frankreich. Mexico, El libro libre, 1942.
- Der Tag wird kommen. Roman. Stockholm, Bermann-Fischer Verlag, 1945.

Frank, Bruno
- Cervantes. Ein Roman. Amsterdam, Querido Verlag, 1934.

Gumbel, Emil Julius
- (Hrsg.). Freie Wissenschaft. Ein Sammelbuch aus der deutschen Emigration. Straßbourg, Sebastian Brant Verlag, 1938.

Hasenclever, Walter
- Münchhausen. Hamburg, Horst Büssow Theaterverlag, 1952.
- Gedichte, Dramen, Prosa. Reinbek bei Hamburg, Rowohlt, 1963.
- Irrtum und Leidenschaft. Berlin, Universitas Verlag, 1969.

Joachim, Hans A.
- Die Stimme Victor Hugos. Hörspiel. Mit einem Nachwort von Heinrich Mann. Paris, Editions du Phénix, 1935.

Kantorowicz, Alfred
- In unserem Lager ist Deutschland. Reden und Aufsätze. Paris, Editions du Phénix, 1936.
- Spanisches Tagbuch. Berlin, Aufbau Verlag, 1948.

Kesten, Hermann
- (Hrsg.). Novellen deutscher Dichter der Gegenwart. Amsterdam, Verlag Allert de Lange, 1933.
- Der Gerechte. Roman. Amsterdam, Verlag Allert de Lange, 1934.
- Ferdinand und Isabella. Roman. Amsterdam, Verlag Allert de Lange, 1936.

Kisch, Egon Erwin
- Landung in Australien. Amsterdam, Verlag Allert de Lange, 1937.

Koestler, Arthur
- Darkness at noon. London, Cape, 1940.
- Scum of the earth. London, Cape, 1941 bzw. New York, Macmillan 1941.

Kolb, Annette
- Mozart. Wien, Bermann-Fischer Verlag, 1937.
- Festspieltage in Salzburg. Amsterdam, Verlag Allert de Lange, 1937.
- Franz Schubert. Stockholm, Bermann-Fischer Verlag, 1941.

Mahler-Werfel, Alma
- Gustav Mahler. Erinnerungen und Briefe. Amsterdam, Verlag Allert de Lange, 1940.

Mann, Erika
- Muck, der Zauberonkel. Basel, Philographischer Verlag, 1934.

Mann, Heinrich
- Der Haß. Deutsche Zeitgeschichte. Amsterdam, Querido Verlag, 1933
- Heinrich Mann und ein junger Deutscher. Der Sinn dieser Emigration. Paris, Europä-
  ischer Merkur, 1934.
- Die Jugend des Henri Quatre. Roman. Amsterdam, Querido Verlag, 1935.
- Es kommt der Tag. Deutsches Lesebuch. Zürich, Europa Verlag, 1936.
- Die Vollendung des Königs Henri Quatre. Amsterdam, Querido Verlag, 1938.
- Mut. Paris, Editions du 10.V.1939, 1939.

Mann, Klaus
- Symphonie Pathétique. Amsterdam, Querido Verlag, 1935.
- Mephisto. Amsterdam, Querido Verlag, 1936.
- Vergittertes Fenster. Amsterdam, Querido Verlag, 1937.

Mann, Thomas
- Der junge Joseph. Berlin, S. Fischer Verlag, 1934.
- Joseph in Ägypten. Wien, Bermann-Fischer Verlag, 1936.

Marcu, Valeriu
- Die Vertreibung der Juden aus Spanien. Amsterdam, Querido Verlag, 1934.

Marcuse, Ludwig
- Soldat der Kirche. Das Leben des Ignatius von Loyola. Amsterdam, Querido Verlag, 1935.
- Der Philosoph und der Diktator. Berlin, Blanvalet Verlag, 1950.
- Das denkwürdige Leben des Richard Wagner. München, Szczesny Verlag, 1963.

Mehring, Walter
- No Road Back – Kein Weg zurück. New York, Samuel Curl Inc., 1944.
- Briefe aus der Mitternacht. Heidelberg, Lambert Schneider Verlag, 1971.

Neumann, Alfred
- The friends of the people. London, Hutchinson, 1940.

– Das Kind von Paris. Köln, Verlag Kiepenheuer & Witsch, 1952.

Noth, Ernst Erich
– La tragédie de la jeunesse allemande. Paris, Grasset, 1934.
– Un homme à part. Paris, Plon, 1936.
– Der Einzelgänger. Zürich, Schweizer-Spiegel Verlag, 1936.
– La voie barrée. Paris, Plon, 1937.
– L'Allemagne exilée en France. Paris, Bloud & Gay, 1939.
– Le désert. Paris, Gallimard, 1939.
– La guerre pourrie. La plus petite France. New York, Brentano's, 1942.

Rheinhardt, Emil Alphons
– Der große Herbst Heinrichs IV. Wien, E. P. Tal, 1936.

Roth, Joseph
– Die hundert Tage. Amsterdam, Verlag Allert de Lange, 1936.

Schickele, René
– Die Witwe Bosca. Roman. Berlin, S. Fischer Verlag, 1933.
– Liebe und Ärgernis des D.H. Lawrence. Amsterdam, Verlag Allert de Lange, 1934.
– Die Flaschenpost. Roman. Amsterdam, Verlag Allert de Lange, 1937.
– Le Retour. Souvenirs inédits. Paris, Fayard, 1938.
– Heimkehr. Strasbourg, Sebastian Brant Verlag, 1939.

Seghers, Anna
– Visado de tránsito. Mexico, Ed. Nuevo mundo, 1944.
– Transit. Konstanz, Weller Verlag, 1948.

Speyer, Wilhelm
– Die Stunde des Tigers. Amsterdam, Querido Verlag, 1939.

Werfel, Franz
– Gedichte aus dreißig Jahren. Stockholm, Bermann-Fischer Verlag, 1939.
– Der veruntreute Himmel. Die Geschichte einer Magd. Stockholm, Bermann-Fischer Verlag, 1939.
– Eine blaßblaue Frauenhandschrift. Buenos Aires, Editorial Estrellas, 1941.
– Das Lied von Bernadette. Stockholm, Bermann-Fischer Verlag, 1941.
– Jacobowsky und der Oberst. Stockholm, Bermann-Fischer Verlag, 1944.

Wolf, Friedrich
– Zwei an der Grenze. Roman. Zürich, Oprecht Verlag, 1938.
– Beaumarchais oder Die Geburt des »Figaro«. Moskau, Meshdunarodnaja Kniga – Das internationale Buch, 1941.
– KZ Vernet. Moskau, Meshdunarodnaja Kniga – Das internationale Buch, 1941.

Wolff, Theodor
– Der Krieg des Pontius Pilatus. Zürich, Verlag Oprecht und Helbing, 1934.
– Der Marsch durch zwei Jahrzehnte. Amsterdam, Verlag Allert de Lange, 1936.
– Die Schwimmerin. Zürich, Oprecht Verlag, 1937.

Zoff, Otto
- Die Hugenotten. Wien, E. P. Tal, 1937.
Zweig, Arnold
- Bilanz der deutschen Judenheit 1933. Ein Versuch. Amsterdam, Querido Verlag, 1934.
- Erziehung vor Verdun. Amsterdam, Querido Verlag, 1935.

2. Briefsammlungen, Tagebücher, Erinnerungen, literarische Quellen

Bedford, Sybille: Aldous Huxley. A Biography. New York 1974.

Bénédite, Daniel: La filière marseillaise. Un chemin vers la Liberté sous l'occupation. Paris 1984.

Benn, Gottfried: Doppelleben. Zwei Selbstdarstellungen. Wiesbaden 1950.

Benn, Gottfried: Sämtliche Werke. Band IV Prosa 2. In Verbindung mit Ilse Benn herausgegeben von Gerhard Schuster. Stuttgart 1989.

Blumenfeld, Erwin: Durch tausendjährige Zeit, München 1980.

Castillo, Michel del: Elegie der Nacht. Hamburg 1958.

Drach, Albert: Unsentimentale Reise. München 1988.

Feuchtwanger, Lion: Der Teufel in Frankreich. Frankfurt am Main 1986.

Feuchtwanger, Marta: Nur eine Frau. Jahre, Tage, Stunden. München 1983.

Fittko, Lisa: Mein Weg über die Pyrenäen. Erinnerungen 1940/41. München 1985.

Fittko, Lisa: Solidarität unerwünscht. Erinnerungen 1933–1940. München 1992.

Frank, Leonhard: Links, wo das Herz ist. Roman. München 1963.

Fry, Varian: Auslieferung auf Verlangen. Die Rettung deutscher Emigranten in Marseille 1940/41. Herausgegeben und mit einem Anhang versehen von Wolfgang D. Elfe und Jan Hans. München 1986.

Herzog, Wilhelm: Menschen, denen ich begegnete. Bern und München 1959.

Kantorowicz, Alfred: Exil in Frankreich. Merkwürdigkeiten und Denkwürdigkeiten. Bremen 1983.

Kantorowicz, Alfred: Nachtbücher. Aufzeichnungen im französischen Exil. 1935 bis 1939. Hamburg 1995.

Kantorowicz, Alfred: Politik und Literatur im Exil. Deutschsprachige Schriftsteller im Kampf gegen den Nationalsozialismus. Hamburg 1978.

Kesten, Hermann: Deutsche Literatur im Exil. Briefe europäischer Autoren 1933–1949. Frankfurt am Main 1975.

Kesten, Hermann: Dichter im Café. Frankfurt am Main 1983.

Kesten, Hermann: Meine Freunde die Poeten. Frankfurt am Main 1980.

Koestler, Arthur: Abschaum der Erde. Wien, München, Zürich 1971.

Koestler, Arthur: Scum of the Earth. London 1991.

Kolb, Annette/Schickele, René: Briefe im Exil 1933–1940. Mainz 1987.

Kolb, Annette: Zarastro. Memento. München 2002.

Landshoff, Fritz H.: Amsterdam, Keizersgracht 333. Querido Verlag. Erinnerungen eines Verlegers. Berlin und Weimar 1991.

Leonhard, Rudolf: Rudolf Leonhard erzählt. Hrsg. von Maximilian Scheer. Berlin 1955.

Lévi-Strauss, Claude: Traurige Tropen, Frankfurt am Main 1978.

Mahler-Werfel, Alma: Mein Leben. Frankfurt am Main 1960.

Mann, Golo: Erinnerungen und Gedanken. Lehrjahre in Frankreich. Herausgegeben von Hans-Martin Gauger und Wolfgang Mertz. Frankfurt am Main 1999.

Mann, Heinrich: Ein Zeitalter wird besichtigt. Frankfurt am Main 1988.

Mann, Klaus: Briefe und Antworten 1922–1949. Herausgegeben und mit einem Vorwort von Martin Gregor-Dellin. Reinbek bei Hamburg 1991.

Mann, Klaus: Der Wendepunkt. Frankfurt am Main 1966.

Mann, Klaus/Mann, Erika: Escape to Life. Deutsche Kultur im Exil. München 1991.

Mann, Klaus/Mann, Erika: Das Buch von der Riviera. Reinbek bei Hamburg 2004.

Mann, Klaus: Tagebücher. Herausgegeben von Joachim Heimannsberg, Peter Laemmle und Wilfried F. Schoeller. Reinbek bei Hamburg 1995.

Mann, Klaus: Zahnärzte und Künstler. Aufsätze, Reden, Kritiken 1933–1936. Herausgegeben von Uwe Naumann und Michael Töteberg. Reinbek bei Hamburg 1993.

Mann, Thomas, Briefe 1889–1936. Herausgegeben von Erika Mann. Frankfurt am Main 1962.

Mann, Thomas: Tagebücher. Hrsg. von Peter de Mendelssohn. Frankfurt am Main 1980.

Mann, Thomas/Neumann, Alfred: Briefwechsel. Herausgegeben von Peter de Mendelssohn. Heidelberg 1977.

Mann, Thomas/Mann, Heinrich: Briefwechsel 1900–1949. Frankfurt am Main 1968.

Marcuse, Ludwig: Mein zwanzigstes Jahrhundert. Zürich 1975.

Maywald, Willy: Die Splitter des Spiegels. München 1985.

Mehring, Walter: Wir müssen weiter. Fragmente aus dem Exil. Düsseldorf 1979.

Mehring, Walter: Staatenlos im Nirgendwo. Die Gedichte, Lieder und Chansons 1933–1974. Düsseldorf 1981.

Morgenstern, Soma: Flucht in Frankreich. Ein Romanbericht. Herausgegeben von Ingolf Schulte. Lüneburg 1998.

Noth, Ernst Erich: Erinnerungen eines Deutschen. Hamburg, Düsseldorf 1971.

Pauli, Hertha: Der Riß der Zeit geht durch mein Herz. Ein Erlebnisbuch. Wien, Hamburg 1970.

Roth, Joseph: Briefe 1911–1939. Köln, Berlin 1970.

Sahl, Hans: Das Exil im Exil. Frankfurt am Main 1990.

Schickele, René: Werke in drei Bänden. Köln, Berlin 1959.

Seghers, Anna: Transit. Berlin 2003.

Spira, Bil: Die Legende vom Zeichner. Wien – Le Vernet – Groß-Rosen – Paris. Wien 1997.

Spira, Bil: Pariser Impressionen, 1935–1939. Zeichnungen und Karikaturen. München, Salzburg, Rom 1998.

Sternheim, Thea: Tagebücher 1903–1971. Herausgegeben von Thomas Ehrsam und Regula Wyss. Göttingen 2002.

Torberg, Friedrich: Die Erben der Tante Jolesch. München 1982.

Warburg Spinelli, Ingrid: Die Dringlichkeit des Mitleids und die Einsamkeit, nein zu sagen. Hamburg 1990.

Werfel, Franz: Jacobowsky oder der Oberst. Frankfurt am Main 2004.

Wolff, Kurt: Autoren, Bücher, Abenteuer. Betrachtungen und Erinnerungen eines Verlegers. Berlin 1965.

Zoff, Otto: Tagebücher aus der Emigration (1939–1944). Mit einem Nachwort von Hermann Kesten. Heidelberg 1968.

III. Sekundärliteratur

Barbian, Jan-Pieter: Literaturpolitik im »Dritten Reich«. Institutionen, Kompetenzen, Betätigungsfelder. München 1995.

Bauschinger, Sigrid (Hrsg.): Ich habe etwas zu sagen. Annette Kolb 1870–1967. München 1993.

Bentmann, Friedrich (Hrsg.): René Schickele. Leben und Werk in Dokumenten. Nürnberg 1974.

Berthold, Werner/Eckert, Brita/Wende, Frank (Hrsg.): Deutsche Intellektuelle im Exil. Ihre Akademie und die »American Guild for German Cultural Freedom«. Eine Ausstellung des Deutschen Exilarchivs 1933–1945 der Deutschen Bibliothek, Frankfurt am Main. München 1993.

Berthold, Werner/Eckert, Brita (Hrsg.): Der deutsche PEN-Club im Exil 1933–1948. Eine Ausstellung der Deutschen Bibliothek, Frankfurt am Main. Frankfurt am Main 1980.

Betz, Albrecht: Exil und Engagement. Deutsche Schriftsteller im Frankreich der Dreißiger Jahre. München 1986.

Barron, Stephanie: Exiles and Emigrés. Los Angeles 1997.

Flügge, Manfred: Wider Willen im Paradies. Deutsche Schriftsteller im Exil in Sanary-sur-mer. Berlin 1996.

Grandjonc, Jacques u. a.: Varian Fry. Mission américaine de sauvetage des intellectuels anti-nazis. Marseille 1940–1942. Arles 1999.

Grandjonc, Jacques u. a.: Varian Fry, du refuge à l'exil. Actes du colloque mars 1999, Marseille. Arles 1999.

Grandjonc, Jacques/Grundtner, Theresia (Hrsg.): Zone der Ungewißheit. Exil und Internierung in Südfrankreich 1933–1944. Aus dem Französischen von Theresia Grundtner. Reinbek bei Hamburg 1993.

Hepp, Michael (Hrsg.): Die Ausbürgerung deutscher Staatsangehöriger 1933–1945 nach den im Reichsanzeiger veröffentlichten Listen. München u.a. 1985.

Hohmann, Lew (Hrsg.): Friedrich Wolf. Bilder einer deutschen Biographie. Berlin 1988.

Young-Bruehl, Elisabeth: Hannah Arendt. Frankfurt am Main 1986.

Kroll, Fredric (Hrsg.): Klaus-Mann-Schriftenreihe. Band 4/Teilband I. 1933–1934 Sammlung der Kräfte. Wiesbaden 1992.

Kurzke, Hermann: Thomas Mann. München 1999.

Lunzer, Heinz/Lunzer-Talos, Victoria: Joseph Roth. Leben und Werk in Bildern. Köln 1994.

Naumann, Uwe (Hrsg.): »Ruhe gibt es nicht, bis zum Schluß«. Klaus Mann (1906–1949). Reinbek bei Hamburg 1999.

Oberschnitzki, Doris: Letzte Hoffnung – Ausreise. Die Ziegelei von Les Milles 1939–1942. Vom Lager für unerwünschte Ausländer zum Deportationszentrum. Teetz 1999.

Pfäfflin, Friedrich/Kussmaul, Ingrid: S. Fischer, Verlag. Von der Gründung bis zur Rückkehr aus dem Exil. Marbach 1985.

Ribot, Henri (Hrsg.): Sanary-sur-mer. Regards sur un terroir. Sanary 2005.

Schoor, Kerstin: Verlagsarbeit im Exil. Untersuchungen zur Geschichte der deutschen Abteilung des Amsterdamer Allert de Lange Verlages 1933–1940. Amsterdam, Atlanta 1992.

Schoppmann, Claudia: Im Fluchtgepäck die Sprache. Frankfurt am Main 1995.

Skierka, Volker: Lion Feuchtwanger. Eine Biographie. Berlin 1984.

Stern, Guy (Hrsg.): Verschollene und Vergessene. Alfred Neumann. Eine Auswahl aus seinem Werk. Mit einer Einführung. Wiesbaden 1979.

Sternfeld, Wilhelm/Tiedemann, Eva: Deutsche Exil-Literatur. Eine Bio-Bibliographie. Heidelberg 1970.

Tiedemann, Rolf /Gödde, Christoph/Lonitz, Henri: Walter Benjamin 1892–1940. Marbach 1990.

Tomkins, Calvin: Marcel Duchamp. München, Wien 1999.

Voigt, Klaus: Zuflucht auf Widerruf. Exil in Italien 1933–1945. Erster Band. Stuttgart 1989.

Walter, Hans-Albert: Deutsche Exilliteratur 1933–1950. Band 1: Bedrohung und Verfolgung bis 1933. Darmstadt, Neuwied 1972.

Walter, Hans-Albert: Deutsche Exilliteratur 1933–1950. Band 2: Europäisches Appeasement und überseeische Asylpraxis. Stuttgart 1988.

Walter, Hans-Albert: Deutsche Exilliteratur 1933–1950. Band 3: Internierung, Flucht und Lebensbedingungen im Zweiten Weltkrieg. Stuttgart 1988.

Walter, Hans-Albert: Fritz H. Landshoff und der Querido Verlag 1933–1950. Marbach 1997.

Wunderlich, Heinke/Menke, Stefanie: Sanary-sur-mer. Deutsche Literatur im Exil. Stuttgart, Weimar 1996.

Wunderlich, Heinke: Spaziergänge an der Côte d'Azur der Literaten. Zürich, Hamburg 2001.

Register